Das W-Seminar

Einführung in das
wissenschaftliche Arbeiten

neu

C.C.BUCHNER

Das W-Seminar - *neu*

Einführung in das wissenschaftliche Arbeiten

bearbeitet von Michael Schuster, Marc Hupfer, Steffen Fritsche

Zu diesem Lehrwerk sind erhältlich:

- Erwartungshorizonte zu den Aufgaben zum Download auf www.ccbuchner.de (BN 443502)

Dieser Titel ist auch als digitale Ausgabe unter www.ccbuchner.de (Bestellnr. 443501) erhältlich.

1. Auflage, 2. Druck 2018
Alle Drucke dieser Auflage sind, weil untereinander unverändert, nebeneinander benutzbar.

Dieses Werk folgt der reformierten Rechtschreibung und Zeichensetzung. Ausnahmen bilden Texte, bei denen künstlerische, philologische oder lizenzrechtliche Gründe einer Änderung entgegenstehen.

Redaktion: Simon Hameister und Melanie Ziegler
Layout und Satz: ideen.manufaktur, Bochum
Umschlag: ideen.manufaktur, Dortmund
Druck und Bindung: Pustet, Regensburg

www.ccbuchner.de

ISBN 978-3-7661-**4435**-5

Inhaltsverzeichnis

Vorwort

Liebe Schülerin, lieber Schüler,

Ziel des W-Seminars

Ziel des W-Seminars ist es, Sie auf wesentliche Anforderungen eines Hochschulstudiums vorzubereiten. So steht das wissenschaftspropädeutische Lernen in Mittelpunkt, also die Heranführung an das wissenschaftliche Arbeiten und seine Methoden, an das forschende Lernen und das Entwickeln kreativer Lösungen. Daneben wird von Ihnen ein zunehmend selbstverantwortliches und eigenständiges Arbeiten verlangt. Dabei wird Sie dieses Buch unterstützen.

Eine sich verändernde Welt

Diese Fähigkeiten sind zudem über ein Studium hinaus von großer Bedeutung. Zum einen wandelt sich die Berufswelt. Durch die Globalisierung wird nicht nur der Austausch von Waren, sondern auch von Arbeit leichter. Dies eröffnet große Chancen, bedeutet aber auch einen größeren Wettbewerb, dem jeder Einzelne ausgesetzt ist, und verlangt von jedem ein großes Maß an Flexibilität. Berufsbiografien, die sich auf einen Beruf bzw. ein Arbeitsfeld oder gar einen Arbeitgeber beschränken, werden seltener. Zahlreicher werden fragmentierte Berufsbiografien mit unterschiedlichen Arbeitgebern und Aufgabenbereichen, in die es sich stets einzuarbeiten gilt.

Lebenslanges Lernen

Zum anderen erfordert die Explosion des Wissens lebenslanges Lernen. Es ist nicht mehr möglich, mehr oder weniger das gesamte Wissen zu erfassen, wie es vielleicht noch einzelnen Universalgelehrten des Mittelalters und der Renaissance wie Thomas von Aquin oder Leonardo da Vinci gelang. Außerdem werden Tag für Tag neue Erkenntnisse gewonnen, um deren Kenntnis man sich stets bemühen muss.

Grundlegende Kompetenzen...

Um sich in dieser Wissensflut zurechtfinden zu können, kommt der Beherrschung verschiedener Kompetenzen auf der Grundlage eines soliden Grundwissens zentrale Bedeutung zu. Die Vermittlung und Vertiefung dieser Kompetenzen ist die Aufgabe des W-Seminars. Dabei geht es neben der Förderung der Selbstkompetenz, sprich der Fähigkeit, die eigene Persönlichkeit zu erkennen und zu entwickeln, und der Sozialkompetenz – der Fähigkeit, im sozialen Umfeld zu interagieren – vor allem um die Fach- und Methodenkompetenz. Unter Fachkompetenz versteht man die Fähigkeit, mithilfe von Fachkenntnissen eine Aufgaben- oder Problemstellung eigenständig zu lösen. Die Methodenkompetenz umfasst das Wissen um Arbeitstechniken, Lernstrategien und Denkmethoden, die das selbstständige und effektive Lösen von Aufgaben und Problemen ermöglichen bzw. erleichtern.

...in Schule, Studium und Beruf

Grundlegende Kompetenzen aus diesen Bereichen haben Sie bereits in der Mittel- und Unterstufe erworben, indem Sie gelernt haben, wie (Kurz-)Referate, Präsentationen, Vorträge alleine oder in Gruppen angefertigt und vorgestellt werden. Diese in der Schule erworbenen Fähigkeiten werden Sie im Studium und im Berufsleben mindestens ebenso sehr benötigen wie einzelne Fachkenntnisse. Ob Sie Medizin studieren, in einer Unternehmensberatung oder als Anwalt arbeiten – stets müssen Sie sich selbstständig Informationen beschaffen, diese aufbereiten und sie schließlich anderen vorstellen.

Aufbau des Buchs

Aktualisiert und überarbeitet möchte Sie dieses Buch während Ihres W-Seminars unterstützen. Daher orientiert sich der Aufbau des Bandes am Verlauf des Seminars, wie es wohl häufig gestaltet sein wird. Nach der Einführung in grundlegende Arbeitstechniken und in wesentliche wissenschaftliche Methoden (Propädeutik), begleitet Sie das Buch von der ersten Auseinandersetzung mit dem Thema und der Themenfindung über die Recherche hin zur Aufbereitung der Informationen und zur Entwicklung einer eigenen Argumentation. Am Ende stehen dann die Anfertigung der schriftlichen Seminararbeit und die Abschlusspräsentation. Natürlich können die einzelnen Module auch in beliebiger Reihenfolge oder selektiv verwendet werden. Sie sind in sich abgeschlossen und ermöglichen durch Querverweise eine vertiefte Information auch bei nichtlinearem Lesen.

Inhalt des Buchs

Das Buch möchte Ihnen zentrale Kompetenzen für Schule, Studium und Beruf vermitteln. Schwerpunkte sind Zeit- und Arbeitsmanagement, Recherchetechniken, das Entwickeln eigenständiger Erkenntnisse und Argumentationen auf Basis erworbener Kenntnisse, das Schreiben wissenschaftlicher Texte und Rhetorik. Anspruch des Buchs ist es nicht, Ihnen nur eine „Gebrauchsanweisung" zum Absolvieren des Seminars zu liefern. Unserer Ansicht nach ist es nicht ausreichend, Arbeitstechniken und Methoden zu kennen, sondern es ist auch nötig, sie zu verstehen und einzuüben. Daher werden in jedem Kapitel die einzelnen Arbeitsschritte und Methoden erklärt. Anschließend wird anhand von konkreten Beispielen auf die Umsetzung eingegangen, bevor am Ende jeden Kapitels Trainingsaufgaben die Möglichkeit bieten, die neuen Erkenntnisse anzuwenden und zu vertiefen. Diese Ausgabe beinhaltet darüber hinaus Musterbeispiele und Vorlagen u. a. zur Gestaltung von Titelseiten, Literaturverzeichnissen, Handouts und ansprechenden Präsentationsfolien. Auf diese Weise hoffen wir, Ihnen mit dem Buch ein hilfreiches Arbeitsmittel an die Hand geben zu können, das Sie Gewinn bringend durch das Seminar führt und gut auf das wissenschaftliche Arbeiten im Studium vorbereitet.

Viel Freude und Erfolg in Ihrem Seminar!

Die Autoren

1 Arbeitsorganisation

1.1 Zeitmanagement – Planungsphase

„Die Menschen handeln nicht, weil sie gedacht haben, sondern sie denken, weil sie gehandelt haben." Diese Beobachtung des italienischen Soziologen und Ökonomen Vilfredo Pareto trifft leider immer wieder auch auf die Durchführung von Projekten und die Anfertigung von Seminararbeiten zu. Es wird zu spät und ungeplant mit der Arbeit begonnen, sodass am Ende übermäßiger Stress entsteht und das Ergebnis nicht den Erwartungen entspricht. Das folgende Kapitel soll zeigen, wie dies zu vermeiden ist: Es gilt Paretos Ausspruch zu widerlegen, also erst zu denken und dann zu handeln!

Unter **Zeitmanagement** versteht man die Fähigkeit, die einem zur Verfügung stehende Zeit optimal zu nutzen. Es gilt, schulische, später berufliche Pflichten zu erledigen und dennoch ausreichend Raum für private Aktivitäten zu haben, ohne dass das eine auf Kosten des anderen erfolgt oder der Stress überhand nimmt. Dazu sind eine gute Zeitplanung und Disziplin notwendig. Einige Strategien können einen dabei unterstützen:

Klare Ziele und Prioritäten setzen

Zunächst gilt es, sich über die **eigenen Ziele** klarzuwerden und diese zu formulieren. Dazu gehört, dass man sich überlegt, wie viel Zeit man neben den schulischen Aufgaben und der Arbeit für die Seminare für welche Freizeitaktivitäten reservieren will. Schließlich möchte man sich zum Beispiel auch weiterhin mit Freunden treffen, Sport treiben, musizieren, jobben, etwas mit der Familie unternehmen, sich in Einrichtungen engagieren oder auch einmal faulenzen. Die Bestimmung der Ziele, die man verfolgt, und ihr Zeitaufwand müssen ehrlich eingeschätzt werden.

ABC-Analyse für Ziele

Dies erfolgt am besten schriftlich, indem die Ziele aufgelistet und mit A für besonders wichtig, B für weniger wichtig und C für nebensächlich versehen werden. Wenn sich herausstellt, was wohl meistens der Fall sein wird, dass nicht alle Ziele in der verfügbaren Zeit zu erreichen sind, müssen **Prioritäten** gesetzt werden. Sollten mehr als zwei bis drei A-Prioritäten übrig bleiben, müssen die Bewertung noch einmal überdacht und die A-Prioritäten eingeschränkt werden. So kann es zum Beispiel durchaus sinnvoll sein, bis zum Abitur auf den Nebenjob oder eine ehrenamtliche Tätigkeit zu verzichten und sich auf die Ziele mit der Priorität A (z. B. Abitur, Sporttraining oder Musik üben) zu konzentrieren (→ Kapitel 7.1).

Eine **klare Planung** verschafft Sicherheit und führt zu Gelassenheit, die ein effektives Arbeiten wesentlich fördern. Daher ist der höhere Zeitaufwand für die Planung zu Beginn (Planungsphase) gerechtfertigt (→ Abb. 2).

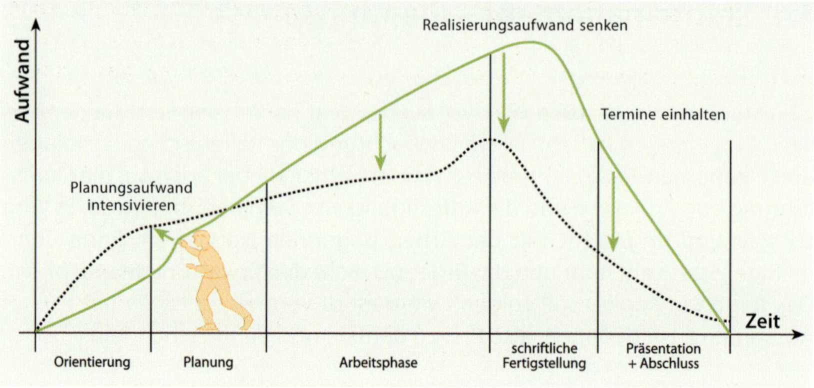

Abb. 2: Der Einfluss des Planungsaufwands auf den Arbeitsaufwand.
Eigene Darstellung. Nach: Siemens learning campus

Ist der Rahmen für die Zeit bis zum Abitur abgesteckt, muss überlegt werden, wie die Aufgaben für die Seminararbeit bewältigt werden sollen. Bis zum Abgabetermin ist noch gut ein Jahr Zeit, was für das Anfertigen der Arbeit völlig ausreichend ist, wenn ein klarer Zeitplan besteht. Während die Planung für die Zeit bis zum Abitur recht allgemein bleibt und hilft, sich auf das Wesentliche in diesem Zeitraum zu konzentrieren, muss die konkrete Planung für die Seminararbeit differenzierter erfolgen, auch wenn das Seminar häufig nach einem ähnlichen **Zeitraster** ablaufen wird (→ Zeitplan S. 9).

Große Aufgaben in kleine Einzeletappen einteilen

Zunächst mag einem die Aufgabe, eine Seminararbeit anzufertigen, so unüberwindlich wie die Besteigung eines hohen Berggipfels erscheinen. Da der Blick auf den „Berg Arbeit" entmutigend wirkt, empfiehlt es sich, den Weg bzw. die Aufgaben in **überschaubare Etappen** zu unterteilen und sich zunächst auf den Anfang zu konzentrieren. Die einzelnen Etappen sind leichter zu bewältigen, und das erfolgreiche Erreichen eines Zwischenziels belohnt für die bisher geleistete Arbeit und motiviert für weitere Etappen. So wird der „Berg Arbeit" zwar nicht niedriger, der Weg aber flacher und die Arbeit fällt leichter. Denn: Wie isst man einen Elefanten? Bissen für Bissen – und nicht auf einmal.

ALPEN-Methode

Bei der Strukturierung der Arbeit hilft die **ALPEN-Methode**: Zunächst gilt es, alle im Laufe der Arbeit anfallenden **A**ufgaben aufzuschreiben und ihre **L**änge einzuschätzen. Dabei ist darauf zu achten, dass **P**ufferzeiten eingeplant werden. Dadurch wird verhindert, dass der gesamte Zeitplan durcheinander gerät, falls etwas Unvorhergesehenes geschieht oder Probleme auftauchen. Damit der Arbeitsaufwand angemessen bleibt, müssen nun **E**ntscheidungen über die Wichtigkeit der Aufgaben getroffen und unwichtige Aufgaben ausgeschlossen werden. Während der Arbeitsphase erfolgt regelmäßig die Nachkontrolle, inwieweit die Planung umgesetzt wurde. Sollte dies nicht gelungen sein, muss sie angepasst werden. Dies ist auch eine gute Möglichkeit, sich die Ursachen der Verzögerungen bewusst zu machen und diese in Zukunft zu vermeiden.

Möglicher Zeitplan für den Ablauf eines W-Seminars

Halbjahr	Monate	Seminarinhalte
11/1	Sept. – Dez.	• Einführender Unterricht in das Rahmenthema und Erwerb von Fachkenntnissen (evtl. Exkursion, externe Referenten) • Einführung in das wissenschaftliche Arbeiten und Vertiefung fachspezifischer und allgemeiner Methodenkompetenzen (Bibliotheksbesuch) • Nov.: Vorstellung möglicher Seminararbeitsthemen
	Jan. – Feb.	• Weiterarbeit am Rahmenthema (auch durch Kurzreferate) • Anlegen eines Portfolios zur Dokumentation des Arbeitsprozesses • Aufstellen eines Arbeitsplans • Erste Recherchen • Formulierung der individuellen Themen für die Seminararbeiten
11/2	Feb. – Apr.	• Weiterarbeit am Rahmenthema (auch durch Kurzreferate) • Gründliche Recherche • Erster Gliederungsentwurf • Gespräch mit der Lehrkraft über das Thema
	Mai – Juli	• Zwischenpräsentationen und Kurzreferate zu bisherigen Ergebnissen • Herausarbeiten von Zusammenhängen zwischen den einzelnen Seminararbeitsthemen • Ausarbeiten des vorläufigen Gliederungsentwurfs oder Erstellen eines Exposés
12/1	Sept. – Okt.	• Abfassen der Seminararbeit • Anwendung der erworbenen Methodenkompetenzen • Rücksprache mit der Lehrkraft • Fortführung der Arbeit am Rahmenthema
	Nov. – Jan.	• Abgabe der Seminararbeit • Vorbereitung der Präsentation • Abschlusspräsentation • Einordnen des Ergebnisses in das Rahmenthema • Feedback-Runde zum Verlauf und zu Inhalten des Seminars sowie Selbstreflexion über erworbene Kompetenzen und Kenntnisse

Abb. 3: Zeitplan. Aus: ISB: Die Seminare in der gymnasialen Oberstufe. Staatsinstitut für Schulqualität und Bildungsforschung, 2. Auflage, München, 2008, S.16 f.

Roadmap

Zur Fixierung der Zeitplanung bietet es sich an, eine sogenannte **Roadmap** oder ein Meilenstein-Diagramm in Form eines Balkenplans (→ Abb. 1) zu erstellen. Dazu wird auf der x-Achse die Zeit eingetragen und auf der y-Achse werden die Aufgaben aufgelistet. Die einzelnen Aufgaben werden als

Balken während des vorgesehenen Zeitraums eingezeichnet. Dadurch erhält man einen guten visuellen Überblick über die Abfolge und die Dauer der einzelnen Arbeitsschritte. Zudem kann man Arbeitshäufungen auf den ersten Blick erkennen, wenn mehrere Balken übereinander liegen. Eine Roadmap nützt aber nur dann, wenn sie eingehalten und regelmäßig kontrolliert wird und an die individuellen Bedürfnisse angepasst ist. Neben der regelmäßigen (wöchentlichen) Kontrolle ist es sinnvoll, sogenannte Meilensteine einzufügen. Dabei handelt es sich um klar definierte Zwischenziele, die zu einem bestimmten Zeitpunkt erreicht sein sollen.

PARETO-Prinzip

Um die während der Arbeitsphase anfallenden Aufgaben in der geplanten Zeit zu bewältigen, hilft es, sich das **PARETO-Prinzip** zu vergegenwärtigen (→ Abb. 4). So bringen 20% der aufgewendeten Zeit 80% der Ergebnisse, während die restliche Zeit für Nebensächliches vertan wird oder dem Perfektionismus zum Opfer fällt. So kann man beispielsweise sehr viel Zeit darauf verwenden, die Folien für die Computerpräsentation perfekt zu gestalten und mit Effekten zu versehen, ohne dass sich dies im Vergleich zu einer schlichteren Präsentation wesentlich auf das Ergebnis (Note) auswirkt. Daher sollten solche Aufgaben an das Ende der Arbeitsphase gestellt werden, auch wenn sie vielleicht mehr Freude machen als andere. Schließlich fällt es kaum ins Gewicht, wenn man diese Aufgaben am Ende nicht mehr schafft.

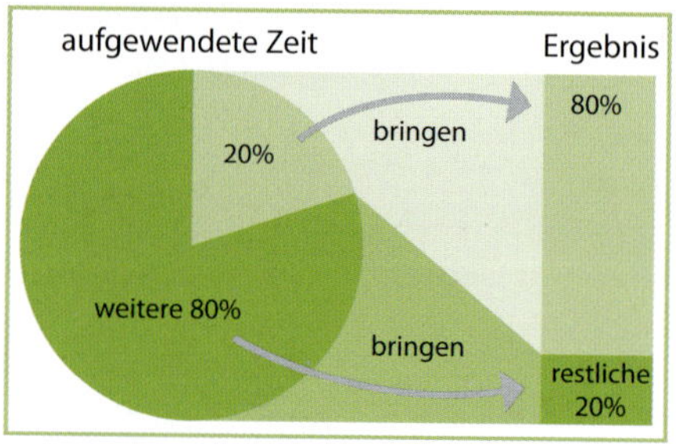

Abb. 4: Pareto-Prinzip. Eigene Darstellung

EISENHOWER-Methode für Aufgaben

Eine weitere Methode, bei Aufgaben Prioritäten zu setzen, hat angeblich der frühere US-Präsident DWIGHT D. EISENHOWER angewandt. Dabei werden allen Aufgaben nach ihrer **Wichtigkeit und Dringlichkeit** vier Quadranten zugeteilt und entsprechend bearbeitet:

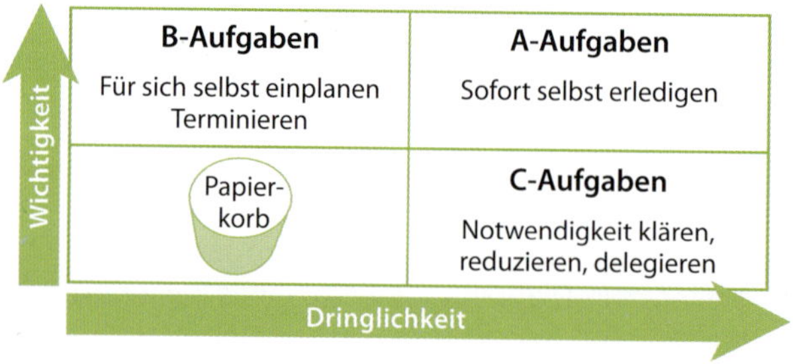

Abb. 5: Eisenhower-Methode. Eigene Darstellung

Ein gutes Zeitmanagement dient dazu, „dringende und wichtige" Aufgaben zu vermeiden (→ Abb. 5). Sie können trotzdem überraschend auftreten, wenn man zum Beispiel gegen Ende der Arbeitsphase noch auf eine interessante Literaturangabe aufmerksam wird und das Buch noch ausleihen möchte.

Ziele müssen „SMART" sein

Die Planung der Seminararbeit kann durch die SMART-Methode unterstützt werden. **SMART** ist eine Abkürzung (Akronym für **S**pecific **M**easurable **A**chievable **R**elevant **T**imely) und fasst die Kriterien zusammen, wie ein Ziel – hier die Seminararbeit – in einem vorgegebenen Zeitrahmen definiert und dadurch erreicht werden kann: Ein Ziel sollte spezifisch, messbar, angemessen, relevant und terminiert sein.

Spezifisch

Ist das Ziel **spezifisch**, so ist es klar definiert. Für die Seminararbeit bedeutet dies, sich klarzumachen, was genau das Ziel der Arbeit ist, z. B. die Untersuchung des Wahlverhaltens der Jungwähler bei der letzten Kommunalwahl mittels einer Umfrage, die ausgewertet werden soll. Auch Zwischenziele können so definiert werden.

Messbar

Ein Ziel muss **messbar** sein. Die Seminararbeit wird dadurch messbar, dass sie anhand von Bewertungskriterien bewertet bzw. benotet wird. Diese sollte man sich frühzeitig bewusst machen und im Gespräch mit der Lehrkraft thematisieren, um den Anforderungen gerecht zu werden. Die Bewertungskriterien werden im folgenden Abschnitt dargestellt.

Angemessen

Unter einem **angemessenen** Ziel versteht man ein erreichbares Ziel. Es ist wichtig zu prüfen, ob das gesteckte Ziel im Rahmen eines W-Seminars überhaupt bzw. mit einem angemessenen Arbeits- und Zeitaufwand zu erreichen ist. Dieser Aspekt sollte v. a. bei der Themenfindung im Auge behalten werden (→ Kapitel 3).

Relevant

Die Frage, wie **relevant**, also bedeutsam das Ziel „Seminararbeit" ist, stellt sich kaum, da ihre Note in die Abiturnote einfließt. Darüber hinaus ließe sich noch überlegen, inwieweit das Ziel bedeutsam für einen bestimmten Adressatenkreis ist.

Terminiert

Das letzte Kriterium – ein klares Ziel muss **terminiert** sein – spielt bei einer Seminararbeit keine Rolle, da der Abgabetermin vorgegeben ist. Bei der Formulierung von Zwischenzielen sollte man sich bewusst machen, ob das Ergebnis den Arbeitsaufwand rechtfertigt, und einen Termin festlegen, an dem das Ziel erreicht sein muss.

Bewertungskriterien

Die Qualität einer Seminararbeit wird bezüglich ihres **Inhalts**, der **Darstellung** und der **Formalia** „gemessen", sprich bewertet (→ Kästen). Häufig werden die drei Aspekte im Verhältnis 3:2:1 gewichtet. Zwar legt jede Lehrkraft eigene Maßstäbe an, die auch rechtzeitig bekannt gegeben werden, doch existieren auch allgemeine Kriterien, die bei jeder Bewertung eine Rolle spielen.

Inhalt

Wichtigstes Kriterium ist die inhaltliche Qualität. Da es sich bei der Seminararbeit um eine fachwissenschaftliche Arbeit handelt, wird besonderer Wert auf die Anwendung allgemeiner wissenschaftlicher Arbeitstechniken wie z. B. die Literatur- und Quellenanalyse und die Verwendung fachspezifischer Methoden wie z. B. des Experiments in einem naturwissenschaftlichen Fach gelegt. Über die für das eigene Thema notwendigen Arbeitstechniken und Methoden sollte man sich rechtzeitig im Klaren sein und diese gegebenenfalls auch noch vertiefen (→ Kapitel 2).

Darstellung und Formalia

Daneben wird auch die Darstellung – der Aufbau, die Anschaulichkeit und die sprachliche Gestaltung – bewertet (→ Kapitel 6). Das letzte Bewertungskriterium stellen die Formalia dar. Das sind unter anderem die Zitierweise, die Verzeichnisse und das Layout. Diese „Äußerlichkeiten" werden deshalb recht stark bei der Benotung berücksichtigt, da genaues Arbeiten ein wesentliches Kennzeichen wissenschaftlichen Arbeitens ist. Dadurch werden die Überprüfbarkeit und Nachvollziehbarkeit der Arbeit gewährleistet. Zudem liefern Sorgfalt und Korrektheit bei der Einhaltung der Formalia Hinweise auf die Arbeitshaltung und die personalen Kompetenzen des Verfassers. Auch im Studium oder später im Beruf werden unter anderem diese Kriterien zur Einschätzung der Person herangezogen.

Bewertungskriterien – Inhalt
- Analyse des Themas bzw. Grad der Themenerfassung
- Urteilsfähigkeit
- Methodische Vorgehensweise
- Schlüssige Beweisführung
- Literatur- und Quellenanalyse
- Sinnvolle Verwendung geeigneter Literatur
- Begründung des eigenen Standpunkts
- Bewertung anderer Standpunkte
- Ggf. selbst gefundene Ergebnisse, eigene Beiträge/Wertungen
- Vollständigkeit der Darlegung

Bewertungskriterien – Darstellung
- Sinnvolle Gliederung (Reihenfolge, Auswahl und Gewichtung der einzelnen Teile, aussagekräftige Überschriften)
- Übersichtlichkeit und Anschaulichkeit der Darstellung, Form und Aussagekraft der Skizzen, Diagramme, Tabellen, Grafiken, Illustrationen
- Klarheit im Ausdruck
- Orthografie, Zeichensetzung, Grammatik
- Korrekter Gebrauch der Fachterminologie

Bewertungskriterien – Formalia
- Inhaltsverzeichnis (einschließlich eines klaren Strukturierungssystems)
- Zitierweise
- Bibliografische Angaben in Fußnoten im Literaturverzeichnis
- Ggf. ein Quellenverzeichnis für Abbildungen
- Gestaltung des Titelblatts
- Umfang (ca. 10-15 Textseiten ohne Grafiken, Anhänge u.Ä.)
- Vereinfachter Schriftsatz (Schrift, Ränder, Blocksatz u.Ä.)
- Erklärung über das selbstständige Verfassen der Arbeit

Abb. 6: Bewertungskriterien.
Aus: ISB: Die Seminare in der gymnasialen Oberstufe. Staatsinstitut für Schulqualität und Bildungsforschung, 2. Auflage, München, 2008, S. 22

Ein **Portfolio** kann dazu dienen, einen Überblick über die geleisteten Tätigkeiten und vor allem über die erzielten Ergebnisse zu behalten. Darunter versteht man eine Mappe oder einen Ordner, in dem sich eine geordnete Sammlung von Dokumenten befindet, die sehr unterschiedlicher Natur und bereits abgeschlossen oder noch in Bearbeitung sein können, zum Beispiel Ergebnisse der Literaturrecherche, Exzerpte (→ Kapitel 2.1.2), Arbeitspläne, Versuchsentwürfe oder Gliederungen. Ein aktuelles Inhaltsverzeichnis am Beginn des Portfolios ermöglicht jederzeit einen schnellen Überblick über den Inhalt und Stand der Arbeit. Diese Dokumentensammlung kann auch als Grundlage für Beratungsgespräche mit der Lehrkraft verwendet werden, die auf diese Weise sehr adressatenbezogen argumentieren kann. Unter Umständen werden Portfolios auch in die Bewertung einbezogen. Wenn dies der Fall ist, müssen die Bewertungskriterien den Kursteilnehmern vorab bekannt sein. Daneben liefert das Portfolio auch eine Statusmeldung an den Seminarteilnehmer selbst. Es dient also sowohl der Fremd- als auch der Selbstevaluation.

Portfolio – Arbeitsdokumentation

Praktische Umsetzung

Häufig ist der erste Schritt der schwerste. Es lassen sich immer wieder „gute" Gründe dafür finden, den Arbeitsbeginn zu verschieben, seien es private Unternehmungen oder schulische Belastungen. Um zu vermeiden, durch einen zu späten Beginn mit der Arbeit von Anfang an unter Zeitdruck zu geraten, sollte unmittelbar nach der Festlegung des Themas die **Zeitplanung** in Form einer Roadmap erfolgen (→ Übung A). Der Zusammenhang zwischen erhöhtem Planungsaufwand zu Beginn eines Projekts und reduziertem Gesamtarbeitsaufwand (→ Abb. 2) kann motivieren.

Rechtzeitiger Arbeitsbeginn – Roadmap erstellen

Die **Literatursuche** stellt in der Mehrzahl der Fälle die Grundlage der Seminararbeit dar. Daher wird ihr zu Recht viel Aufmerksamkeit geschenkt. Es ist sinnvoll, das Pareto-Prinzip zu beachten. Unter Umständen wird sonst die Literatursuche immer weiter ausgedehnt, in der Hoffnung, noch besseres Material zu finden. Wenn nach einer konsequent durchgeführten Recherche (→ Kapitel 4) eine solide Literaturbasis gefunden ist, liefert der zusätzliche Zeitaufwand meist keine befriedigenden Ergebnisse. Es hat sich daher bewährt, einen festen Termin für das Ende der Recherche zu setzen und diesen einzuhalten, auch wenn man das Gefühl hat, noch nicht alles zu seinem Thema gefunden zu haben. Dies ist im Rahmen einer Seminararbeit auch nicht erforderlich. In der Einleitung der Arbeit kann – falls nötig – auch auf Probleme und Schwerpunkte der Recherche hingewiesen werden. Wird mehr Zeit für die Bearbeitung des Themas als für die Literatursuche eingeplant, kann auch später noch problemlos zu neu aufgetauchten Fragestellungen erneut

Effektive Sichtung der Literatur

recherchiert werden. Man sollte sich ebenso nicht scheuen, den betreuenden Lehrer um Ratschläge zur Literaturrecherche zu bitten.

Zeitfalle Internet

Auch und gerade bei der **Recherche im Internet** sollte man sich klare, eng bemessene Zeitlimits setzen. Schließlich verführt die Möglichkeit, ständig neue Links anzuklicken, dazu, immer mehr zu lesen, sich aber auch immer weiter vom eigentlichen Thema zu entfernen. Im Allgemeinen genügt es, die ersten zwanzig Treffer einer Suchanfrage zu beachten (→ Kapitel 4.4).

Lesevermögen

Häufig wird das eigene **Lesevermögen** hinsichtlich wissenschaftlicher Literatur überschätzt. Fachliteratur zu lesen ist nämlich zeitaufwändiger und anstrengender als das Lesen von Romanen. Zudem muss die Literatur gleichzeitig auf den Nutzen für die Seminararbeit überprüft werden (→ Kapitel 2.2). Daher sollte man sich unbedingt vor dem Lesen bzw. dem Ausleihen des Buchs einen groben Überblick über den Text verschaffen und prüfen, ob er überhaupt geeignet ist (→ Kapitel 4). Weiter ist ausreichend Zeit für das Lesen der Literatur einzuplanen. Die Lesezeit wird in etwa zwei- bis dreimal so lang wie beim Lesen von Unterhaltungsliteratur sein. Da das Lesen von Fachliteratur eine hohe Konzentration verlangt, sollten Hintergrundgeräusche wie Musik oder Handyklingeln vermieden werden. Auch ist es hilfreich, ein Fremdwörterbuch und ein zum Thema passendes Nachschlagewerk zur Hand zu haben, um Verständnisfragen rasch klären zu können.

Stressphasen und Störfaktoren bedenken

In der Zeitplanung müssen auch **Stressphasen und Störfaktoren** berücksichtigt werden. Voraussehbare Belastungen durch Klausuren, Sportwettkämpfe, Nebenjob usw. sollten in der Roadmap für die Seminararbeit eingeplant werden. So ergibt es beispielsweise wenig Sinn, parallel zu Lernphasen für Klausuren geistig anspruchsvolle Aufgaben für die Seminararbeit einzuplanen, da dies zu viel werden wird und die Klausuren eine hohe Priorität besitzen. Eventuell kann man aber an der Visualisierung der Präsentation arbeiten, ist dies doch eine eher handwerkliche Aufgabe. **Probleme** können vor allem bei praktischen Arbeiten auftreten. So erkrankt der Interviewpartner, naturwissenschaftliche Versuche funktionieren nicht auf Anhieb wie gewünscht oder das Wetter verzögert Untersuchungen im Freien. Daher gilt es, Zeitpuffer einzuplanen und diese Tätigkeit möglichst früh zu erledigen. Auch die Öffnungszeiten von Archiven und Instituten oder Urlaubszeiten sind frühzeitig in Erfahrung zu bringen und zu berücksichtigen.

Außerdem muss die Lieferzeit für per Fernleihe bestellte Bücher bzw. für Material von privaten Institutionen oder Firmen eingeplant werden. Auch ist das eine oder andere Buch bereits ausgeliehen und man muss auf die Rückgabe warten.

Schließlich ist auch mit den **Tücken der Technik** zu rechnen. So sind die eigenen Fähigkeiten im Umgang mit den verwendeten Computerprogrammen realistisch einzuschätzen. Neben der Schreibarbeit und dem Erstellen der Fußnoten können gerade die grafische Aufbereitung von Inhalten in Form von Diagrammen, Tabellen etc. und die Arbeit am endgültigen Layout der Seminararbeit viel Zeit beanspruchen; dies muss daher eingeplant werden. Das gilt umso mehr, wenn eine Präsentation der Arbeit vor einem Publikum erwartet wird, bei der die Visualisierung eine wesentliche Rolle spielt. Um sich vor einem Datenverlust durch einen Absturz des Rechners zu schützen, sind die Daten regelmäßig zwischenzuspeichern, und es ist eine Sicherungskopie auf einem externen Speichermedium wie z. B. einer CD-ROM oder einem USB-Stick anzulegen. Zudem kann der jeweils aktuelle Stand der Seminararbeit an die eigene E-Mail-Adresse verschickt werden. So kann die Arbeit notfalls auch an einem anderen Computer fertiggestellt werden. Schließlich sollte sichergestellt werden, dass die Druckpatronen bzw. Tonerbehälter ausreichend gefüllt sind.

Technische Schwierigkeiten mitbedenken

In der Roadmap muss auch genügend Zeit für das **Korrekturlesen** eingeplant werden, schließlich wirken sich Mängel in der Sprachrichtigkeit und im Layout negativ auf die Bewertung aus. Nach der vielen Arbeit wäre dies umso bedauerlicher, als dieses Problem recht einfach zu lösen ist. Es ist hierfür erforderlich, die Arbeit auszudrucken, da am Bildschirm eher Fehler und Mängel im Layout übersehen werden.

Zeit für die Korrektur einplanen

Schließlich empfiehlt es sich, **Meilensteine** in Form von Gesprächen mit dem betreuenden Lehrer einzuplanen. Dies motiviert zur Erhaltung des Zeitplans und dient so der Selbstkontrolle. Gleichzeitig ermöglicht der Austausch mit der Lehrkraft, rechtzeitig Fehlentwicklungen entgegenzusteuern (→ Übung B).

Meilensteine

Zusammenfassung zu Kapitel 1.1

Wesentlich für den Erfolg im Seminar ist eine **klare Planung** der Ziele und Aufgaben. Dadurch sinkt in der Summe der Zeitaufwand und es wird deutlich, was eigentlich geleistet werden muss. Dabei können verschiedene, **bewusst angewandte Strategien** eine große Hilfe sein. Eine optimierte Organisation der Arbeitsphase spart Ressourcen bei untergeordneten Tätigkeiten (z. B. Probleme bei der Fernleihe, Suche nach Quellenangaben für notierte Zitate etc.), die besser für die inhaltliche Auseinandersetzung genutzt werden können.
Sinnvoll ist ein **zügiger Arbeitsbeginn**. Man sollte sich auch bereits jetzt bewusst machen, wo Zeitfallen lauern und wo Probleme auftauchen können. Schon zu Beginn der Arbeit gilt es, sich genau über die **spezifischen Anforderungen** des Seminars zu informieren und das Gespräch mit der Lehrkraft – wie im gesamten weiteren Verlauf des Kurses – zu suchen. Nur wer sein Ziel und den Weg dorthin kennt, kann es auch erreichen!

1.2 Lern- und Arbeitsstrategien – Arbeitsphase

Am Ende der Planungsphase ist man sich im Klaren darüber, welche Tätigkeiten in welchem Zeitrahmen erledigt werden sollen, und man kann mit der Arbeitsphase beginnen. Auch hier helfen verschiedene Techniken, die Effektivität des Arbeitens zu steigern.

Motivation

Über den Erfolg der Arbeit und die Zeit, die investiert werden muss, entscheidet auch die **eigene Motivation**. Sie ermöglicht es uns, Höchstleistungen zu vollbringen – sie muss nur geweckt werden.

„Die Motivation ist ja nicht per se da, ich schaffe mir Motivation an. Indem ich mich mit meinen Zielen beschäftige. Je länger ich mich mit meinen Zielen beschäftige, umso mehr wächst Neugierde, Motivation. Motivation ist nicht etwas, das man kaufen kann. Die Motivation steckt im Grunde als Keim in uns drinnen. Wie wir Blut im Körper haben, haben wir Motivation als Keim in uns. Und diesen Keim gilt es wachsen zu lassen, ein Feuer gilt es zu entfachen. Und das kann ich nur tun, indem ich mich mit meiner Sache identifiziere. Wenn ich meine Sache verfolge, ist die Tat viel leichter, als wenn ich eine Sache tue, die nicht die meine ist." *Reinhold Messner, in: Süddeutsche Zeitung, 02.01.2008*

In Bezug auf die Seminararbeit gilt es, sich die eigenen Gründe für sein Handeln bewusst zu machen. So war es die eigene Entscheidung, gerade dieses Thema zu wählen, da es interessante Inhalte bietet. Auch ermöglicht die Seminararbeit, spezielle Fähigkeiten wie zum Beispiel das Sprechen vor einem größeren Publikum zu schulen. Zudem hilft es, sich die bisherigen Leistungen und die eigenen Fähigkeit zu vergegenwärtigen.

Zwei Gehirnhälften

Neben der Motivation können auch **Erkenntnisse aus der Hirnforschung** genutzt werden. Das menschliche Gehirn bzw. die Großhirnrinde – die äußere Schicht des Großhirns – ist in eine linke und eine rechte Hälfte geteilt und ist die am höchsten entwickelte Gehirnregion. Die Gehirnzellen kommunizieren miteinander. Dadurch wird ein Muster geschaffen, das in der Wissenschaft „Erinnerungsspur" genannt wird. Häufiger hört man jedoch die Bezeichnung „Gewohnheit", „Lernen" oder „Gedächtnis". Die linke und die rechte Gehirnhälfte verfügen über jeweils dominierende, aber dennoch aufeinander abgestimmte Fähigkeiten, die beinahe wie zwei Menschen miteinander kommunizieren können. Bei den meisten Menschen ist die **linke Gehirnhälfte** für Sprache, Logik, Zahlen, Ordnung, Linearität und ähnliche, eher rationale Dinge zuständig. Die **rechte Gehirnhälfte** befasst sich mehr mit Rhythmus, Musik, Bildern, Farben, Fantasie und Zusammenhängen, also eher kreativen und emotionalen Bereichen. In unserem Kulturkreis wird eher die linke Gehirnhälfte betont, das heißt, dass beim Lernen häufig ein rationaler Zugang gewählt wird. Untersuchungen zeigen jedoch, dass der Lerneffekt (oder die Erinnerung) dann am größten sind, wenn das Ereignis mit Emotionen verbunden wird, wenn also linke und rechte Gehirnhälfte zusammenwirken. Das Wissen um die Zweiteilung des Gehirns soll folglich nicht dazu benutzt werden, angestrengt nur eine Seite zu nutzen, sondern unter anderem durch eine angenehme Umgebung die Leistungsfähigkeit des Gehirns zu steigern, indem **beide Gehirnhälften** angesprochen werden.

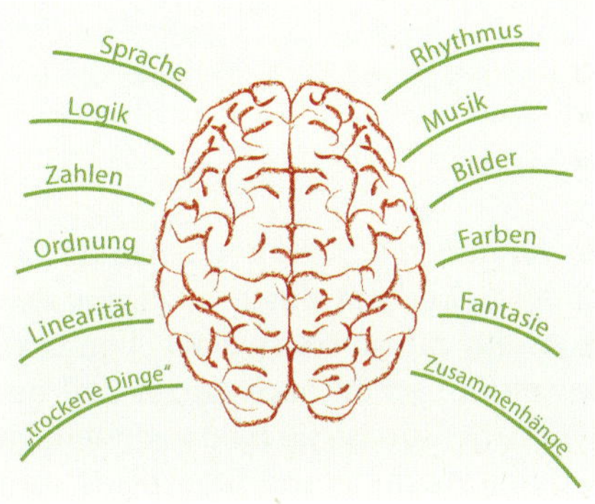

Abb. 7: Vorwiegende Fähigkeiten der beiden Gehirnhälften. *Aus: Methodenlernen in der gymnasialen Oberstufe – Lehrerband, Bamberg, 2013, S. 14*

Leistungskurve

Bei der Organisation der Arbeit empfiehlt es sich, die **eigene Leistungskurve** in die Planung mit einzubeziehen. Die meisten Menschen sind zwischen ca. 9:00 Uhr und 12:00 Uhr sowie vom späteren Nachmittag bis in den Abend am leistungsfähigsten. Dazwischen liegt das Mittagstief (→ Abb. 8). Geistig anspruchsvolle Aufgaben sollten daher möglichst am Vormittag oder wenigstens in der nachmittäglichen Hochphase bearbeitet werden, da hier in kürzerer Zeit ein größerer Erfolg zu erreichen ist. Sinnvoll ist es zudem, längere Arbeitsphasen einzuplanen. Einmal zwei Stunden am Tag bringen mehr als viermal eine halbe Stunde, da man sich nicht jedes Mal gedanklich neu einstimmen muss und intensiv an einer Sache arbeiten kann. Die anderen Zeiten können für Aufgaben geringerer

Priorität oder zur Erholung bzw. für die Freizeit genutzt werden. Negativ auf die Leistungsfähigkeit wirken sich auch hohe körperliche oder geistige Anstrengungen (Sportwettkampf, Klausur) direkt vor der Arbeit aus, da dann häufig die Konzentration schwerer fällt. Da der Tagesrhythmus von Mensch zu Mensch jedoch unterschiedlich ist, empfiehlt es sich, einige Tage lang die tageszeitabhängigen Veränderungen der Leistungsfähigkeit zu beobachten und eine individuelle Leistungskurve zu erstellen, um die Tagesplanung darauf abstimmen zu können.

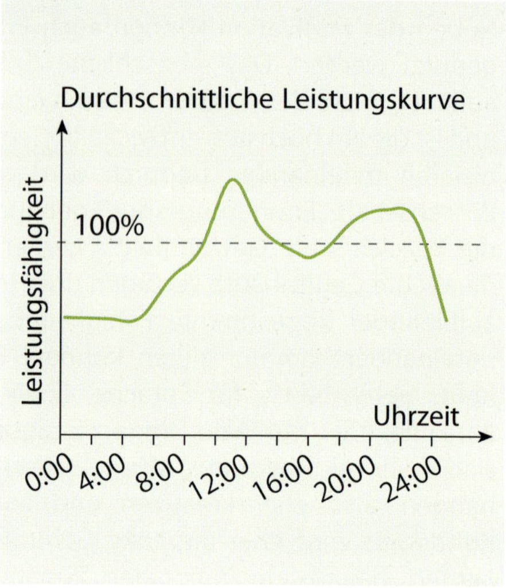

Abb. 8: Durchschnittliche Leistungskurve.
Eigene Darstellung

Praktische Umsetzung

Wochen- und Tagesplan

Je genauer man die Erledigung seiner Aufgaben vorbereitet, desto größer ist der Erfolg. Daher sollte die Roadmap unbedingt durch **Wochen- und Tagespläne** konkretisiert werden, die jeweils ca. ein bis zwei Wochen bzw. Tage im Voraus überlegt und notiert werden. Schon nach kurzer Zeit gewöhnt man sich an diese zusätzliche Aufgabe, sodass sie bald verinnerlicht wird und schnell von der Hand geht. Durch Wochen- und Tagespläne wird die langfristige Zeitplanung fortwährend kontrolliert, was auch der Selbstkontrolle dient und gegebenenfalls eine rechtzeitige Anpassung der Roadmap ermöglicht. Der Wochenplan berücksichtigt neben der Arbeit für das Seminarfach alle weiteren wesentlichen Bereiche wie zum Beispiel Schule, Hobbys, Sport, Nebenjob, Freunde und weist ihnen einen Zeitraum zu. Dazu empfiehlt es sich, alle Termine möglichst frühzeitig in einem Terminkalender zu notieren. Verplant werden maximal 60% der Zeit, um ausreichende Pufferzeiten zu haben und um flexibel bleiben zu können. Eine **Regelmäßigkeit im Ablauf** einer Woche sorgt für eine gewisse Gewöhnung an die Aufgaben, sodass man sich dazu nicht jedes Mal neu motivieren muss. Ähnlich wie feste Termine für das Sporttraining einen davon entheben, sich immer wieder von Neuem zu überlegen, ob und, wenn ja, wann man trainieren will, bewahren einen feste Arbeitszeiten eher davor, sich mit Ausreden vor den Aufgaben zu drücken (→ Übung C).

Konkrete Tagesziele

Die **Ziele für den Tag** müssen möglichst konkret formuliert werden, wie z. B. einen bestimmten Fachartikel lesen, einen bestimmten Versuch durchführen oder in der Bibliothek nach Literatur zu einem bestimmten Unterthema suchen. Es sollte auch festgelegt werden, wann diese Aktivitäten erfolgen sollen, und dabei der individuelle Tagesrhythmus berücksichtigt werden. Der Tagesplan stellt jedoch kein Dogma dar, sondern eine konkrete Orientierungshilfe. Sprudeln beim Ausformulieren der Arbeit die Gedanken, wäre es ungeschickt, die Arbeit nur deshalb zu beenden, weil danach eine andere Tätigkeit eingeplant ist, die aber eine geringere Priorität besitzt. Ebenso ist es sinnlos, sich zu zwingen, die eingeplanten zwei Stunden am Schreibtisch sitzen zu bleiben, wenn einem partout nichts einfällt. Ein souveräner Umgang mit den Planungsinstrumenten hilft, unverkrampft zu bleiben, sodass man seine gesamte Leistungsfähigkeit nutzen kann (→ Übung D).

Belohnungen

Ein schriftlich fixierter Tagesplan hat alleine schon den Vorteil, dass man die erledigten Aufgaben durchstreichen kann. Dies macht den Etappenerfolg fast sinnlich erfahrbar und motiviert für weitere Ziele. Während der Arbeit kann man sich auch einmal durch ein Getränk oder einen Snack zusätzlich motivieren. Dies hilft, das Gehirn bzw. die rechte Gehirnhälfte emotional anzuregen, sodass dieses Potenzial besser genutzt werden kann. Nach einem größeren Fortschritt sollte man nicht vergessen, sich zu belohnen – zum Beispiel mit einem Kinobesuch, einer zusätzlichen Sporteinheit oder einem Nachmittag zum Faulenzen.

Stärken und Schwächen

Zur eigenen Motivation trägt neben einer positiven Grundeinstellung auch ein **realistisches Selbstbild** bei. Dabei hilft es, sich seine Stärken und Schwächen bewusst zu machen. Stärken findet man heraus, indem man sich überlegt, welche Aufgaben man mit Freude erledigt oder mit Erfolg absolviert hat und welche Fähigkeiten dafür notwendig waren. Hinweise liefern auch positive Bemerkungen von Lehrern und Mitschülern, Eltern und Freunden. Mit einem Fragebogen kann den Stärken dann noch differenzierter nachgegangen werden (→ Übung E). Wie in diesem Abschnitt vor allem von Stärken die Rede ist, so sollte man sich selbst auch auf seine Stärken konzentrieren und diese ausbauen. Dies verspricht ein erfolgreicheres Arbeiten und verschafft einem dadurch Motivation. Die Konzentration auf die Beseitigung von Schwächen kostet häufig viel Energie, ohne immer zu großen Erfolgen zu führen, was frustrierend wirken kann (dies bedeutet jedoch nicht, dass man darauf verzichten sollte, Wissenslücken zu schließen). Nach Möglichkeit sollte man sich vor der endgültigen Festlegung auf das Thema für die Seminararbeit seiner Stärken bewusst sein, um das Thema so auszurichten, dass man möglichst viele seiner Stärken einbringen kann. Bestehen Zweifel, ob man den Ansprüchen, die an einen gestellt werden, gerecht wird, hilft es, die **Ansprüche zu relativieren** und zu objektivieren. Häufig ist man es selbst, der die Ansprüche in die Höhe schraubt. Ein Blick auf gute Arbeiten von Mitschülern oder auch auf veröffentlichte Werke zeigt aber, dass dort auch nur „mit Wasser gekocht wird". Es gilt also, Perfektionismus zu vermeiden. Erleichternd mag auch die Tatsache wirken, dass die Seminararbeit zwar wichtig ist, aber nicht alleine über die Abiturnote entscheidet, und dass man schon zahllose Klausuren und Referate gut gemeistert hat. Diese Anregungen sind keinesfalls als Aufforderung zur Nachlässigkeit zu verstehen; man sollte sich den Stellenwert der Arbeit bewusst machen (das Ergebnis des W-Seminars hat den „Gegenwert" einer Abiturprüfung). Ein wesentliches Ziel des Seminars ist das Kennenlernen und Einüben wissenschaftlichen Arbeitens.

Arbeitsplatz

Motivierend wirkt sich auch eine ansprechende Gestaltung des Arbeitsplatzes aus. Dazu gehören ein bequemer, ergonomischer Stuhl und eine gute Beleuchtung. Ein idealer Platz für den Schreibtisch ist am Fenster, wobei der Monitor nicht vor diesem stehen sollte, da der Kontrast zwischen Bildschirm und hellem Fenster die Augen rasch ermüdet. Ausreichend Platz und ein aufgeräumter Schreibtisch bzw. ein aufgeräumtes Zimmer erleichtern das Arbeiten. Auch eine den individuellen Vorlieben angepasste angenehme Umgebung mit z. B. Pflanzen, Fotos von Freunden oder aus dem letzten Urlaub oder Postern wirkt sich positiv auf die Arbeitsatmosphäre aus. Wichtige Nachschlagewerke, Bücher und Materialien sollten auf jeden Fall gut erreichbar platziert werden, um im Bedarfsfall sofort zur Hand zu sein.

Trennung von Arbeit und Freizeit

Der Arbeitsplatz sollte so gestaltet sein, dass er keine oder nur sehr wenig Möglichkeiten zur **Ablenkung von der Arbeit** bietet, um die Arbeitskonzentration nicht zu schmälern. Arbeit und Freizeit sind klar voneinander zu trennen, will man effektiv arbeiten oder sich wirklich erholen. Der Ablenkung durch Smartphone und Fernseher kann man recht leicht begegnen, indem man sie aus dem Zimmer verbannt. Ablenkungen, die der PC bietet – Surfen im Internet, Chatrooms und Computerspiele – zu widerstehen, erfordert ein recht hohes Maß an Selbstdisziplin, da der PC meist läuft. Auch Musik im Hintergrund kann vor allem bei anspruchsvolleren Aufgaben die Konzentration beeinträchtigen.

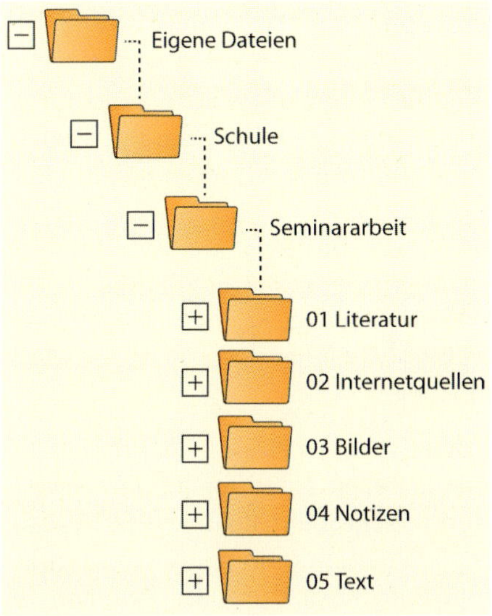

Abb. 9: Beispiel einer Verzeichnisstruktur am PC.
Eigene Darstellung

Ordnung der Materialsammlung

Ärgerlich ist es, in einem Berg Zettel eine Notiz zu suchen oder stundenlang nach einer Quellenangabe für ein passendes Zitat, das man unbedingt verwenden will. Nicht selten bleibt die Suche dann auch noch erfolglos, und man muss auf das Zitat am Ende verzichten. Daher soll zu jedem Zitat und zu jedem Exzerpt unbedingt die **Quelle genau notiert** werden (→ Kapitel 2.1.4). Die Blätter mit den Notizen sind durchzunummerieren und in Ordnern abzuheften. Dabei empfiehlt es sich, die Notizen nach Oberpunkten zu ordnen. Hilfreich ist es in diesem Zusammenhang auch, ein Verzeichnis mit den Oberpunkten und Stichpunkten zu den einzelnen Notizblättern anzulegen. Dadurch wird einem der inhaltliche Zugriff auf die Notizen – die inhaltliche Basis der Arbeit – enorm erleichtert. Daneben spart man auch noch Zeit und Energie, die man für die eigentliche Arbeit nutzen kann. Verfügt man über digitale Datensätze oder fertigt seine Notizen am Computer an, sollte man sich zu Beginn eine sinnvolle Verzeichnisstruktur überlegen (→ Abb. 9). Diese kann im Verlauf der Arbeit aktualisiert werden, sollten neue Aspekte auftreten.

Zusammenfassung zu Kapitel 1.2

Die gedankliche Auseinandersetzung mit dem Thema und das Schreiben der Seminararbeit erfordern ein hohes Maß an **Motivation** und **Leistungsfähigkeit**. Beide können durch die Orientierung an der **individuellen Leistungskurve** gesteigert werden. Während der Arbeit sollten bewusst die **eigenen Stärken** genutzt werden. Klar definierte **Arbeitszeiten und -abläufe** sowie ein **angenehm gestalteter Arbeitsplatz** helfen zusätzlich. Darüber hinaus tragen eine klare Trennung von Arbeit und Freizeit sowie kleine **Belohnungen** zum Erfolg bei; schließlich braucht auch der Intellekt Abwechslung und Erholung.

Training zu Kapitel 1

Übung zu Kap. 1.1 **A** Erstellen Sie eine **Roadmap**, z. B. für das Sommerfest der Schule, für einen Tag der offenen Tür eines Sportvereins oder einer Musikschule, für eine Theateraufführung der Theatergruppe der Schule oder für eine Ausstellung des Kunstkurses.

Übung zu Kap. 1.1 **B** Erstellen Sie eine **Roadmap** mit den unten stehenden Elementen, die bei den meisten Seminararbeiten eine Rolle spielen. Als zeitlicher Rahmen können die drei Halbjahre von 11/1 bis 12/1 dienen. Setzen Sie auch Meilensteine und planen Sie Pufferzeiten ein.

Literatur- und Quellenrecherche, praktische Arbeiten (Experimente, Interviews etc.), Sichten der Literatur, Erstellen einer vorläufigen Gliederung, Lesen der Literatur, Bearbeitung der Problemstellung/des Themas, Formulierung der Rohfassung, Erstellen der endgültigen Gliederung, Erarbeiten der Mittel zur Veranschaulichung, Korrekturphase, Erstellen der endgültigen Arbeit, Gespräche mit dem Betreuer/Lehrer, Abgabetermin.

Übung zu Kap. 1.2 **C** Erstellen Sie für Ihr Thema je einen exemplarischen **Wochenplan** für die Zeit der Materialsuche oder für die Zeit der praktischen Arbeit, für die Zeit der Erstellung der Präsentation und für die Zeit der schriftlichen Ausarbeitung, die in die Klausurenzeit fällt. Diskutieren Sie anschließend im Kurs die Praktikabilität einzelner Pläne.

Übung zu Kap. 1.2 **D** Erstellen Sie nun je einen exemplarischen **Tagesplan** für jede Arbeitsphase und diskutieren Sie anschließend im Kurs die Praktikabilität einzelner Pläne.

Übung zu Kap. 1.2 **E** Kopieren Sie den Test (→ **M** Wo liegen Ihre Stärken und Schwächen?) oder legen Sie ein Blatt Papier neben die Kriterien und füllen ihn aus. Er hilft Ihnen, sich Ihre **Stärken** bewusst zu machen. Auf diese können Sie auch während der Erstellung der Seminararbeit zählen. Sollte auch die eine oder andere **Schwäche** zutage getreten sein, dann wählen Sie zwei aus, an denen Sie arbeiten wollen. Häufig hilft es schon, sich der Schwäche bewusst zu sein, um sie zu vermeiden. Neigt jemand zum Beispiel zu Ungeduld, hilft ihm das Wissen darum womöglich in der nächsten Teamarbeit. Anstatt schnell den ersten plausibel klingenden – womöglich eigenen – Lösungsansatz verfolgen zu wollen, ist es häufig sinnvoll, auch andere Vorschläge zu durchdenken. Sie können sich also bewusst etwas zurücknehmen und den anderen Gruppenmitgliedern etwas mehr Zeit lassen. In einem weiteren Schritt können Sie die Einschätzung Ihrer Stärken und Schwächen auch von einer anderen Person erstellen lassen (Fremdeinschätzung).

M Wo liegen Ihre Stärken und Schwächen?

Lern- und Arbeitstechniken	kann ich gut	kann ich weniger gut
längere Texte konzentriert durchlesen		
gezielt Texte markieren		
das Wesentliche aus Texten entnehmen		
eigene Gedanken schriftlich darlegen		
eine Gliederung zu einem Thema anfertigen		
Referate schreiben		
Tabellen und Übersichten verstehen		
Vokabeln, Definitionen und Merkzettel lernen		
Lexika und Internet zum Lernen benutzen		
das Arbeitsheft übersichtlich führen		
einen guten Spickzettel anfertigen		
zielorientiert im Unterricht arbeiten		
aufmerksam sein, konzentriert und ausdauernd arbeiten		
Lernstoff langfristig behalten und nutzen		
Hausaufgaben selbstständig erledigen		
kritisch den eigenen Leistungsstand einschätzen		
selbstständig wiederholen und lernen		
Klassenarbeiten langfristig vorbereiten		
Probleme überwinden		
Gesprächstechniken	**kann ich gut**	**kann ich weniger gut**
tolerant sein und andere Meinungen gelten lassen		
den Mitschülern zuhören		
einen Vortrag vor der Klasse frei halten		
in einer Gruppe zusammenarbeiten		
ein Gespräch leiten		
an der Tafel ein Problem erklären		
eine kurze Rede halten		
Argumente schlüssig erklären		
Interesse wecken durch überzeugende Darstellung		

Aus: Deparade, Elke: Methodenlernen in der gymnasialen Oberstufe. Bamberg, 2013, S. 10 f.

2 Wissenschaftliche Arbeitstechniken

2.1 Lesetechniken

„Lesen ist nicht gleich Lesen!" So banal diese Aussage sein mag – dies zu erkennen ist ein wichtiger Schritt innerhalb des Arbeits- und Zeitmanagements. Wer durch die Recherche eine Flut von Texten erhalten hat, sollte an der Menge nicht verzweifeln. Ein Sachbuch muss nicht wie ein Roman von vorne bis hinten durchgelesen werden, unsystematisches Herumlesen und Suchen kostet unnötig viel Zeit. Mit den folgenden Hinweisen erkennt man schnell, ob das jeweilige Buch für die benötigten Zwecke brauchbar ist und ob es sich vor dem Hintergrund der zu erstellenden Seminararbeit lohnt, später ganz gelesen zu werden.

Prüfendes Lesen

Ob ein Text für das zu behandelnde Thema zu gebrauchen ist, stellt man durch das prüfende Lesen (auch: kursorisches, orientierendes oder Querlesen) fest.
Hierbei sind folgende Punkte wichtig:

1. Passt der **Titel** zur Fragestellung der eigenen Arbeit?
2. Welche Informationen gibt es über den **Autor**? (Hat er andere bekannte Titel verfasst? In welchen Fachgebieten?)
3. Einen Einblick in den **Inhalt** liefern der Klappentext, das Inhaltsverzeichnis sowie die Abbildungen und Grafiken.
4. Auch das Lesen des **Vorwortes** und des Schlusses – der **Zusammenfassung** – kann zu wichtigen Informationen führen. Häufig existiert v. a. bei Zeitschriften ein so genanntes „Abstract" als Vorspann des eigentlichen Textes, das die thematische Richtung des Artikels vorgibt.
5. Existieren **Marginalien** (= Stichworte am Textrand), die den Inhalt strukturieren? Was sagen sie aus?
6. Gibt es ein **Register** mit wichtigen Stichworten? Finden sich hierin Stichworte, die etwas zur Thematik der eigenen Arbeit beitragen?
7. Welche thematische **Fragestellung** versucht der Autor zu lösen? Passt diese zur eigenen Fragestellung?
8. In welchem **Verlag** ist das Buch/die Zeitschrift erschienen? (Ist der Verlag auf bestimmte Fachgebiete spezialisiert? Welchen Anspruch haben die Veröffentlichungen? Gehört das Buch zu einer Reihe?)

Ziel des prüfenden Lesens ist es, die zentralen Aussagen in einem Text möglichst rasch und vollständig zu finden. Es ist ein gezieltes **Suchen nach Schlüsselbegriffen**, die anhand der Fragestellungen zum Thema bereits erarbeitet wurden. Es empfiehlt sich, zum Inhalt des Textes **kurze Notizen** anzufertigen, um auch nach einer längeren Zeitspanne den subjektiven Nutzwert eines Textes ermessen zu können. Am Ende der Materialbewertung durch das prüfende Lesen sollte dann eine **Prioritätenliste** für die Lektüre erstellt werden. Die wichtigsten, gründlich durchzuarbeitenden Werke stehen an erster Stelle, gefolgt von denen, die vielleicht nur zum Teil gelesen werden müssen. Ungeeignete Werke sollte man umgehend ausschließen, um sich nicht zu verzetteln und von seiner Fragestellung abzukommen.

Analytisches Lesen

Wurde die Brauchbarkeit eines Textes erkannt, erfolgt das analytische (auch: studierende, intensive) Lesen. Beim prüfenden Lesen sollte man erkannt haben, welche Literatur im Hinblick auf das eigene Thema wichtig ist. Nun muss der gesamte relevante Text gelesen und verstanden, unbekannte Begriffe müssen nachgeschlagen werden. Die zentralen Aussagen des Textes werden systematisch erarbeitet, die Entwicklung und Begründung der Kernthesen nachvollzogen (→ Übung A). Analytisches Lesen erfolgt in der Regel mithilfe eines **Exzerptes** (→ Kapitel 2.2). Hier werden die gefundenen Antworten aufgeschrieben, und zwar unbedingt in eigenen Worten. Nur was man in eigenen Worten formulieren kann, wurde wirklich verstanden. Das handwerkliche Umsetzen, das Schreiben, unterstützt dabei. Bei der nachfolgenden Sicherung des Wissens werden die aufgeschriebenen Antworten nochmals durchgesehen:

- Welche **Aussagen** des Textes sind die wichtigsten? Wie lauten sie?
- Welche **Probleme** spricht der Autor an?
- Welche **Lösungen** hat er gefunden?

Eine knappe Inhaltsangabe ist laut Aristoteles' Poetik auch bei umfangreicheren Werken möglich; der folgende Text ist seine Zusammenfassung von Homers Odyssee.

„Jemand weilt viele Jahre in der Fremde, wird ständig von Poseidon überwacht und ist ganz allein; bei ihm zu Hause steht es so, dass Freier seinen Besitz verzehren und seinem Sohn nachstellen. Er kehrt nach schweren Bedrängnissen zurück und gibt sich einigen Personen zu erkennen; er fällt über seine Feinde her, bleibt selbst unversehrt und vernichtet die Feinde."

Aus: Aristoteles: Poetik. Griechisch-Deutsch. übers. von Manfred Fuhrmann. Stuttgart, 1982, S. 57

Zusammenfassung zu Kapitel 2.1

Finden Sie zunächst durch das Lesen von **Inhaltsverzeichnissen**, **Vorworten** oder **Zusammenfassungen** heraus, ob das Buch für Sie von Nutzen ist. Ordnen Sie die brauchbare Literatur nach ihrer Wichtigkeit für Ihr Thema und lesen Sie erst dann die ausgewählten Texte intensiv und gründlich. Machen Sie sich Stichworte zu den zentralen Inhalten und verschaffen Sie sich einen Überblick.

2.2 Exzerpieren

Wie im vorangegangenen Kapitel dargelegt, muss das beim analytischen Lesen erarbeitete Wissen festgehalten werden. Das geschieht am besten mittels eines **Exzerptes**. Exzerpieren meint das auszugsweise Zusammenfassen eines Textes in eigenen Worten (Paraphrasieren), in Schlagworten oder wörtlichen Zitaten. Auszugsweise heißt: Nicht der gesamte Inhalt soll wiedergegeben werden, sondern nur die auf die eigene Fragestellung bezogenen Aussagen. Was für das Thema unwichtig ist, wird weggelassen. Exzerpieren ist also Selektionsarbeit. Wichtig ist, die wesentlichen Gedanken des Autors herauszuarbeiten, um sie für eigene Zwecke nutzen zu können. Im Schnitt beträgt der Umfang des Exzerpts etwa 25% des Originalumfangs.

Exzerpieren – ja oder nein?

Exzerpieren ist arbeitsintensiv und kostet Zeit, doch sorgt das Extrahieren **wichtiger Textaussagen** für eine genauere Kenntnis der Sachverhalte. Es empfiehlt sich zu exzerpieren, wenn man sich das Buch nicht oder nicht mehr beschaffen kann, nur Teile des Gesamttextes von Wichtigkeit für das eigene Thema sind oder der vorliegende Text ein Grundlagentext ist, den es geistig zu durchdringen gilt. Grundsätzlich bleiben exzerpierte Textinhalte besser im Gedächtnis. Durch die Paraphrasierung gewinnt man auch sprachlich Abstand zum Originaltext und zeigt dadurch, ob dieser verstanden wurde oder nicht.

Methode

Folgende **Vorgehensweise** zum Abfassen von Exzerpten hat sich bewährt:

1. Zunächst sollte man großzügig mit dem Platz umgehen: Exzerpiert man auf Textkopien, so muss genug Leerraum sein, um das Exzerpt zu verfassen. Besser ist es, **separates Schreibpapier** zu verwenden und nicht mit Platz zu geizen, um das Exzerpt eventuell nachbereiten zu können.
2. Meist sind Texte in einzelne Kapitel, Unterkapitel oder Absätze eingeteilt. Sie dienen der Orientierung des Lesers. Diese **Abschnittsüberschriften** können auf das Exzerptpapier übertragen werden; unter ihnen erfolgt dann die Niederschrift des Exzerptinhaltes. Hilfreich sind außerdem die Angaben über Seitennummern der Abschnitte, Literaturhinweise oder Erläuterungen.
3. „Wie lautet das **Thema des Abschnittes**?" – Mithilfe dieser Frage kann man sich auf die wesentlichen Punkte des Textes konzentrieren. Die Antworten auf die Frage „Was wird über die Thematik ausgesagt?" werden unter den jeweiligen Überschriften niedergeschrieben. Das kann wortwörtlich oder in eigenen Worten geschehen. Vom streng wissenschaftlichen Standpunkt aus müssten Exzerpte im Konjunktiv verfasst werden, da nur so der Abstand zwischen Autor und Bearbeiter deutlich wird. Grundsätzlich sollte man beim Festhalten der wesentlichen Erkenntnisse und Aussagen immer die entsprechende **Quelle vermerken**.

4. In einem letzten Schritt kann das Niedergeschriebene nachgearbeitet und somit der Inhalt auf das **Relevante** verdichtet werden. Erlaubt sind auch eigene Anmerkungen und Hinweise auf Stellen, die die Thematik der eigenen Seminararbeit besonders berücksichtigen. Dies geht jedoch über das eigentliche Extrahieren hinaus und rückt das Exzerpt in die Nähe des Exposés (→ Kapitel 5.3).

Natürlich lassen sich Exzerpte auch am PC erstellen (und verwalten). Mithilfe von Exzerpten zu thematisch relevanten Texten lässt sich nun eine Übersicht über das Thema erstellen – und damit schon eine genauere Gliederung.

Markieren

Eine weitere Möglichkeit, sich den Inhalt eines Textes zu erschließen, ist das Markieren. Ein vorher erfolgtes Markieren erleichtert i. d. R. auch das nachfolgende Exzerpieren (→ Übung B).

Beim analytischen Lesen (→ Kapitel 2.1) ist es hilfreich, wichtige Textstellen zu markieren. Voraussetzung dafür ist, dass die Texte oder Bücher in eigenem Besitz sind. Die „Kunst des Markierens" liegt darin, den **Blick für das Wesentliche** nicht zu verlieren. Einen Text völlig „durchzumarkieren" ist sinnlos. Hilfreich ist die Verwendung mehrerer Farben (aber nicht mehr als vier) für verschiedene Themenbereiche oder Argumente (Pro und Kontra ...). Unklare Begriffe sollten mit Bleistift unterstrichen werden, um sie nachzuschlagen (Fachlexikon, Fremdwörterlexikon). Die Begriffserklärung kann an den Rand geschrieben werden. Ebenso kann man wichtige Schlagworte unterstreichen oder am Rand notieren. So verliert man den Überblick nicht und kann in einem folgenden Schritt den bearbeiteten Text exzerpieren.

Jeder hat beim Bearbeiten eines Textes eine eigene Methode und eigene Zeichen. Weitere Vorschläge für Markierungszeichen:

?	unklare Aussage
!	einleuchtend
[	Zusammenfassung
→ S. 55	siehe Seite 55

Neben dem Markieren von Texten ist es (v. a. bei ausgeliehenen Büchern oder Zeitschriften) auch möglich, mit **Post-its** zu arbeiten. Diese werden auf die betreffende Seite geklebt und mit den wichtigsten Textaussagen (Stichwörter) beschrieben.

Zusammenfassung zu Kapitel 2.2

Exzerpieren bedeutet, einen gelesenen Text in Hinblick auf die **eigene Fragestellung** (Thema der Seminararbeit) in **eigenen Worten** zusammenzufassen. Dieser Arbeit geht meist eine intensive Beschäftigung mit dem Text voraus: Unterstreichen, Markieren, Querverweise kennzeichnen, Begriffe definieren. Exzerpierte Texte sind vom Bearbeiter selbst durchdacht und deren Inhalt somit auch zu späterer Zeit (z. B. während des Abfassens der Seminararbeit) präsent.

2.3 Zitate und Quellenangaben

Eigenschaften des Zitats

„Die unrichtige Wiederholung der Worte eines anderen" – so definiert der berühmte amerikanische Autor Ambrose Bierce zynisch den Begriff „Zitat" in seinem Werk **„Des Teufels Wörterbuch"** von 1911. Er deckt dabei (ironisch gebrochen) gleich zwei wichtige Eigenschaften des Zitats auf: Es muss erstens eine richtige, wortgetreue Wiederholung fremder Worte sein, und zweitens müssen in einer eigenen Arbeit die Gedanken fremder Personen als solche markiert sein. Zitate sind wörtliche oder sinngemäße Wiedergaben fremder Texte oder Textausschnitte, die als Beleg, zur Veranschaulichung, als Ausgangspunkt der Erörterung oder zur Bekräftigung der eigenen Position dienen.

Funktionen des Zitats

Der Nachweis der eigenen Argumentationsführung durch seriöse, geeignete Quellen ist zentraler Bestandteil des wissenschaftlichen Arbeitens. Damit wird belegt, dass die Literatur zum Seminararbeitsthema umfassend einbezogen wurde. Dies erfordert auch, nicht zu wenige oder einseitige Quellen zu berücksichtigen, sondern ein möglichst breites Spektrum von Autorenmeinungen auszuwerten. Das Zitat gehört in alle argumentativen Texte, wenn man seine Gedankenführung stützen, eigene oder fremde Thesen bestätigen oder widerlegen will. **Wichtig:** Wenn zitiert wird, sollte das Zitat auch ausgewertet werden. Zitieren ersetzt nicht die eigene Analyse und Interpretation! Zitate sollten mit Bedacht eingesetzt werden und dürfen keinesfalls das notwendige Ausformulieren eigener Gedanken und Argumentationsstränge ersetzen. Die Eigenleistung beim Verfassen der Arbeit muss deutlich zu erkennen sein. Zitate sollten nicht länger als eine halbe Seite sein und nicht dazu missbraucht werden, um „Seiten zu schinden". Zudem gibt es auch überflüssige Zitate, wenn Aussagen selbstverständlich sind bzw. allgemein verbreitetes Wissen darstellen.

Abb. 10: Funktionen des Zitates im Überblick. *Eigene Darstellung*

Literaturquellen

Der Nachweis der eigenen Argumentationsführung durch seriöse, geeignete Quellen ist zentraler Bestandteil des wissenschaftlichen Arbeitens. Damit wird belegt, dass die Literatur zum Seminararbeitsthema umfassend einbezogen wurde und dass man an schon vorhandene Forschungsergebnisse anknüpft. Dies erfordert auch, nicht zu wenige oder einseitige Quellen zu berücksichtigen, sondern ein möglichst breites Spektrum von Autorenmeinungen auszuwerten.

Informationen und Impulse für wissenschaftliche Arbeiten erhält man aus den verschiedensten Quellen, manchmal sogar aus Boulevardblättern. Auch wenn es abwegig erscheint, sich bei der Argumentation in seiner Seminararbeit auf eine Schlagzeile aus der Regenbogenpresse zu berufen, ist es wichtig zu wissen, welche **Arten von Quellen** für wissenschaftliche Arbeiten geeignet sind. Dadurch wird der Bereich der Literaturauswahl eingegrenzt. Die einzelnen Quellen werden wiederum auf unterschiedliche Weisen zitiert (→ Kapitel 2.3.2). Die wichtigsten Literaturquellen sind Bücher und Zeitschriften. Die Erschließung eines Themas erfolgt in der Regel über Bücher (Einzeltitel, Handbücher, Lehrbücher, Sammelbände …) oder fachlich fundierte Internetseiten. Für eine weitere Vertiefung, die über das allgemeine Fachwissen hinausgeht, sind Veröffentlichungen in wissenschaftlichen Fachzeitschriften eine zentrale Quelle. Das in Fachartikeln vermittelte Wissen beschränkt sich meist auf die Behandlung ausgewählter Fragen und Probleme und enthält oft aktuellere Erkenntnisse als Buchveröffentlichungen.

Zitierfähige Quellen

Zur Zitierfähigkeit und Zitierwürdigkeit von Quellen kann man sich an folgenden Punkten orientieren:

- **Verfügbarkeit der Quelle:** Eine zitierte Quelle muss aus Gründen der Nachvollziehbarkeit veröffentlicht und mit vertretbarem Aufwand zu beschaffen sein. Dies ist der Fall, wenn die Quelle im Buchhandel erhältlich ist bzw. in Bibliotheken eingesehen oder ausgeliehen werden kann.
- **Aktualität der Quelle:** Bücher sind in der neuesten veröffentlichten Auflage zu zitieren. Dasselbe gilt für Gesetzestexte, Normen und Vorschriften.
- **Seriosität der Quelle:** Der Autor oder Herausgeber muss sich mit dem Inhalt eines Problems objektiv und fundiert auseinandersetzen. Fundamentalistische Sektierer oder Vertreter einseitiger Interessen dürfen nicht zitiert werden.
- **Ursprung der Quelle:** Zitate sollen der Originalliteratur (Primärliteratur) entnommen werden, die man selbstverständlich auch in der Hand gehabt haben muss. Nur im Ausnahmefall, wenn die erforderliche Information nicht als Primärliteratur vorliegt (vergriffen oder nicht zu beschaffen), ist auf Sekundärliteratur – das ist die Primärliteratur beschreibende, kommentierende und beurteilende Literatur – auszuweichen. Es ist ein Gebot der Redlichkeit, in einem solchen Fall die sekundäre Bezugnahme anzugeben und nicht den Eindruck zu erwecken, man habe das Original gelesen. Ein Bezug auf Tertiärquellen (Zitat aus einer Quelle, die eine andere Quelle zitiert) sollte nach Möglichkeit völlig vermieden werden.

Aus: Brauner, Detlef Jürgen/Vollmer, Hans-Ulrich: Erfolgreiches wissenschaftliches Arbeiten. 3. überarb. u. erw. Auflage, Sternenfels, 2008, S. 106

2.3.1 Zitieren

Trennung von eigenen und fremden Gedanken

Ein Großteil wissenschaftlichen Arbeitens besteht darin, sich auf andere Autoren zu beziehen – niemand fängt bei wissenschaftlichen Themen beim Punkt Null an. Diese Aussagen sind **geistiges Eigentum** der jeweiligen Autoren und dürfen nicht – auch nicht durch Unterlassung, d. h. einfach ohne Angabe des Urhebers – als eigene Aussagen ausgegeben werden. Dem Leser muss die Möglichkeit gegeben werden, zwischen Gedankengängen des Verfassers und übernommenen Gedanken zu unterscheiden. Deswegen ist es wichtig, übernommenes Gedankengut, wörtliche Wiedergaben, Tabellen, Diagramme o. Ä. genau zu zitieren und den Fundort anzugeben (**Quellenangabe**). Hierbei ist äußerste Genauigkeit wichtig, denn falsche oder nicht richtig wiedergegebene Zitate lassen sich im Nachhinein kaum korrigieren.

Grundregeln des Zitierens

Folgende Grundregeln sind beim Zitieren zu beachten:

1. Wenn man zitiert, sollte das Zitat auch inhaltlich ausgewertet und in den eigenen Gedankengang eingebaut werden.
2. Zitate ersetzen nicht das Ausformulieren eigener Argumentationsstränge.
3. Da in einer Seminararbeit die Eigenleistung deutlich erkennbar sein soll, darf der Anteil an zitierten Passagen nicht zu hoch sein!
4. Zitate dürfen nicht verändert werden, es sei denn, die Änderungen werden als solche kenntlich gemacht!

Textstellen können **direkt** oder **indirekt** zitiert werden (direktes Zitat, indirektes Zitat). Erstere sind wörtliche Übernahmen einer Textstelle, bei zweitem handelt es sich um Paraphrasierungen, die die Inhalte einer Textstelle mit eigenen Worten inhaltlich richtig zusammenfassen.

Direktes Zitat

Direkte Übernahmen fremder Textstellen können den Textfluss der eigenen Formulierung stören; unter diesem Aspekt sind indirekte Zitate vorzuziehen. Die Einbindung wörtlicher Zitate empfiehlt sich jedoch dann,

- wenn es sich um eine besonders treffende Formulierung eines Autors handelt, deren Inhalt trotz aller Mühe nicht anschaulicher und besser wiederzugeben ist (z. B. eine kompakte Definition);
- wenn man in seiner Arbeit eine Aussage diskutieren möchte und dies nur dann gelingen kann, wenn der Leser der Arbeit mit Details des Originaltexts vertraut gemacht wird.

Bei den **direkten Zitaten** wird unterschieden zwischen **Kürzestzitat** (1 – 4 Wörter), **Kurzzitat** (5 – 40 Wörter) und dem **Langzitat** (40 bis maximal 200 Wörter). Während das Kürzestzitat einfach in den eigenen Fließtext übernommen werden kann (eingebettet in Anführungszeichen), soll das Kurz- oder Langzitat (ab mehr als zwei Zeilen Länge) nach einem Doppelpunkt und Anführungszeichen in einer neuen Zeile beginnen. Oft wird auch eingerückt und der Zeilenabstand verringert, um dem Leser zu verdeutlichen, dass hier ein Zitat folgt. Dieses Einrücken lässt sich leicht mit dem **Verschieben der Tabulatorenpfeile** am oberen Dokumentenrand des Textverarbeitungsprogramms erreichen:

Kürzestzitat
Der Mohr von Tunis tritt in Schillers Trauerspiel mit den Worten „Der Mohr kann gehen" ab und zeigt hiermit seine Enttäuschung über die vorangegangene Situation. (Schiller, Die Verschwörung des Fiesco zu Genua, III, 4)

Kurzzitat
Nicht immer war die Differenzierung zwischen Impressionismus und Expressionismus in der Literatur schwierig.

> „Anfangs schien die Unterscheidung problemlos zu sein. Unter Impressionisten verstand man Autoren, von denen man meinte, sie hätten sich einem hedonistischen Ästhetentum verschrieben." (Rothe 1969, S. 69)

Langzitat
Doch gerade in der Romantik war das Klima günstig für Frauen, die literarisch interessiert waren, wie Barbara Becker-Cantarino ausführt:

> „In diesen Jahrzehnten hatte sich jedoch mit zunehmender Lesefähigkeit und privaten Bildungsmöglichkeiten für Frauen ein größeres weibliches Lesepublikum gebildet, das die Ausbildung und den Aufstieg der Schönen Literatur beeinflusste. Mit der für musische und literarische Aktivitäten erforderlichen Freizeit und materiellen Grundlage begannen viele begüterte, begabte oder für Literatur günstig situierte Frauen aktiv am literarischen Leben teilzunehmen und selbst zu schreiben – allerdings unter Sonderbedingungen." (Becker-Cantarino 2000, S. 11)

Weil sich die gesellschaftlichen Bedingungen für Frauen besserten, fanden viele den Mut, eigene Texte zu veröffentlichen.

Regeln für direkte Zitate
Die obigen Beispiele zeigen: Direkte Zitate stehen immer in **Anführungszeichen** und gehen mit einer (verkürzten) **Quellenangabe** einher. Die Satzstellung wird unverändert vom Originaltext übernommen; Veränderungen des Originaltextes müssen gekennzeichnet werden.

Veränderungen in Zitaten sind nötig, wenn
- Originalstellen gekürzt werden,
- der Satzbau des Originals verändert werden muss,
- Worte innerhalb des Zitates hervorgehoben werden sollen,
- zur besseren Verständlichkeit inhaltliche Ergänzungen eingebaut werden müssen oder
- Fehler (Satzbau, Zeichensetzung,...) im Originaltext auftauchen.

Oftmals ist es nötig, ein Zitat zu verkürzen, weil nicht alle Teile eines Satzes wichtig für die Aussage sind. Diese Auslassungen müssen durch eckige Auslassungsklammern [...] gekennzeichnet werden. Der Sinn des Zitates darf dabei nicht verändert werden (→ Übung C).

Verkürzung von Zitaten

> „In diesen Jahrzehnten hatte sich jedoch mit zunehmender Lesefähigkeit und privaten Bildungsmöglichkeiten für Frauen ein größeres weibliches Lesepublikum gebildet, das die Ausbildung [...] der Schönen Literatur beeinflusste. Mit der für musische und literarische Aktivitäten erforderlichen Freizeit und materiellen Grundlage begannen viele begüterte, begabte oder für Literatur günstig situierte Frauen aktiv am literarischen Leben teilzunehmen und selbst zu schreiben [...]." (Becker-Cantarino 2000, S. 11)

Möchte man wörtliche Zitate in einen fortlaufenden Text einbauen, muss gegebenenfalls der Satzbau des Originalzitates **behutsam** verändert werden. Aber auch hier sind Auslassungen durch eckige Klammern mit drei Punkten zu kennzeichnen und eingefügte Wörter in eckige Klammern zu setzen (→ Übung E).

Zitat mit Veränderung

> Weil es sich reiche Haushalte leisten konnten, auch ihre Töchter unterrichten zu lassen und einige von ihnen durch eine Schar von Angestellten mehr Freizeit erhielten, veränderte sich auch die Situation der Frauen.
>
> „Viele begüterte, begabte oder für Literatur günstig situierte Frauen [begannen] aktiv am literarischen Leben teilzunehmen und selbst zu schreiben – allerdings unter Sonderbedingungen." (Becker-Cantarino 2000, S. 11)

Wichtige Stellen in Zitaten dürfen hervorgehoben werden; auch dies muss mittels einer Bemerkung in eckigen Klammern oder in der Kurzquellenangabe mitgeteilt werden, wobei N. N. (= nomen nominandum) durch den Name desjenigen zu ersetzen ist, der die Hervorhebung vornimmt. Alternativ zum eignen Namen ist auch die allgemeine Angabe „Hervorhebung durch den Verfasser" in eckigen Klammern möglich.

Zitat mit Hervorhebung

> „Mit der für musische und literarische Aktivitäten erforderlichen Freizeit und materiellen Grundlage begannen viele begüterte, begabte oder für Literatur günstig situierte Frauen aktiv am literarischen Leben teilzunehmen und selbst zu schreiben – allerdings unter <u>Sonderbedingungen</u>." (Becker-Cantarino 2000, S. 11; Hervorhebung durch N. N.)
>
> oder →

> „Mit der für musische und literarische Aktivitäten erforderlichen Freizeit und materiellen Grundlage begannen viele begüterte, begabte oder für Literatur günstig situierte Frauen aktiv am literarischen Leben teilzunehmen und selbst zu schreiben – allerdings unter Sonderbedingungen [Hervorhebung durch N.N.]." (Becker-Cantarino 2000, S. 11)

Ergänzungen im Zitat

Da Zitate oft aus dem Gesamtzusammenhang einer Textfassung oder Argumentation eines Autors herausgezogen werden, ist es manchmal notwendig, im Originalzitat inhaltliche Ergänzungen vorzunehmen. Diese Erläuterungen können dem Leser das Verständnis erleichtern. Sie stehen ebenfalls in eckigen Klammern und werden durch den Zusatz „N. N." (Initialen des Verfassers) oder durch den Hinweis „Anmerkung des Verfassers" kenntlich gemacht.

> „Mit der für musische und literarische Aktivitäten erforderlichen Freizeit und materiellen Grundlage begannen viele begüterte, begabte oder für Literatur günstig situierte [in gesicherten, wirtschaftlichen Verhältnissen lebend; Anmerkung d. Verfassers] Frauen aktiv am literarischen Leben teilzunehmen und selbst zu schreiben – allerdings unter Sonderbedingungen." (Becker-Cantarino 2000, S. 11)

Fehler in Zitaten

Manchmal finden sich in Texten grammatikalische Fehler oder falsch gesetzte Satzzeichen. Damit diese Fehler nicht Ihnen angerechnet werden, werden sie durch ein [sic!] (= so (steht es im Original)) kenntlich gemacht.

> „Mit der für musische und literarische Aktivitäten erforderlichen Freizeit und materielen [sic!] Grundlage begannen viele begüterte, begabte oder für Literatur günstig situierte Frauen aktiv am literarischen Leben teilzunehmen und selbst zu schreiben – allerdings unter Sonderbedingungen." (Becker-Cantarino 2000, S. 11)

„Fehler", die durch die Rechtschreibreform entstanden sind, dürfen ohne Kennzeichnung in die neue Rechtschreibung übertragen werden.

Zitate in Zitaten

Ein Zitat innerhalb eines Zitats wird durch einfache Anführungszeichen gekennzeichnet, nachfolgend erfolgt der Quellennachweis.

> „Die Frau unterstand dem Mann, und ihr Ort war innerhalb der patriarchalen Familie, wo sie im 18. Jahrhundert neben der Hauswirtschaft und Kinderbetreuung zunehmend auch die emotional-psychischen Aufgaben der liebevollen Gattin und Mutter als ‚Energiespender und Garantin des Familienzusammenhanges' (Frevert 1988, S. 20) zu übernehmen hatte." (Becker-Cantarino 2000, S. 21)

Auch einzelne Wörter, die im Originalzitat in doppelten Anführungszeichen stehen, werden mit einfachen Anführungszeichen übernommen.

Zitieren von Versen

Vor allem in philologischen Arbeiten müssen oftmals Zitate aus lyrischen oder dramatischen Werken eingebunden werden. Diese sind in der Regel metrisch gebunden und dürfen nicht aus dieser Metrik herausgerissen werden, sonst werden metrische Strukturen nicht erkennbar – die Beweiskraft des Zitats ginge verloren (→ Übungen C – E).

Falsche Zitierweise eines Verses aus Schillers „Maria Stuart":
„Das gesamte Drama ist im Vers Commun (ein fünfhebiger Jambus) verfasst. Marias Amme Hanna Kennedy kommt im 1. Akt, 2. Auftritt auf Maria zu und sagt: „O Königin! Man tritt uns ganz mit Füßen, der Tyrannei, der Härte wird kein Ziel, und jeder neue Tag häuft neue Leiden und Schmach auf dein gekröntes Haupt." (Schiller, Maria Stuart, I, 2, V. 144 – 147)

Der fünfhebige Jambus ist aus dem Zitat nicht ersichtlich, weil die originale Anordnung innerhalb des Zitates aufgebrochen wurde. Deswegen übernimmt man bei Versen (sei es aus dem Drama oder aus einem Gedicht) entweder die gedruckte Anordnung (eingerückt) oder setzt zwischen die Zeilenumbrüche einen Schrägstrich, so dass die Versenden erkennbar bleiben.

Marias Amme kommt auf sie zu und erzählt ihr ganz aufgebracht von den Geschehnissen:

Kennedy
„O Königin! Man tritt uns ganz mit Füßen,
Der Tyrannei, der Härte wird kein Ziel,
Und jeder neue Tag häuft neue Leiden
Und Schmach auf dein gekröntes Haupt." (V. 144 – 147)

oder

Marias Amme kommt auf sie zu und erzählt ihr ganz aufgebracht von den Geschehnissen: „O Königin! Man tritt uns ganz mit Füßen, / Der Tyrannei, der Härte wird kein Ziel, / Und jeder neue Tag häuft neue Leiden / Und Schmach auf dein gekröntes Haupt." (V. 144 – 147) → Bei uns nicht dahinter sondern mit Fußnote

Die elegantere und optisch schönere Möglichkeit ist sicherlich die Übernahme der Druckversion (eingerückt). Bei lyrischen Texten oder Dramen erfolgt keine Seitenangabe als Nachweis, sondern die Angaben von Akt, Szene und Vers. Diese werden in der Regel unmittelbar im Anschluss an das Zitat in Klammern gesetzt. Wenn in der gesamten Arbeit nur aus einem Werk zitiert wird, reicht die Angabe des Verses.

Zweitzitate

Als **Zweitzitate** bezeichnet man wörtliche Übernahmen, die man nicht aus der Originalarbeit, sondern schon als Zitat in einer anderen Arbeit gelesen hat (Sekundärliteratur). Diese Zitate dürften streng genommen nicht in wissenschaftlichen Arbeiten vorkommen, da jeder Verfasser zur Überprüfung von Zitaten in den **ursprünglichen** Werken verpflichtet ist. Somit sollte auch die Quellenangabe immer aus den Originalwerken erfolgen, die allerdings nicht immer ohne weiteres verfügbar sind. Hier wäre eine Absprache mit der betreuenden Lehrkraft wichtig.

Indirektes Zitat

Eine sinngemäße Wiedergabe eines fremden Gedankengangs muss ebenfalls gekennzeichnet werden. Der Name des Autors steht am Ende in Klammern mit dem Zusatz „vergleiche" oder „in Anlehnung an", „nach" (→ Übung D). Die Fremdaussage kann aber auch im Konjunktiv wiedergegeben werden. Das schafft mehr Distanz zum Gesagten, kann also sinnvoll sein bei Aussagen, die man widerlegen will.

Originaltext:
Die Autorinnen gehören zu einer ersten größeren „Generation" von schriftstellerisch tätigen Frauen, die fast ausschließlich dem Bürgertum und dem Kleinadel entstammten. Sie waren zumeist zwischen 1770 und 1790 geboren, haben die Umbrüche im Gefolge der Französischen Revolution, der Napoleonischen Kriege und teilweise auch noch der Metternichschen Restauration bewusst erlebt, waren aber von der Forderung von Bürgerrechten, von jeglicher „Profession", d. h. Ausübung eines bürgerlichen Berufes, und vom Lateinschul- und Universitätsbesuch ausgeschlossen. (Becker-Cantarino 2000, S. 11)

Indirektes Zitat:
Die Autorinnen der Romantik entstammten fast alle dem niedrigen Adel oder dem Bürgertum. Da sie meist zwischen 1770 und 1790 geboren wurden, haben sie die gesellschaftlichen Veränderungen durch die französische Revolution, die Napoleonischen Kriege und die nachfolgende Restauration miterlebt: es war ihnen aber nicht erlaubt, einen Beruf auszuüben oder zu studieren (vgl. Becker-Cantarino 2000, S. 11).

Indirektes Zitat im Konjunktiv:
Die Autorinnen der Romantik entstammten fast alle dem niedrigen Adel oder dem Bürgertum. Da sie meist zwischen 1770 und 1790 geboren wurden, hätten sie die gesellschaftlichen Veränderungen durch die französische Revolution, die Napoleonischen Kriege und die nachfolgende Restauration miterlebt, jedoch wäre es ihnen nicht erlaubt gewesen, einen Beruf auszuüben oder zu studieren (vgl. Becker-Cantarino 2000, S. 11).

2.3.2 Quellenangaben: Bibliografieren

Damit zitierte Literatur vom Leser schnell und umfassend gefunden werden kann, müssen die verwendeten Quellen präzise angegeben werden. Hierbei ist es üblich, die Quellen nach dem Publikationsstatus zu unterscheiden (Bücher, Zeitschriften, Internetquellen…) und alphabetisch nach Autorennachnamen anzuordnen (Literaturverzeichnis am Ende der Arbeit). Wenn das Literaturverzeichnis am Ende Ihrer Seminararbeit sorgfältig erstellt ist, können Sie für Zitatverweise innerhalb Ihrer Arbeit praktischerweise Kurzbelege verwenden, d. h. Sie müssen nur auf die Literaturangabe in Ihrem Literaturverzeichnis verweisen. Im ersten Teil dieses Unterkapitels lernen Sie, wie verschiedene Quellen für ein Literaturverzeichnis richtig angegeben werden, im zweiten Teil, wie diese Quellen innerhalb des Fließtextes belegt werden können (Kurzbeleg).

Bibliografien und Literaturverzeichnisse

Bibliografien sind Verzeichnisse, die die Gesamtliteratur einer Thematik zusammenfassen. Als **Literaturverzeichnis** bezeichnet man eine Zusammenstellung von Werken, die zum Abfassen einer Arbeit verwendet wurden (also nicht die gesamte Thematik abdecken). Mithilfe dieser Verzeichnisse kann der Leser entweder weitere Themenbereiche vertiefen oder Inhalte und übernommene Daten oder Ideen überprüfen. Ein Literaturverzeichnis folgt in der Regel der alphabetischen Anordnung der Verfassernamen, Bibliografien können andere Reihenfolgen aufweisen (nach Standardwerken, Aktualität, Wichtigkeit). Die einzelnen Elemente der Quellenangaben im Literaturverzeichnis können in unterschiedlicher Reihenfolge angeordnet werden, es gibt mehrere richtige Möglichkeiten. Vor der Erstellung des Literaturverzeichnisses sollte also mit der Lehrkraft abgesprochen werden, welches Schema verbindlich ist. Wichtig ist in jedem Falle, genau wie beim Zitieren im Text der Arbeit, die **Einheitlichkeit der Zitiertechnik** zu gewährleisten.

Wichtig: Alle Quellen, aus denen Sie wörtlich oder sinngemäß zitiert haben, müssen sich im Literaturverzeichnis wieder finden! Sortieren Sie diese Angaben alphabetisch nach den Nachnamen der Autorinnen und Autoren.

Quellen aus Büchern

Zwar ist die Quellenangabe von Büchern (Einzelwerke, Monografien) genau festgelegt, jedoch gibt es Unterschiede zwischen naturwissenschaftlichen und geisteswissenschaftlichen Arbeiten, die sich aber auch verwischen. Entscheidend ist, dass eine Art der Quellenangabe innerhalb einer Arbeit durchgehend verwendet wird. Wichtig ist die Angabe von:

- Autorenname oder Herausgebername
- Titel des Buches, eventuell mit Untertiteln
- eventuell Bandnummer

→

- Erscheinungsort
- Verlag
- Erscheinungsjahr
- eventuell die Angabe der Auflage; erste Auflagen werden nicht angegeben.

All diese Angaben sind notwendig, da sich durch Verlagswechsel oder Neuausgaben die Seitenzahlen verändern können oder in Neuauflagen z. T. neue Formulierungen, andere Beispiele o. ä. verwendet werden. Zur besseren Übersichtlichkeit kann der Nachname groß geschrieben werden (→ Übung F).

In geisteswissenschaftlichen Texten sieht eine Quellenangabe meist wie folgt aus:

BECKER-CANTARINO, Barbara: Schriftstellerinnen der Romantik. C.H. Beck, München, 2000

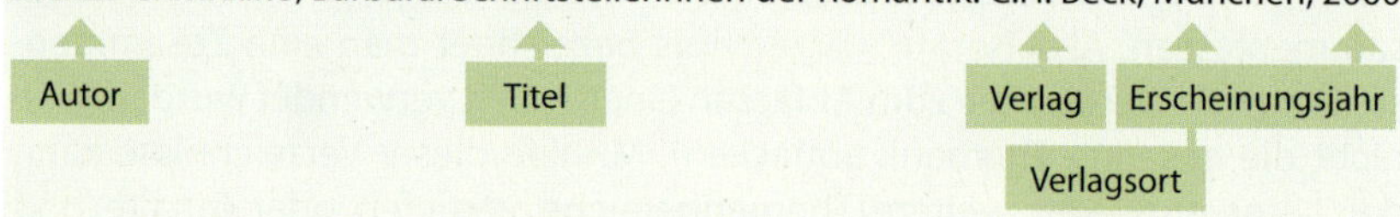

In naturwissenschaftlichen Schriften findet sich meist folgende Variante:

BÄHR, Jürgen (2004^4): Bevölkerungsgeographie. Verlag Eugen Ulmer, Stuttgart

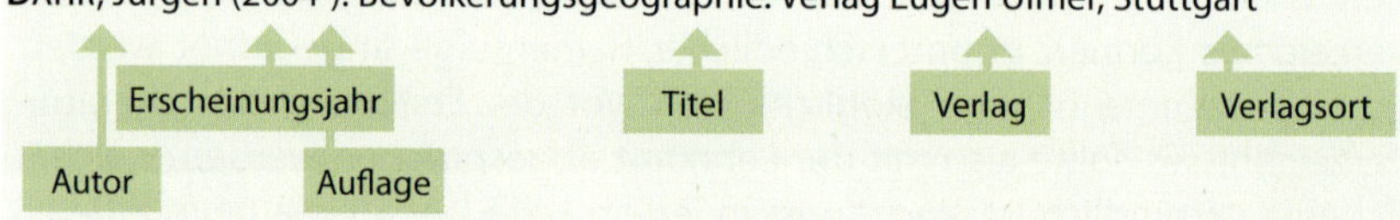

Die hochgestellt Ziffer 4 nach dem Erscheinungsjahr deutet an, dass es sich um die 4. Auflage des Buches handelt, was wegen veränderter Seitenangaben in den Neuauflagen wichtig ist.
Bitte beachten Sie die Satzzeichen innerhalb der Quellenangaben: Nach dem Autorennamen folgt ein Doppelpunkt, nach dem Titel ein Punkt. Die weiteren Angaben werden durch Komma getrennt. Die Vornamen dürfen abgekürzt werden.

Mehrere Autoren oder Herausgeber

Gibt es mehr als zwei Autoren, müssen nicht alle genannt werden. Nach der Nennung der ersten beiden setzt man ein „u. a." hinter den letzten Namen, was eine Beteiligung weiterer Autoren anzeigt.

> Barsch-Gollnau, Signue/Herrman, Volker u. a.: Erfolgreich lernen – kompetent handeln. Buchner Verlag, Bamberg, 2012

Sind ein oder mehrere Herausgeber genannt, erscheinen nur diese Namen und ein „Hrsg." oder „Hg." in Klammern.

> Müller, Karla/Gaiser, Gottlieb (Hrsg.): Kombi-Buch Deutsch 8. Buchner Verlag, Bamberg, 2009

Quellen aus Aufsätzen

Aufsätze sind keine selbstständigen Schriften, sie werden als Sammlungen in **Zeitschriften** oder **Sammelbänden** veröffentlicht. Deswegen müssen bei Quellenangaben von Aufsätzen sowohl die Autoren und der Titel als auch das Medium (Zeitschrift, Aufsatzsammlung mit Jahr und/oder Ausgabennummer, Seitenangabe) genannt werden, in dem der Aufsatz veröffentlicht wurde.

DREWITZ, Ingeborg: Dialog als Schicksal. Zu den Briefen der Rahel Varnhagen.
In: Neue Rundschau, 1969, S. 761–768

Autorin | Fundstelle mit Seitenangabe | Titel

Häufig werden die Ausgaben einer Zeitschrift durchnummeriert, sodass bei der bibliografischen Angabe nur die Jahrgangsnummer statt der Jahresangabe angegeben werden muss. (Hierbei steht „287/2008" für das Heft 287, das im Jahr 2008 erschienen ist.)

> Jacob, Klaus: Industrie im Spannungsfeld von Ökonomie und Ökologie.
> In: Informationen zur politischen Bildung 287/2008

Möglich ist auch:

> Jacob, Klaus: Industrie im Spannungsfeld von Ökonomie und Ökologie.
> In: izpb 287/2008

„izpb" ist eine im Wissenschaftsbereich übliche Abkürzung für die Zeitschrift „Informationen zur politischen Bildung". All diese Angaben finden Sie in der Regel auf den Titelblättern der Zeitschriften.

Bei der Angabe von Seitenzahlen haben sich folgende Schreibweisen durchgesetzt:

S. 411	Anfang und Ende der Quelle ist auf Seite 411 zu finden.
S. 411 f.	Die Quelle beginnt auf Seite 411 und endet auf Seite 412.
S. 411 ff.	Die Quelle beginnt auf Seite 411 und geht über mehrere Seiten.
S. 411–424	Die Quelle beginnt auf Seite 411 und endet auf Seite 424.

Quellen aus Tages-/Wochenzeitungen

Bibliografische Angaben aus Tages- oder Wochenzeitungen bedürfen genauer Angaben zum Erscheinungstermin, also des Tages oder der Woche.

> Müller, Lothar: Die Grauzone zwischen Exzerpt und Plagiat. In: Süddeutsche Zeitung vom 29.08.2014, S. 13

Quellen aus Lexika

Unter manchen Lexikonartikeln finden sich die Namen der Autoren (teilweise als Namenskürzel), oft ist der Verfasser der Einzelartikel aber auch gar nicht ersichtlich. Im ersten Fall wird der Autor des Einzelartikels genannt, danach das Stichwort. Hierauf folgt die bibliografische Angabe zum Lexikon und die Seiten- oder Spaltenzahl. Dabei ist es besonders wichtig, dass die Auflage bzw. das Erscheinungsjahr angegeben werden.

> Schaeder, Burkhard: Stichwort „Präposition". In: Glück, Helmut (Hrsg.): Metzler Lexikon Sprache. Metzler, Weimar, 1993, S. 478 f.

Ist der Autor eines Lexikonartikels nicht genannt, wird die bibliografische Angabe zum Lexikon aufgeführt und mit den Seitenzahlen des Lexikonbeitrags versehen.

> Pollert, Achim, Bernd Kirchner und Morato Polzin: Das Lexikon der Wirtschaft. Grundlegendes Wissen von A bis Z. Stichwort Geld, S. 101, Bundeszentrale für politische Bildung, Bonn, 2013

Fehlender Erscheinungsort, fehlendes Erscheinungsjahr

In Veröffentlichungen wie Broschüren oder Flyern fehlen oft entscheidene bibliografische Angaben. Diese Publikationen werden als „graue Literatur" bezeichnet. Sind weder das Erscheinungsjahr noch der Erscheinungsort ersichtlich, erscheint „o. J." (= ohne Jahr) bzw. „o. O." (= ohne Ort).

> Fohrbeck, Karla/Lukas, Clemens u. a.: Jean Paul in Bayreuth. Regionalmanagement Stadt und Landkreis Bayreuth, o. O., o. J.

Internetquellen

Quellen aus dem Internet sind in der Regel sehr aktuell, werden aber gerade deswegen häufig mit neuen Informationen versorgt, sodass die zitierten Inhalte nicht mehr abrufbar sind. Deswegen ist es üblich die bibliografische Angabe von Internetquellen mit einem Zugriffsdatum zu versehen und die zitierten Inhalte dieser Seite auf dem eigenen PC abzuspeichern und der Seminararbeit beizufügen. Auch bei Internetquellen sollten die Verfasserdaten abrufbar sein. Wenn diese Angaben nicht ermittelbar sind, sollte man abwägen, ob diese Internetseite als Quelle tauglich ist. Vergewissern Sie sich, dass der Autor einen wissenschaftlichen Hintergrund zur Thematik vorweisen kann. Die Verantwortung für die Glaubwürdigkeit von Quellen unterliegt dem Autor der Seminararbeit!

Vermeiden Sie es, Internetlexika (Wikipedia,...) als Quelle anzugeben: Internetlexika bieten wie andere Lexika einen guten Überblick über eine Thematik, sind jedoch z. B. als Quellen für Fachbegriffe ungeeignet, da sie in der Regel nicht von Fachwissenschaftlern ausgearbeitet wurden. Verwenden Sie hierfür ein Fachlexikon (→ Kapitel 4.4.2)!

Bibliografische Angaben aus dem Internet ähneln denen von Aufsätzen; nach dem „unter:" folgt die URL (Uniform Resource Locator) und das letzte Zugriffsdatum.

> Saedler, Heinz: Pod corn develops leaves in the inflorescences.
> Unter: http://www.mpipz.mpg.de/119586/news_publication_5755791
> (Stand: 30.09.2014)

Sind die Autorennamen nicht zu ermitteln, wird statt des Verfassernamens der Name des Seitenbetreibers (Behörde, Universität,...) genannt.

> Bayerisches Staatsministerium für Bildung und Kultus, Wissenschaft und Kunst (Hg.): Hinweise zum Datenschutz. Unter: http://www.km.bayern.de/ministerium/recht/datenschutz.html (Stand: 30.09.2014)

Aktualität von Internetlinks

Bei Internetlinks kann es schnell passieren, dass URL's nicht mehr funktionieren oder Webseiten umgestaltet werden. Um einen Zugriff auf die verwendeten Texte und Materialien sicherzustellen, ist es deshalb ratsam, diese in der Anlage oder auf einem externen Datenträger (USB-Stick oder CD-ROM) der Arbeit beizulegen.

Literatur-
verzeichnis

Literaturverzeichnis

Bücher

SCHNIBBEN, Cordt (Hrsg.): Tsunami.
Geschichte eines Weltbebens. Spiegel, Hamburg, 2005

SCHWELIEN, Michael: Tsunami. Die Schicksalsflut –
Die Katastrophe und die Folgen für die Welt. Fischer,
Frankfurt/M, 2005

Aufsätze aus Zeitschriften

DOMRÖS, Manfred: Tsunami-Weihnachtsflut auf den Malediven.
In: Geographische Rundschau 57/2005, Westermann,
Braunschweig, S. 12 f.

FREYDAG, Nina: Überleben, wo Hass regiert. In: Geo,
Gruner und Jahr, Hamburg, 1/2006, S. 126 ff.

RADEMACHER, Cay: Der Weg der Welle. In: Geo Epoche 16/2005,
Gruner und Jahr, S. 47 – 87

Zeitungsartikel

KESSLER, Manuel: Nach der Flut der Streit um Land.
In: Süddeutsche Zeitung vom 27.12.2005, S. 8

Internetquellen

Tsunami Alarm System.
Unter: http://www.tsunami-alarm-system.com/tsunami-alarm-system/
tsunami-alarm-system.html (Stand: 17.08.2015)

Multimedia-Dossier zum 10. Jahrestag. Der Tsunami und seine Folgen.
Tagesschau.de vom 26.12.2014.
Unter: http://www.tagesschau.de/ausland/tsunami-zehn-jahre-
danach-101.html

Abb. 11: Beispiel eines Literaturverzeichnisses. Eigene Darstellung

2.3.3 Kurzbelege: Quellenangaben im Text

Ist ein Literaturverzeichnis angelegt worden, dann können Zitate innerhalb des Fließtextes mit Kurzbelegen angegeben werden; dies spart Zeit beim Schreiben und erleichtert das Lesen der Arbeit. Im Regelfall entscheidet man sich zu Beginn des Schreibprozesses für eine der beiden Arten des Kurzbelegs.

Harvard-Style

1. Beim **Harvard-Style** erfolgt der Kurzbeleg gleich hinter dem Zitat in runder Klammer. Er beinhaltet Autorennachname, Erscheinungsjahr und Seitenangabe.

> (Becker-Cantarino 2000, S. 11)

Wird nur ein Werk des gleichen Autors in der gesamten Arbeit verwendet, kann im Folgenden auch die Jahresangabe entfallen.

> (Becker-Cantarino, S. 11)

Als Regel gilt: Nur so viele Quellenangaben wie nötig, sodass das Zitat mittels Literaturverzeichnis gefunden werden kann. Werden mehrere Werke eines Verfassers verwendet, so müssen diese im Kurzbeleg durch die Jahreszahl (bei mehreren Werken des gleichen Jahres in a und b unterteilt) unterschieden werden.

> (Becker-Cantarino 2000a, 11)

Wer eine Quelle mehrmals hintereinander zitiert, so genügt nach dem ersten Mal der Hinweis „a. a. O." (am angegebenen Ort) oder „ebd." (ebenda).

> (a. a. O.)

Dies ist mit Hinweis auf die Seitenzahl auch möglich, wenn das Zitat dem gleichen Werk entstammt, aber auf einer anderen Seite steht.

> (a. a. O., S. 533)

Beispiele für den Harvard-Style befinden sich im Kapitelabschnitt 2.3.1.

Chicago-Style

2. Für den **Chicago-Style** gelten die Regeln des Harvard-Style, nur werden die Kurzbelege nicht in Klammern hinter dem Zitat platziert, sondern als **Fuß- oder Endnoten** angelegt. Fußnoten erscheinen dann am Ende der betreffenden Seite, Endnoten auf der letzten Seite der Arbeit oder im Anhang, was jedoch zu häufigem Blättern führt.

Kurzbeleg im Chicago-Style:

> Doch waren in der Romantik auch schreibende Frauen häufig von der Grundbildung ausgenommen.
>
> „Die Autorinnen gehören zu einer ersten größeren ‚Generation' von schriftstellerisch tätigen Frauen, die fast ausschließlich dem Bürgertum und dem Kleinadel entstammten. Sie waren zumeist zwischen 1770 und 1790 geboren […], waren aber von der Forderung von Bürgerrechten, von jeglicher ‚Profession', d. h. Ausübung eines bürgerlichen Berufes, und vom Lateinschul- und Universitätsbesuch ausgeschlossen."[1]
>
> ---
>
> [1] Becker-Cantarino, S. 11

Mit allen Textverarbeitungsprogrammen lassen sich unkompliziert Fußnoten erzeugen. Sie müssen also nicht manuell eingefügt oder bearbeitet werden. Ist die erste Fußnote angelegt, nummerieren sich alle weiteren eigenständig, selbst wenn während des Schreibens neue Fußnoten zwischen schon gesetzte eingefügt werden. Bei den Endnoten erscheinen alle Kurzbelege hintereinander auf einer oder mehreren Seiten. Wegen dieser von den Schreibprogrammen automatisierten Anwendungen ist es wichtig, sich vor dem anlegen der ersten Referenz für den Harvard-Style oder für End- bzw. Fußnoten (Chicago-Style) zu entscheiden (→ Übung G).

Übersicht zu den Kurzbelegen bei Quellenangaben:

Becker- Cantarino 2000, S. 34 Becker-Cantarino, 34	Das Zitat findet sich auf Seite 34 eines im Literaturverzeichnis (mit vollständiger bibliografischer Angabe) angegebenen Werkes.
ebd. a. a. O. Becker-Cantarino, a. a. O.	Erneutes Zitieren aus der gleichen Quelle und der gleichen Seite wie das unmittelbar vorausgegangene Zitat.
a. a. O., S. 46	Erneutes Zitieren aus der gleichen (vorangegangenen) Quelle, aber eine andere Seite.
Vgl. Becker-Cantarino, S.46 f.	Sinngemäßes, indirektes Zitat, das sich auf die Seiten 46 und 47 bezieht.
Vgl. Becker-Cantarino, S. 46 ff.	Sinngemäßes. indirektes Zitat, das sich auf die Seite 46 und die folgenden Seiten bezieht.

2.3.4 Literaturverwaltungsprogramme – Arbeitserleichterung mit einem „Klick"

Kostenlose Literaturverwaltungsprogramme

Spätestens nach der ersten Literaturrecherche werden Sie sich fragen: Wie kann ich diese Menge von unterschiedlichen Quellen verwalten, wieder finden, ordnen? Hierfür bieten sich **Literaturverwaltungsprogramme** an, die kosten- und gefahrlos aus dem Internet heruntergeladen werden können. Mit diesen Programmen entfällt (bis auf wenige Ausnahmen) das manuelle Eingeben von Quellenangaben; oftmals wird auch das Zitieren und anschließende Bibliografieren deutlich erleichtert. Voraussetzung: Sie müssen sich einige wenige Stunden in das jeweilige Programm einarbeiten, also sich vor der Recherche mit einem dieser Programme befassen. Erkundigen Sie sich in einer Universitätsbibliothek über Literaturverwaltungsprogramme: die Bibliotheken bieten auch kostenlos Schulungen an.

Ob Volltexte oder bibliografische Angaben, mit den Programmen können Sie Ihre gesamten Quellen organisieren und darüber hinaus Textzitate und den entsprechenden Nachweis in Ihr Textdokument einfügen.

Die Programme arbeiten meist mit dem Web-Browser zusammen und erkennen nach erfolgreicher Installation automatisch Texte, Bücher, Medien etc., die Sie sich im Internet ansehen. Hierbei erscheint hinter der URL ein Icon.

Wird dies angeklickt, übernimmt das Programm die bibliografischen Angaben dieses Artikels und ordnet sie automatisch in das Literaturverzeichnis ein. Das funktioniert beim Stöbern auf Bibliotheksseiten, Universitätsseiten oder auf Verlags- oder Buchhändlerseiten. Gleichzeitig können Sie Zitate aus den übernommenen Texten in Ihr Manuskript einfügen und ein Literaturverzeichnis erstellen.

Über vorher angelegte Verzeichnisse und Unterverzeichnisse können Sie eine Ordnerstruktur erstellen, Quellen löschen und verschieben. So verlieren Sie niemals Ihre Quellen aus den Augen und sind auch in der Lage, in Ihren Quellen bestimmte Begriffe aufzurufen oder eine vergessene Quelle zu suchen und zu finden.

Zusammenfassung zu Kapitel 2.3

Mit der Wiedergabe fremder Quellen muss äußerst sorgfältig umgegangen werden! Man unterscheidet **direkte Zitate** von **indirekten Zitaten**. Bei direkten Zitaten wird der Fremdtext ohne Änderungen übernommen und in Anführungszeichen gesetzt. Müssen Veränderungen vorgenommen werden, weil das Zitat in den eigenen Satzbau eingepasst werden soll oder weil Teilsätze weggelassen werden, dann müssen ausgelassene Teile durch [...] gekennzeichnet und ergänzte oder umgestellte Teile in eckige Klammern [ ] gesetzt werden. Beim indirekten Zitat wird der Inhalt eines Fremdtextes in eigenen Worten sinngemäß wieder gegeben. Beide Formen des Zitates benötigen eine **Belegstelle**.

1. Alle Quellenangaben werden am Ende der Arbeit unter dem Begriff „Literaturverzeichnis" alphabetisch zusammengefasst. Hierbei sollte mindestens zwischen den drei Rubriken Bücher, Zeitschriften und Internetquellen unterschieden werden. Ein vollständiger Beleg sieht wie folgt aus (Satzzeichen beachten): Nachname, Vorname d. Autors: Titel. Verlag, Verlagsort, Erscheinungsjahr. Fehlende Angaben müssen als fehlend markiert werden: „o. J." (ohne Jahr), „o. O." (ohne Ort).
2. Innerhalb des Textes werden Kurzbelege verwendet, die mit ihren Angaben auf das Literaturverzeichnis verweisen. Meist reichen dazu der Nachname des Autors und die Seitenzahl. Diese Angaben können entweder im **Harvard-Style** gleich hinter das Zitat in Klammern, oder im **Chicago-Style** als Fußnote platziert werden.

2.4 Empirische Methoden in den Naturwissenschaften

2.4.1 Experiment

„Alles messen, was messbar ist – und messbar machen, was noch nicht messbar ist." Wenn auch nicht erwiesen ist, ob dieser Ausspruch tatsächlich von GALILEO GALILEI stammt, so macht er dennoch deutlich, welche grundlegende Arbeitsweise die Naturwissenschaften seit Beginn des 16. Jahrhunderts beherrscht.

Theorie und Experiment

Theorie und Experiment sind die Säulen der Naturwissenschaft. Die Theorie liefert Voraussagen (Hypothesen), die experimentell überprüft werden. Zeigt sich dabei Übereinstimmung, wird die Theorie gestützt (Verifikation) – andernfalls muss die Theorie korrigiert werden (Falsifikation).

Abb. 12: Theorie und Experiment. Eigene Darstellung

Ein bekanntes Beispiel dafür ist die Theorie des Äthers. Im 19. Jahrhundert war bekannt, dass Licht viele Eigenschaften einer Welle besitzt. Ähnlich den Wasser- und Schallwellen waren Beugung und Interferenz auch beim Licht experimentell nachgewiesen. Alle bis dahin bekannten Arten von Wellen bedürfen eines Mediums, in dem sie sich ausbreiten. So können sich Schallwellen zum Beispiel nicht im Vakuum fortpflanzen. Daher lag die Vermutung nahe, dass auch das Licht so ein Medium benötigt – den Äther. Die Theorie sagte voraus, dass sich die Erde bei ihrer Bewegung um die Sonne durch diesen Äther bewegen muss und dabei einen sogenannten „Ätherwind" erzeugt. Die Relativgeschwindigkeit dieses „Ätherwindes" sollte messbar sein.

Der US-amerikanische Physiker ALBERT ABRAHAM MICHELSON führte das Experiment erstmals 1881 in Potsdam durch. Ein Lichtstrahl wird dabei an einem halbdurchlässigen Spiegel geteilt.

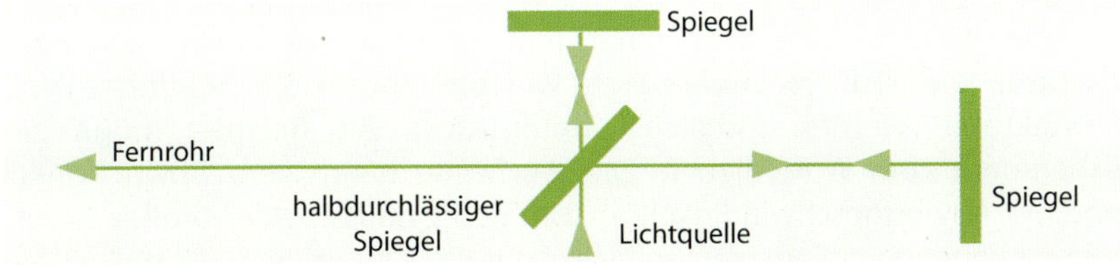

Abb. 13: Versuchsanordnung. Eigene Darstellung

Ein Teil durchläuft die nachfolgende Strecke senkrecht zur Bewegungsrichtung der Erde, der andere Teil parallel dazu. Anschließend werden die beiden Teile wieder überlagert und zeigen aufgrund der unterschiedlichen Laufzeiten helle und dunkle Streifen (Interferenzmuster). Dreht man die Anordnung schließlich um 90°, sollte sich die Lage der Interferenzstreifen ändern, da sich dabei auch die Lichtwege relativ zum vermuteten Äther ändern. Es konnte aber keine Verschiebung der Interferenzstreifen beobachtet werden! Die vorhergesagte Relativgeschwindigkeit war nicht messbar! Auch viele verbesserte Wiederholungen des Experiments mit gesteigerter Genauigkeit zeigten keine Relativgeschwindigkeit. Die Theorie eines unbewegten oder nur teilweise von der Erde mit bewegten Äthers war damit nicht haltbar. Die Ergebnisse des Experiments stimmten aber mit den Vorhersagen der speziellen Relativitätstheorie ALBERT EINSTEINS überein – der heute allgemein anerkannten Theorie. Die Lichtgeschwindigkeit ist in allen Richtungen gleich. Es gibt keinen bevorzugten absoluten Raum. MICHELSON selbst konnte sich mit diesem Ergebnis Zeit seines Lebens nicht abfinden. Bis zu seinem Tode führte er das Experiment immer wieder mit einer verbesserten Anordnung durch – nie konnte er jedoch eine Relativgeschwindigkeit nachweisen.

Reproduzierbarkeit

Am Beispiel des MICHELSON-Experiments wird deutlich, dass es nicht darauf ankommt, ob die Hypothesen der Theorie verifiziert werden können; auch eine Falsifikation ist ein wichtiges wissenschaftliches Ergebnis. Wichtig ist dagegen, dass an ein **wissenschaftliches Experiment** bestimmte Anforderungen gestellt werden, die unbedingt einzuhalten sind:

- Es muss sich um ein **objektives Verfahren** handeln, um unverfälschte und überprüfbare Ergebnisse zu erzielen.
- Das Experiment muss **vergleichbare Messergebnisse** liefern (mit Angabe der erreichten Messgenauigkeit).
- Außerdem muss das Experiment vom Beobachter unabhängig und **reproduzierbar** sein.
- Daraus ergibt sich, dass unbedingt ein **ausführliches Versuchsprotokoll** geführt werden muss, in dem Absichten, Bedingungen und Einflüsse auf den Versuch angegeben werden (siehe Beispiele „Messung der Schallgeschwindigkeit in der Luft" und „Unterschiede beim Erhitzen von Salzlösung und demineralisiertem Wasser").

In jeder Versuchsreihe wird mindestens eine Variable variiert und beobachtet, wie sich die abhängige Variable ändert. Die Einflüsse von Störfaktoren werden möglichst unterdrückt. Als **Beispiel** möge ein Experiment zum Wurf dienen. Die Wurfweite hängt vom Abwurfwinkel und der Abwurfgeschwindigkeit ab. Um den Einfluss beider Größen ermitteln zu können, variiert man zunächst nur die Abwurfgeschwindigkeit bei

Abb. 14: ***Strömungsreaktor.*** *© Dr. Olaf Böge, Institut für Troposphärenforschung, Leipzig*

fest vorgegebenem Abwurfwinkel. Diese Messreihe wird dann jeweils für verschiedene Abwurfwinkel wiederholt. Als Störgröße tritt vor allem Luftreibung auf. Um deren Einfluss möglichst gering zu halten, sollte der geworfene Körper möglichst klein und schwer sein. Messungen unter definierten Bedingungen nennt man auch **Laborexperimente**. In verschiedenen Bereichen (z. B. Psychologie, Soziologie, Geologie usw.) werden auch Messungen ohne Veränderung der natürlichen Verhältnisse durchgeführt. Diese heißen dann **Feldexperimente**. Die Abbildung zeigt als Beispiel einen Strömungsreaktor des Instituts für Troposphärenforschung in Leipzig. Bei diesem Laborexperiment wird die Partikelbildung aus anorganischen und organischen Teilchen in einer laminaren Strömung untersucht. Dabei kann die Zusammensetzung der Luft und die Strömungsgeschwindigkeit gut gesteuert werden. Dagegen sind diese Parameter im Feldexperiment (z. B. mit einem Fesselballon) nur schwer kontrollierbar. Die Prozesse in der realen Atmosphäre sind ungleich komplexer. Die Zusammensetzung der Luft schwankt sowohl zeitlich als auch von Ort zu Ort. Aber nur durch das Feldexperiment lässt sich klären, ob die Erkenntnisse des Laborexperiments auf die reale Atmosphäre übertragbar sind. Bei Feldexperimenten in der Biologie und Psychologie bietet sich außerdem der Vorteil, dass die Versuchspersonen viel natürlicher und unvoreingenommener agieren, wenn sie sich in einer ihnen vertrauten Umgebung aufhalten.

Auch den Aufbau von **Funktionsmodellen** kann man in bestimmter Hinsicht zu den Experimenten zählen. Hier kommt es dann auf die Funktionstüchtigkeit des Gerätes an. Ziel könnte z. B. der Bau eines Roboters sein, der einen anfliegenden Ball erkennt, die Bewegung des Balls analysiert und diesen dann abwehrt. Aber auch einfachere Modelle, wie ein UKW-Empfänger oder ein Verbrennungsmotor sind solche Funktionsmodelle. Das Ziel kann die Bewältigung einer bestimmten Aufgabe sein oder die Veranschaulichung eines Sachverhalts (→ Übungen I – K).

Experiment

Ziel: Überprüfung der Hypothesen einer Theorie
- Verifikation der Theorie bei Übereinstimmung der Ergebnisse mit der Hypothese
- Falsifikation bei fehlender Übereinstimmung

Anforderungen:
- Objektivität
- Beobachterunabhängigkeit
- Reproduzierbarkeit

Bestandteile:
- Theoretischer Rahmen (Einbettung in die Theorie, Ziel des Experiments)
- Vorüberlegungen (Materialien, Geräte, Aufbau, ...)
- Durchführung (Beobachtungen, Ergebnisse)
- Auswertung (Diagramme, Fehlerabschätzung, Vergleich mit der Theorie)
- Ausblick (neu aufgeworfene Fragestellungen, Anwendungen, ...)

Praktische Umsetzung

Im Rahmen des W-Seminars werden Experimente natürlich nur sehr selten zur Überprüfung von wirklichen Hypothesen dienen. Sie sollen eher die Methoden naturwissenschaftlichen Arbeitens verdeutlichen und Sachverhalte veranschaulichen. Oft wird man stärker vereinfachen müssen, nicht alle Störgrößen ausschalten können und nicht die erforderliche Genauigkeit erreichen. Um trotzdem die wichtigen Kriterien der Objektivität und Reproduzierbarkeit zu erfüllen, muss auch hier auf ein systematisches Vorgehen und Protokollieren Wert gelegt werden. Folgende **Herangehensweise** hat sich bewährt:

Theoretischer Rahmen

Welche Frage soll mit dem Experiment beantwortet werden? Welche Theorie liegt zugrunde? Diese **Fragen** werden am Beginn der Planungen zum Experiment stehen. Fast alle in der Schule durchführbaren Experimente sind schon von anderen Personen durchgeführt worden. Was haben diese Versuche ergeben? Gibt es Besonderheiten zu beachten? Lassen sich die Versuchsanordnungen verbessern oder vereinfachen? Beim Herstellen von Funktionsmodellen ist es wichtig zu hinterfragen, welche Funktion das zu bauende Gerät erfüllen soll.

Vorüberlegungen

Welche **Materialien, Geräte,** usw. sollen verwendet werden? Woher können diese Materialien beschafft werden? Bei vielen Versuchen in der Chemie und Physik müssen Sicherheitsbestimmungen beachtet werden. Tierversuche und das Experimentieren mit radioaktiven Substanzen dürfen nicht stattfinden. Unbedingt erforderlich ist eine genaue Skizze des Versuchsaufbaus. Das Gleiche gilt für die Beschreibung des Versuchsablaufs. Dabei ist genau zu überlegen, welche Größen variiert werden und welche Größen konstant bleiben sollen.

Durchführung

Bei der **Durchführung des Versuchs** ergeben sich häufig Beobachtungen, die es nahelegen, den Versuchsaufbau oder das Vorgehen abzuwandeln. Bei der Untersuchung des Wurfs könnte man zum Beispiel feststellen, dass böiger Wind die Ergebnisse stark beeinflusst und man entscheidet sich, den Versuch in einem genügend großen, geschlossenen Gebäude durchzuführen. Diese Beobachtungen notiert man sich ebenso, wie die Messergebnisse (Tabellen bieten die beste Übersicht). Um Fehler abzuschätzen, muss jede Messung mehrfach wiederholt werden!

Auswertung

Bei den meisten Experimenten wird man die **Ergebnisse** anhand von Diagrammen anschaulich darstellen. Auf jeden Fall gehört eine Abschätzung der Genauigkeit der Ergebnisse zur Auswertung dazu. Schließlich vergleicht man die Versuchsergebnisse mit den Voraussagen der Theorie. Zeigt sich eine Übereinstimmung, so dass die Theorie gestützt wird (Verifikation), oder wird sie widerlegt (Falsifikation)? In manchem Fall wird man auch feststellen müssen, dass sich aufgrund der erreichten Genauigkeit keine Entscheidung treffen lässt!

Ausblick

Gibt es **weitere Fragestellungen**, die sich aus dem durchgeführten Versuch ergeben? Kann man die erreichte Genauigkeit noch steigern? Finden sich Möglichkeiten, das Ergebnis praktisch anzuwenden? So kann man bei der Untersuchung des Wurfs feststellen, dass Sportler einen kleineren Abwurfwinkel wählen, als den, der im Versuch ermittelt wurde. Die Ursache liegt in der Anatomie des menschlichen Körpers. Dazu könnte sich eine weitere Versuchsreihe anschließen.

Beispiel für ein Versuchsprotokoll aus der PHYSIK – Messung der Schallgeschwindigkeit in der Luft

Theoretischer Hintergrund

Der Schall breitet sich als Welle in einem Medium aus. In der Luft schwingen dabei die Luftteilchen in Ausbreitungsrichtung des Schalls. Der Schall benötigt für eine Strecke von 1 km etwa 3 s. Die Ausbreitungsgeschwindigkeit der Schallwelle hängt von der Temperatur der Luft ab.

Temperatur in °C	Schallgeschwindigkeit in Luft in m/s
-10	325,4
-5	328,5
0	331,5
5	334,5
10	337,5
15	340,5
20	343,4
25	346,3
30	349,2

Abb. 15: Schallgeschwindigkeit bei unterschiedlichen Temperaturen. Eigene Darstellung

Vorüberlegungen

Um die Schallgeschwindigkeit zu bestimmen, muss man ermitteln, welche Zeit der Schall für eine bestimmte Strecke benötigt. Wegen der Reaktionszeit weisen Messungen mit einer einfachen Stoppuhr aber große Fehler auf. Man vermeidet diese Fehler, wenn man eine elektronische Stoppuhr verwendet, die von der Schallwelle automatisch gestartet und angehalten wird.

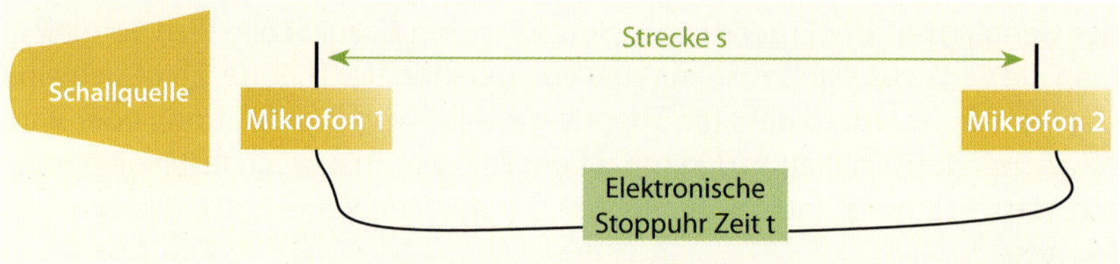

Abb. 16: Versuchsanordnung. Eigene Darstellung

Die Strecke s sollte möglichst groß gewählt werden. Störende Geräusche und Reflexionen des Schalls müssen vermieden werden. In eine Messwerttabelle trägt man die gemessene Zeit t in Abhängigkeit von der vorgegebenen Strecke s ein. Die Geschwindigkeit v ist dann der Quotient aus Strecke und Zeit. Der Versuch wird mehrfach wiederholt, um die erreichte Genauigkeit beurteilen zu können. Die Temperatur während des Versuchs wird notiert (am Anfang und am Ende!).

Durchführung

Datum: 15.03.2016
Lufttemperatur: 20°C

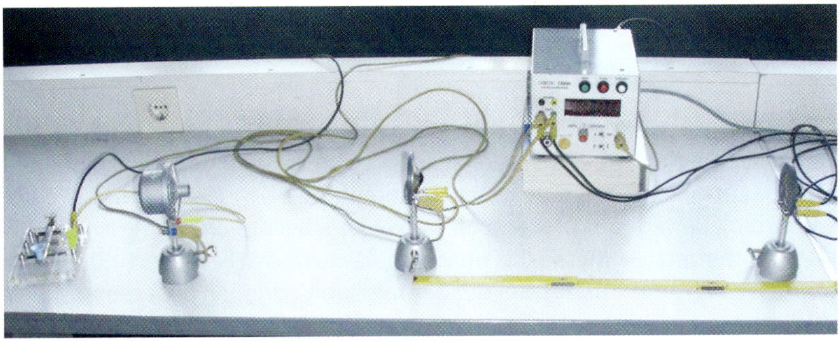

Abb.17: Versuchsaufbau. Foto privat

Als Schallquelle dient ein Lautsprecher, der bei Betätigung eines Tasters einen kurzen „Knackton“ abgibt.

Strecke s = 1,00 m

Versuch Nr.	1	2	3	4	5	6	7	8	9	10
Zeit t in ms	2,8	3,0	2,9	2,6	3,1	2,9	2,8	2,9	3,0	3,0
Schallgeschwindigkeit v in m/s	357	333	345	385	323	345	357	345	333	333

Strecke s = 2,00 m

Versuch Nr.	1	2	3	4	5	6	7	8	9	10
Zeit t in ms	5,9	5,8	5,7	6,0	5,8	5,6	5,8	5,8	6,0	5,7
Schallgeschwindigkeit v in m/s	339	345	351	333	345	357	345	345	333	351

Strecke s = 3,00 m

Versuch Nr.	1	2	3	4	5	6	7	8	9	10
Zeit t in ms	8,8	8,7	8,9	8,7	8,8	8,9	8,7	8,6	8,8	8,7
Schallgeschwindigkeit v in m/s	341	345	337	345	341	337	345	349	341	345

Auswertung

Folgende Mittelwerte ergeben sich bei den einzelnen Messstrecken:

Strecke s in m	1	2	3
v in m/s	346±39	344±13	343±6

Wie zu erwarten, ist der Fehler bei der kleinsten Messstrecke am größten. Der Fehler durch die Längenmessung ist gering. Wenn man davon ausgeht, die Strecke auf einen Zentimeter genau bestimmen zu können (absoluter Fehler $\Delta s = 1$ cm), beträgt der prozentuale Fehler $\Delta s/s$ bei der ersten Messreihe 1% und bei der letzten Messreihe nur noch 0,4%. In der Fehlerrechnung wird grundsätzlich aufgerundet. Bei der Zeitmessung dagegen liegt der absolute Fehler bei 0,3 s. Der prozentuale Fehler liegt daher zwischen 11% und 4%. Trägt man alle Messwerte in ein t-s-Diagramm ein und zeichnet eine Ausgleichsgerade durch die Messwerte, ergibt sich die Schallgeschwindigkeit als Anstieg dieser Geraden.

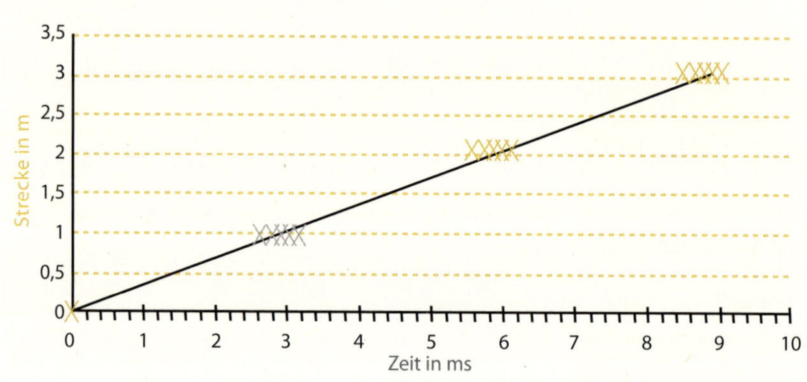

Abb. 18: Messung der Schallgeschwindigkeit. Eigene Darstellung

Eine lineare Regression ergibt folgendes Ergebnis: Der Anstieg beträgt etwa (343±2) m/s. Im Rahmen der erreichten Messgenauigkeit zeigt sich bei der Raumtemperatur von 20°C sehr gute Übereinstimmung mit dem theoretisch vorhergesagten Wert von 343 m/s.

Ausblick

Um die Temperaturabhängigkeit der Schallgeschwindigkeit nachzuweisen, ist eine hohe Messgenauigkeit erforderlich. Eine Messstrecke von mindestens 4 m sollte daher eingehalten werden. Außerdem müsste die Temperaturdifferenz mindestens 10°C betragen. Dazu könnte der Versuch zum Beispiel im Freien durchgeführt werden – z. B. im Sommer und Winter. Der experimentelle Nachweis dafür, dass der Luftdruck die Schallgeschwindigkeit in Luft nicht beeinflusst, fällt dagegen schwerer. Der Versuch müsste dazu eventuell in großer Höhenlage und auf Meereshöhe durchgeführt werden.

Beispiel für ein Versuchsprotokoll aus der CHEMIE – Unterschiede beim Erhitzen von Salzlösung und demineralisiertem Wasser

Theoretischer Hintergrund

Führt man Wasser Wärme zu, bewegen sich die Wassermoleküle schneller. Die mittlere kinetische Energie der Moleküle steigt. Man erkennt das an der steigenden Temperatur des Wassers. Bei reinem Wasser wirken zwischen den Wassermolekülen starke anziehende Kräfte, die Wasserstoffbrücken (→ hohe Oberflächenspannung bei Wasser). In der gesättigten Salzlösung wechselwirken die Wassermoleküle nicht mehr untereinander, sondern mit den Anionen und Kationen des gelösten Salzes. Jeweils mehrere Wassermoleküle bilden um das jeweils eine Ion eine Hydrathülle. Diese hydratisiereten Ionen wechselwirken untereinander viel weniger stark als die Wassermoleküle bei reinem Wasser. Erhitzt man nun die Salzlösung, können sich die Teilchen bei gleicher Wärmezufuhr viel schneller bewegen als die Teilchen des reinen Wassers. Die Wechselwirkung der Wassermoleküle mit den Ionen führt allerdings dazu, dass die Siedetemperatur der Salzlösung höher ist. Man muss mehr Wärme zuführen, um die Wassermoleküle wieder von den Ionen zu lösen.
Kurz zusammengefasst: Die spezifische Wärmekapazität der Salzlösung ist kleiner als die von reinem Wasser. Die Salzlösung lässt sich bei gleicher Wärmezufuhr schneller erhitzen. Allerdings ist die Wärmemenge zum Verdampfen des Wassers bei der Salzlösung höher.

Vorüberlegungen

Um die Temperaturerhöhung in Abhängigkeit von der Zeit zu messen, bietet sich eine computergestützte Messwerterfassung an. Die konstante Wärmezufuhr wird am einfachsten mit einem Tauchsieder erreicht. Der Temperatursensor wird so über dem Becherglas befestigt, dass er nicht den Tauchsieder berührt. Um zu Beginn eine gute Durchmischung zu erreichen, muss das Wasser (bzw. die Salzlösung) gerührt werden. Als „reines" Wasser kann demineralisiertes Wasser für Dampfbügeleisen aus dem Supermarkt verwendet werden. Für die Salzlösung wird Speisesalz in Wasser gelöst und am besten über Nacht stehen gelassen. Dabei sollte so viel Salz verwendet werden, dass eine gesättigte Salzlösung entsteht (es bleibt ein nicht gelöster Bodensatz). Für den Versuch wird dann die Salzlösung vorsichtig in ein Becherglas gegossen. Man startet zuerst die Messwerterfassung und schaltet anschließend den Tauchsieder ein. Wenn die Flüssigkeit einige Sekunden siedet, ändert sich die Temperatur nicht mehr und der Tauchsieder und die Messwertaufnahme können ausgeschaltet werden. Zwischen den beiden Messungen muss der Tauchsieder wieder abkühlen.

Durchführung

Datum: 22.09.2015
Zimmertemperatur: 22°C

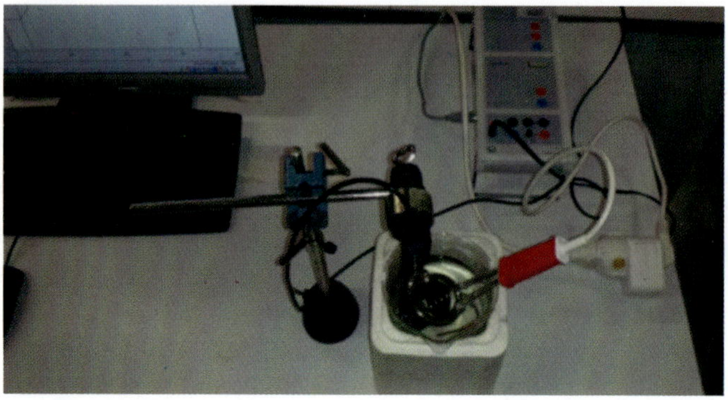

Abb. 19: Versuchsaufbau. *Foto privat*

Der verwendete Tauchsieder hat eine Leistung von 1.000 W. Es werden jeweils 800 ml demineralisiertes Wasser und Salzlösung verwendet.

	demineralisiertes Wasser	**gesättigte Salzlösung**
t in s	θ in °C	θ in °C
0	22,2	22,1
20	26,5	27,7
40	31,2	33,3
60	35,9	38,5
80	41,3	44,4
100	46,2	49,9
120	51,5	55,0
140	56,3	60,5
160	61,4	65,5
180	66,9	70,6
200	71,4	75,8
220	76,0	80,7
240	80,6	86,2
260	85,1	90,3
280	89,7	95,3
300	94,5	99,0
320	97,7	101,8
340	97,9	102,1
360	97,9	102,2
380	98,0	102,2
400	98,0	102,3

Abb. 20: Messwerte. *Eigene Darstellung*

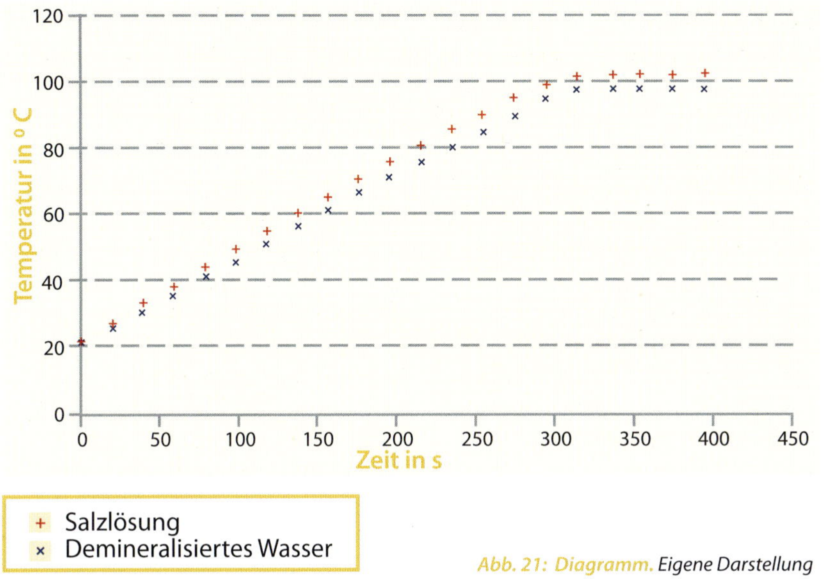

Abb. 21: Diagramm. Eigene Darstellung

Ausblick

Dem Diagramm kann man entnehmen, dass die Salzlösung eine Temperatur von 95°C nicht erst nach 5 Minuten erreicht, sondern schon 20 s früher. Die Siedetemperatur ist dafür etwa 4°C höher. Die im theoretischen Hintergrund dargestellten Zusammenhänge werden also gut bestätigt.

Man könnte den Versuch um die Messung der spezifischen Wärmekapazität der beiden Flüssigkeiten erweitern. Dazu müsste das Gefäß besser isoliert sein.

2.4.2 Simulation

Modell zur Verhaltensnachahmung

Eine **Simulation** bezeichnet die **Verhaltensnachahmung** eines Systems oder Prozesses. Dazu muss für den realen Vorgang ein passendes Modell gefunden werden. Ein Modell stellt eine **vereinfachte Abbildung der Realität** dar, die nur bestimmte für den Nutzer interessante Merkmale umfasst. Durch Experimentieren mit diesem Modell werden dann Vorhersagen gefunden, die schließlich wieder mit dem realen Vorgang verglichen werden (→ Kapitel 2.4.1). Simulationen erfolgen heute überwiegend mit dem Computer, jedoch haben auch andere Simulationen ihre Berechtigung. Man denke zum Beispiel an Crash-Tests oder Untersuchungen im Windkanal. Ein Modell des Fahrzeugs wird einer Strömung ausgesetzt, deren Geschwindigkeit gesteuert wird. Der Luftwiderstand und Strömungsverlauf kann im Kanal gut gemessen werden. Von diesen Messungen wird auf die Fahreigenschaften geschlossen und die Karosserie optimiert.

Vorteile von Simulationen

Simulationen bieten viele **Vorteile**. Sie sind meist kostengünstiger als das reale Experiment und vor allem Computersimulationen sind gefahrlos durchzuführen. Manche Systeme sind auch zu komplex oder überhaupt nicht zugänglich für den Experimentator, um ohne Simulation untersucht werden zu können. Bekannte **Beispiele** für solche Simulationen finden sich zu den Themen Verkehr, Wetter, Klima und Astronomie. Auch bei der Ausbildung sind Simulationen gut einsetzbar (Flugsimulator). Ein bekanntes Beispiel sind **Klimasimulationen**. Das gesamte System aus Sonneneinstrahlung, Atmosphäre, Erdboden, Wasserflächen und menschlichem Einfluss ist so komplex, dass die leistungsfähigsten Rechenanlagen der Welt mit der Simulation dieser Vorgänge beschäftigt sind. Trotzdem sind die verwendeten Modelle noch so ungenau, dass die Vorhersagen verschiedener Simulationen zu weit voneinander abweichenden Ergebnissen kommen. Vermeintlich geringfügige Einflussfaktoren haben teilweise große Wirkungen. Allgemein muss daher jede Simulation hinterfragt werden. Die je nach Modell mehr oder weniger starke Vereinfachung kann zu Unbrauchbarkeit führen. Deshalb muss überprüft werden, ob die Ergebnisse der Simulation auf die Realität übertragbar sind.

Simulation von Satellitenbahnen

Als Beispiel für eine Computersimulation, bei der eine direkte Berechnung zu komplex und ein realer Versuch zu teuer ist, ist die Simulation von **Satellitenbahnen**. Im Modell wird vereinfachend angenommen, dass sich der Satellit – zumindest kurzzeitig – geradlinig mit konstanter Geschwindigkeit bewegt. Nach einem Zeitschritt wird über die Gravitationskraft die Beschleunigung berechnet und daraus die neue Geschwindigkeit und der neue Ort des Satelliten. Für genügend kleine Zeitschritte ergibt sich die Bahn des Satelliten beliebig genau. Dieses Prinzip wird **Methode der kleinen Schritte** genannt. Ein Vergleich mit den Bahnen bekannter Satelliten zeigt gute Übereinstimmungen.

Simulation

Ziel: Nachahmen des Verhaltens eines Systems durch ein Modell

- Vorhersagen der Simulation werden mit Beobachtungen des realen Systems verglichen (Verifikation/Falsifikation)

Vorteile:

- Kostengünstig
- Gefahrlos
- Auch für sehr komplexe Systeme möglich

Schwierigkeit:

- Ergebnisse sind nicht immer auf das reale System übertragbar.

2.4.3 Beobachtung

Beobachter-
unabhängigkeit

Manche Vorgänge in der Natur entziehen sich der direkten Einflussnahme des Menschen. So beruhen fast alle Erkenntnisse in der Astronomie letztlich „nur" auf **Beobachtungen**. Dabei versucht der Beobachter von seinem Standpunkt aus die Objekte nach bestimmten Kriterien einzuteilen und zu bezeichnen. Eingebunden in eine Theorie werden wiederum Vorhersagen getroffen, deren Aussagen anhand weiterer Beobachtungen überprüft werden. So wie man beim Experimentieren auf Reproduzierbarkeit achten muss, strebt man hier nach **Beobachterunabhängigkeit**. Allerdings ist der Beobachter immer schon in eine gängige Theorie eingebunden und so „voreingenommen". Jean-Jacques Rousseau schreibt: „Bevor man beobachtet, muss man sich Regeln für seine Beobachtungen machen."

Beobachtungen beschränken sich allerdings nicht nur auf die Astronomie. Weitere Themenfelder für solche empirischen Untersuchungen sind Psychologie, Soziologie und Verhaltensforschung (→ Übungen M – O).

Entwicklung eines
Sonnenmodells

Als **Beispiel** soll die Entdeckung der Energiequelle der Sonne dienen. Die Sonne versorgt uns permanent mit Licht und Wärme. Diese Beobachtung ist schon seit geraumer Zeit bekannt. Nach der Entdeckung des Energieerhaltungssatzes stellte sich die Frage, woher die Energie der Sonne kommt, die ständig von ihr abgestrahlt wird. Beobachtungen zeigen, dass bei der Erde etwa 1.360 W pro m^2 ankommen. Nimmt man weiter an, dass die Sonne die Strahlung in alle Richtungen gleichmäßig aussendet, kommt man auf eine unvorstellbar große Strahlungsleistung von insgesamt 3,82 x 10^{26} W. Mehrere Theorien zur Quelle dieser Energie mussten aufgegeben werden, da sie meist schon nach relativ kurzer Zeit versiegt wären. Einzig die Kernfusion im Inneren der Sonne blieb als Möglichkeit, eine so riesige Energiemenge über einen langen Zeitraum zu liefern. Immer genauere Beobachtungsmethoden führten schließlich zu einem **Sonnenmodell** (= Theorie zu Aufbau und Vorgängen im Sonneninneren), das allen aktuellen Beobachtungsergebnissen standhält.

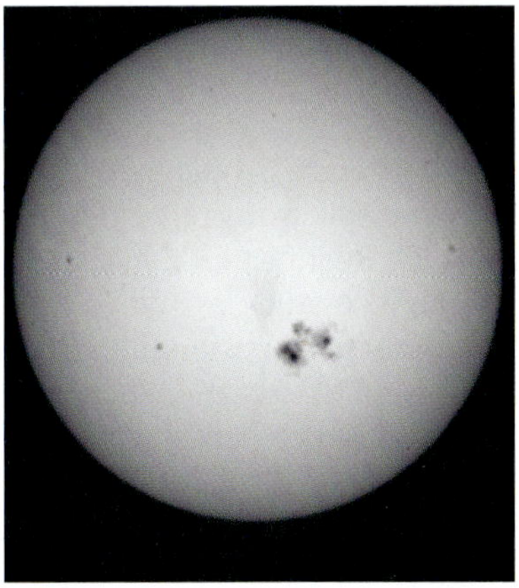

Abb. 22: Die Sonne. Foto privat

Beobachtung

Ziel: Überprüfung einer Theorie, ohne Beeinflussung des untersuchten Systems (Beobachterunabhängigkeit)

- Untersuchte Objekte werden nach bestimmten Kriterien eingeteilt und bezeichnet.
- Vorhersagen der Theorie werden mit Beobachtungen verglichen (Verifikation/Falsifikation).

Zusammenfassung zu Kapitel 2.4

Ein **Experiment** dient der Überprüfung von Hypothesen einer Theorie. Das Experiment muss objektiv, vom Beobachter unabhängig und vor allem reproduzierbar sein. Dazu ist es erforderlich, alle relevanten Daten in einem Protokoll anzugeben.
Eine **Simulation** ist die vereinfachte Nachahmung des Verhaltens eines Systems durch ein Modell. Die Vorhersagen der Simulation werden mit den Beobachtungen des realen Systems verglichen.
Bei einer **Beobachtung** werden Objekte nach bestimmten Kriterien in Kategorien eingeteilt und bezeichnet, ohne direkte Beeinflussung des Beobachters. Auch hier werden die Vorhersagen einer Theorie mit den Beobachtungen verglichen.

2.5 Kritische Analyse von statistischem Material und Erstellung eigener Diagramme

Die Analyse von **Statistiken** ist oft ein wesentlicher Bestandteil sozial- und wirtschaftswissenschaftlicher Arbeiten und kann auch im Rahmen einer entsprechenden Seminararbeit wichtig sein. Statistiken sind in einer besonderen Sprache abgefasst, die sich auf wenige Begriffe, auf Zahlen und grafische Zeichen (Säulen, Kurven, Kreise) beschränkt. Auf diese Weise werden eine Vielzahl und eine Vielfalt von Fakten unter ganz bestimmten (vom Verfasser der Statistik ausgewählten) Gesichtspunkten zusammengefasst, geordnet und überschaubar gemacht. Um die Statistiken richtig zu verstehen, orientiert man sich am besten an bestimmten **Leitfragen**. Nur auf diese Weise wird man auch auf Unklarheiten, Mängel und Fehler aufmerksam, die nicht selten in Statistiken enthalten sind.

Kritische Prüfung von Zahlenmaterial

Es sollte einem immer bewusst sein, dass man mit Zahlenmaterial Tatsachen verzerrt darstellen kann, obwohl es zumeist den Anschein vollkommener Objektivität und unbezweifelbarer Richtigkeit erweckt. Häufig werden jedoch ganz **besondere Interessen** verfolgt. Dies gilt v. a. in der Wirtschafts- und Sozialstatistik. Deshalb ist es notwendig, nicht nur nach der Quelle der Statistik zu fragen, sondern auch kritisch zu überprüfen, wie die Zahlen in einer grafischen Darstellung präsentiert wurden. Mit der Art der Darstellung lassen sich Sachverhalte verharmlosen oder dramatisieren. Deshalb sollte bei Statistiken und Grafiken auf die Beschreibung und Deutung stets auch das kritische Hinterfragen folgen.

Entwicklung der Produktion von Erdöl und Stahl in den USA und der UdSSR seit 1937

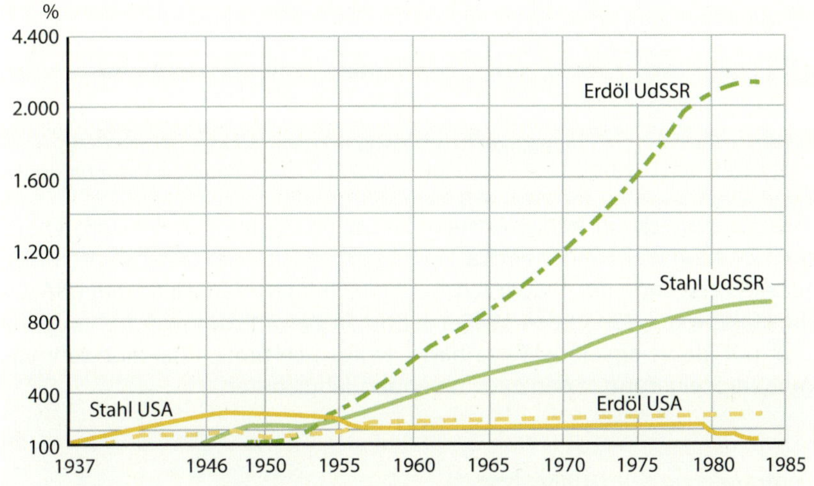

Abb. 23: Erdöl- und Stahlproduktion in den USA und der UdSSR. Aus dem DDR-Schulbuch: Afrika, Amerika, Asien, Polargebiete. Volk und Wissen Volkseigener Verlag Berlin, Berlin 1983, S. 135

In der abgebildeten Grafik aus einem Schulbuch der DDR wird die Produktion von Erdöl und Stahl in den USA und der UdSSR verglichen. Auf den ersten Blick scheint die Produktion von Erdöl und Stahl in der UdSSR ein Vielfaches der in den USA zu betragen. In den USA stagniert die Entwicklung in den letzten 50 Jahren, während es in der UdSSR steil bergauf geht. Bei genauerer Betrachtung wird ersichtlich, dass auf der Hochachse Prozentzahlen angegeben werden. Bei der Stahlproduktion etwa werden die 100% in den USA auf 1937 bezogen, in der UdSSR dagegen auf 1946. Das Jahr 1937 wird dort nicht dargestellt. Erstellt man das Diagramm mit den absoluten Werten, sieht es folgendermaßen aus:

Entwicklung der Stahlproduktion in den USA und der UdSSR 1937 bis 1982

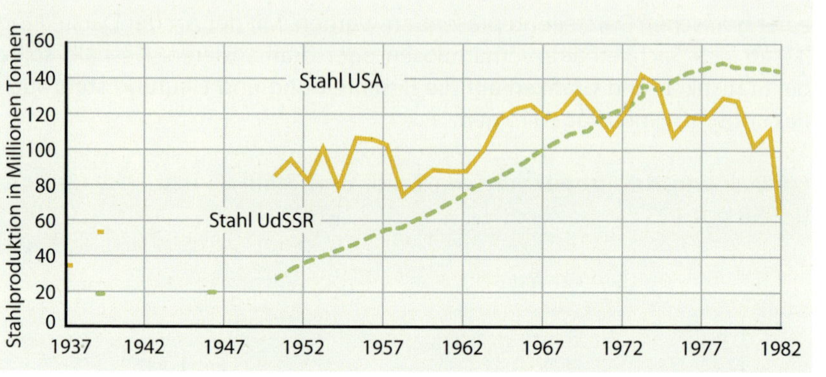

Abb. 24: Stahlproduktion in den USA und der UdSSR. *Angaben von der World Steel Association. Die Werte von 1937 und 1946 wurden aus dem Diagramm im DDR-Schulbuch ermittelt. Eigene Darstellung*

Zwar ist deutlich ein starker Anstieg der Stahlproduktion in der UdSSR nach dem Zweiten Weltkrieg bis etwa 1975 zu erkennen, aber die absoluten Werte lagen erst Ende der 1960er Jahre auf gleichem Niveau wie in den USA. Da die Stahlproduktion in den 1940er Jahren in der UdSSR verglichen mit den USA nur kleine absolute Werte hatte, ergibt sich prozentual eine sehr viel größere Steigerung in den nachfolgenden Jahrzehnten.

Statistikanalyse

Leitfragen zur Statistikanalyse

1. Beschreibung

- Auf welche Frage will die Statistik eine Antwort geben (Diagrammüber- oder -unterschrift)?
- Was wird in Beziehung zueinander gesetzt? Müssen Begriffe geklärt werden?
- Wer hat die Statistik verfasst? Auf welchen Daten beruht diese?
- Wie wurden die Daten erhoben? Sind die Daten repräsentativ?
- Welche Darstellungsform wurde gewählt? Welche Zahlenarten wurden verwendet?

Mögliche Zahlenarten:

Absolute Zahlen:	genaue (oder gerundete) Mengenangaben
Indexwerte:	Verhältniszahlen, die sich auf einen gleich 100 gesetztenAusgangswert eines Basisjahres beziehen
Prozentzahlen:	geben entweder Anteile an, die zusammen 100% ergeben oder die Veränderung im Vergleich zu einem früheren Zeitpunkt

- Wie genau sind die Zahlenwerte (exakt, gerundet, geschätzt, vorläufig, „k. A." = „keine Angabe", d. h. Zahlen sind nicht verfügbar)?
- Auf welchen Zeitraum bezieht sich die Statistik? Achten Sie hier nicht nur auf die dargestellten Zeiträume, sondern auch auf den Zeitpunkt der Diagrammerstellung!
- Wie sind die Achsen eingeteilt (Achsenbeginn beim Nullwert oder nicht, Zeitsprünge, Maßeinheiten, Verzerrungen durch ungeeignete Gruppenbildung, Veränderung der beobachteten Größe – z. B. Westdeutschland vor, Gesamtdeutschland nach 1991 u. a.)?

2. Deutung

- Werden Verlaufsphasen deutlich (Zu- und Abnahme, Stagnation)?
- Gibt es einen Trend oder eher eine sprunghafte Entwicklung?
- Welches sind aussagekräftige Minimal- und Maximalwerte?
- Gibt es Zusammenhänge?
- Wie lassen sich die dargestellten Entwicklungen erklären (z. B. historisch, politisch, durch Entscheidungen des Gesetzgebers oder der Firmenleitung)?

3. Kritische Beurteilung

- Lassen sich die dargestellten Zahlen wirklich vergleichen? Wurden bei relativen Zahlenangaben die Bezugswerte genannt?
- Ist die gewählte grafische Darstellung geeignet?
- Ist der gewählte Zeitraum geeignet?
- In wessen Auftrag wurde die Statistik verfasst? Welche Interessenslage ist beim Auftraggeber/Verfasser zu vermuten?
- Lässt sich ein bestimmtes Interesse an der Gestaltung und der Veröffentlichung vermuten? Soll dem Leser ein bestimmter Eindruck vermittelt werden? Verfolgt der Verfasser gar eine manipulative Absicht?

Beim Erstellen von Diagrammen gilt es, diese Leitfragen zu beachten. Bei allen Diagrammtypen sollte eine treffende Über- oder Unterschrift angegeben werden. Ausgangspunkt ist die vorliegende Datengrundlage und die Überlegung, welcher Diagrammtyp sich zur Veranschaulichung am besten eignet.

Kreisdiagramm

Im **Kreisdiagramm** lassen sich Anteile übersichtlich darstellen. Dem Gesamtwert entspricht der gesamte Kreis. Im Beispiel ist die Stahlproduktion von 1980 abgebildet.

Weltstahlproduktion 1980 in Mio. t

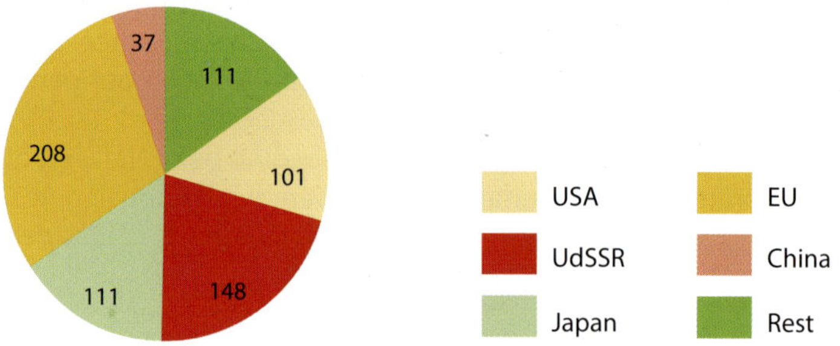

Abb. 25: Weltstahlproduktion 1980.
Zahlenwerte von der World Steel Association. Eigene Darstellung

Säulendiagramm

In einem **Säulendiagramm** lässt sich eine zeitliche Entwicklung diskreter Werte gut verfolgen, wenn die Anzahl der Säulen nicht zu groß ist. Im Beispiel wird die Stahlproduktion in den USA von 2000 bis 2012 gezeigt. Die relativ geringe Produktion im Jahr 2009 fällt sofort auf.

Stahlproduktion in den USA in Mio. t

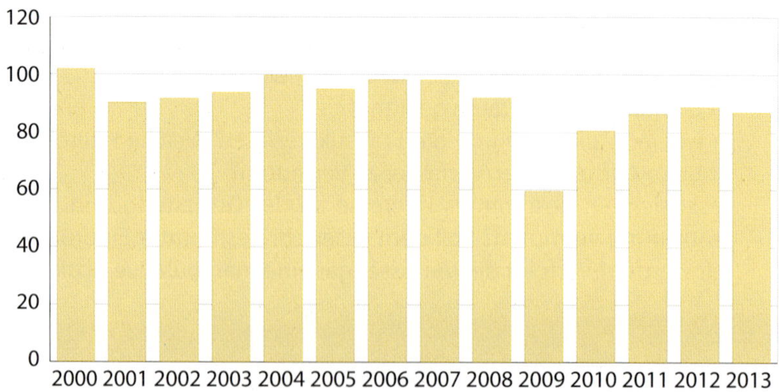

Abb. 26: Stahlproduktion USA.
Zahlenwerte von der World Steel Association. Eigene Darstellung

Ein **Liniendiagramm** verwendet man bei längeren zeitlichen Entwicklungen. Es erlaubt auch übersichtlich einen Vergleich mehrerer Zeitreihen. Im Beispiel wird die Stahlproduktion von den USA, der UdSSR (ab 1992 GUS) und China verglichen. Der geringe Wert 2009 bei den USA tritt auch bei der GUS auf. Beide Einbrüche sind aber kaum sichtbar, da China nach 2000 eine rasante Zunahme der Produktion zeigt.

Liniendiagramm

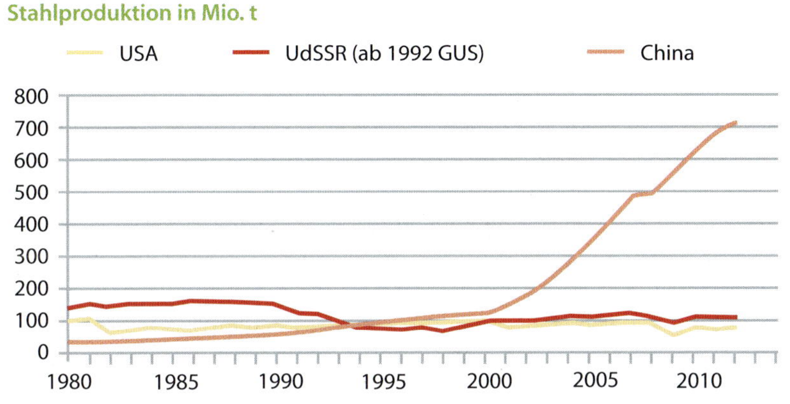

Abb. 27: ***Stahlproduktion.*** *Zahlenwerte von der World Steel Association. Eigene Darstellung*

In den Naturwissenschaften werden häufig **Punktdiagramme** verwendet. Bei der Darstellung von Messwerten entstehen Datenpunkte, die in das Diagramm eingetragen werden. Die Messpunkte durch kurze Geradenstücke miteinander zu verbinden, macht keinen Sinn, da Zusammenhänge zwischen den Messgrößen im Allgemeinen glatt verlaufen. Vielmehr versucht man einen funktionalen Zusammenhang zu finden, der möglichst gut zu den Messwerten passt. Das kann z. B. eine Ausgleichsgerade wie beim Versuch zur Bestimmung der Schallgeschwindigkeit sein (→ Kapitel 2.4.1).

Punktdiagramm

Für viele Darstellungen wird eine der verbreiteten Textverarbeitungs- und Tabellenkalkulationsprogramme ausreichend sein. Bei speziellen Darstellungen in den Naturwissenschaften kann es erforderlich werden, das Diagramm selbst auf Millimeterpapier zu zeichnen oder ein spezielles Datenanalyseprogramm zu nutzen. Dieses ist in der Regel allerdings nur kommerziell erhältlich.

Zusammenfassung zu Kapitel 2.5

Diagramme dienen zur anschaulichen Darstellung von erhobenem Zahlenmaterial aus Umfragen, Beobachtungen, Simulationen und Experimenten. Je nach konkretem Anwendungsfall werden **Kreis-**, **Säulen-**, **Linien-**, oder **Punktdiagramme** verwendet. Die Art der Darstellung beeinflusst dabei die Aussage des Diagramms erheblich. Deshalb ist es notwendig, sich bewusst zu machen, welches Ziel der Autor des Diagramms verfolgt und welche Darstellungsweise er dabei wählt.

Training zu Kapitel 2

M 1 Die Welthauptstadt der Jeans stinkt

Yu Li hat die Hände eines Außerirdischen. „Sieht aus wie ein blauer Alien", scherzt der Enddreißiger und macht Krallen. Die blaue Farbe reicht bis an die Unterarme und lässt sich schon lange nicht mehr abwaschen. Doch daran hat sich Yu Li ebenso gewöhnt wie an den Juckreiz, den die Chemikalien auf seiner aufgeweichten Haut auslösen. Zwölf Stunden steht er jeden Tag an einer großen Waschtrommel, in der Jeanshosen mit Lavasteinen und Bleichmitteln geschleudert werden, um diesen den modischen „Stone-washed-Look" zu verleihen. Pro Schicht gehen Tausende von Jeans durch seine Hände. Am Monatsende bekommt er dafür 1.800 Yuan, umgerechnet rund 200 Euro. Nicht nur auf Yu Lis Haut hinterlassen die Bluejeans Spuren, sondern auch in der Umwelt. Aus einem Rohr in der Fabrikmauer fließt tiefblaues Abwasser in den Fluss. An dessen stinkenden Ufern türmen sich blaugefärbte Müllberge, in denen sich Ratten tummeln, deren Fell ebenfalls die Farbe der Jeans angenommen hat.

Einzig der Himmel ist nicht blau, sondern hängt in schwerem Smoggrau über Xintang, einem Industrieort in der südchinesischen Provinz Guangdong, der in der Textilbranche den Spitznamen „Welthauptstadt der Bluejeans" trägt. Mehr als 260 Millionen Hosen werden jährlich in Xintang genäht, gefärbt, gebleicht, gewaschen, bedruckt, abgerieben und kunstvoll zerschlissen. Nach offiziellen Statistiken wird knapp die Hälfte davon exportiert. Rund 700.000 Menschen arbeiten in Xintangs gut 4.000 Jeansunternehmen, darunter riesige Färbereien und Akkordnähereien mit Tausenden von Angestellten, aber auch kleine Familienbetriebe, in denen man häufig Kinder bei der Arbeit sieht. Berühmte Modemarken lassen hier ebenso fertigen wie Grabbeltischhändler. Egal wo auf der Welt man eine Jeans kauft – die Wahrscheinlichkeit, dass sie aus Xintang stammt, ist groß. Damit besteht auch eine direkte Verbindung zwischen Millionen deutschen Jeansträgern und einer Umweltkatastrophe gewaltigen Ausmaßes.

Greenpeace kam in einer heimlich durchgeführten Untersuchung zu dem Ergebnis, dass Xintangs Fluss Dong, der in den großen Perlfluss mündet, stark mit Schwermetallen und anderen Chemikalien aus der Textilindustrie belastet ist. Allein die Konzentration des Krebs erregenden Cadmiums lag 128-mal über dem in China zulässigen Höchstwert. „Viele Unternehmen verwenden in ihrer Produktion Schwermetalle und entsorgen diese gefährlichen Chemikalien einfach in der Umwelt", urteilte die Umweltschutzorganisation. Die gesundheitlichen Folgen für die Bevölkerung dürften gravierend sein, was sich jedoch nicht belegen lässt, weil die lokale Regierung keine unabhängigen Untersuchungen zur Situation in ihrer Stadt erlaubt. Xintang ist unter Chinas Industriestädten kein Einzelfall, eher ein Prototyp. Dass die Volksrepublik heute die zweitgrößte Wirtschaftsmacht der Welt ist, verdankt sie maßgeblich einem Wachstumsmodell, das auf Umwelt und Arbeiterrechte wenig Rücksicht nimmt.

Zwar hat der Boom seit Anfang der Achtziger Hunderte Millionen Chinesen aus der Armut befreit, doch welchen Preis das Land für diesen Fortschritt bezahlen muss, wird zunehmend sichtbar. „Das Bruttoinlandsprodukt hat für die Politik Priorität, egal wie es zustande kommt", sagt Chen Gang, Experte für chinesische Umweltfragen an der National University of Singapore. „Die Regierung weiß zwar, dass dieses Modell nicht nachhaltig ist, aber ein neues ist bis jetzt nicht in Sicht." Das sieht man in Peking anders. Anfang März hat der Nationale Volkskongress […] einen neuen Fünfjahresplan verabschiedet, der den Umweltschutz ins Zentrum der politischen Aufmerksamkeit rückt. Mit Milliardeninvestitionen will der Staat die Entwicklung „grüner Technologien" fördern und sie nicht nur in China breitflächig einsetzen, sondern auch in großem Maßstab exportieren. Außerdem soll die Leistung lokaler Parteichefs nicht mehr nur an Wachstum und Investitionen gemessen werden, sondern auch an der Einhaltung von Ökostandards. Optimisten beschwören Chinas „grüne Revolution" herauf. Dabei sind die Ankündigungen keineswegs neu. Schon seit Jahren verspricht Peking, die Umweltprobleme mit einer Mischung aus Hightech und Verwaltungsreformen zu bewältigen, bis jetzt ohne Erfolg. Eine im Auftrag der Regierung erstellte Studie kam zu dem Ergebnis, dass sich die Folgekosten der Umweltzerstörung 2008 auf umgerechnet 144 Milliarden Euro beliefen.

Bernhard Bartsch, Stuttgarter Zeitung, 6.2.2012 (Aufgerufen am 9.3.2016)

Übung zu Kap. 2.1

A Nehmen Sie sich zwei Minuten Zeit, um den **Text (M 1)** zu lesen. Markieren Sie im Anschluss die jeweils richtige Aussage:

Die Hauptaussage im 1. Absatz lautet:
Die Produktion von Jeans im Stone-washed-look ist gesundheitsschädlich.
Arbeitern in der Jeans-Produktion schält sich die Haut.
Stone-washed-Jeans werden in China hergestellt.
Ein Arbeiter in der Jeansherstellung erhält 200 Euro am Tag.
Die Hauptaussage im 2. Absatz lautet:
Xiantang gilt als die Welthauptstadt der Jeans.
Xiangtang liegt in der Provinz Guangdong.
Fast die Hälfte der in Xiantang hergestellten Jeans wird exportiert.
In Xiantang gibt es 4.000 Jeansfabriken.
Die Hauptaussage im 3. Absatz lautet:
Durch die giftigen Abwässer der Jeansproduktion sind in China die Umwelt und die Menschen stark gefährdet.
Der Cadmiumgehalt des Flusses Dong weist einen um das 128-fache höheren Cadmiumwert auf als erlaubt.
Greenpeace hat eine starke Umweltbelastung in Xiantang festgestellt.
In China gibt es keine unabhängigen Untersuchungen zur Umweltverschmutzung.
Die Hauptaussage im 4. Absatz lautet:
Bisher ging es in China vor allem um Gewinnmaximierung und Fortschritt um jeden Preis. Jetzt soll auch offiziell nachhaltiger gewirtschaftet werden.
Die „grüne Revolution" ist in China auf dem Vormarsch.
Die Folgekosten der Umweltzerstörung betragen 114 Milliarden Euro.
Ein neues Wirtschaftsmodell ist in China noch nicht in Sicht.

M 2 Klima

Die Veränderungen des Klimas

Bezogen auf die menschliche Lebensspanne ist das Klima in den verschiedenen Regionen der Erde weitgehend stabil; die Schwankungen sind im wesentlichen Ausdruck von Veränderungen der **allgemeinen Zirkulation der Atmosphäre** und der Ozeane. Globale Entwicklungen des Erdklimas sind im Bereich von Jahrhunderten zu verzeichnen (etwa die „Kleine Eiszeit" vom 16. bis zum 19. Jahrhundert), in Zeitspannen von hundert Millionen Jahren (die Eiszeiten und Zwischeneiszeiten) sowie in geologischen Zeitspannen. Ein wesentliches Problem besteht darin, die Entwicklungstendenzen der natürlichen Klimaveränderungen zu erkennen und sie einerseits von den kurzfristigen Zufallsschwankungen, andererseits von den Effekten zu unterscheiden, die auf die Umweltverschmutzung durch den Menschen zurückgehen. Wenn etwa in Europa mehrere Jahre hintereinander heiße Sommer zu verzeichnen sind, fragt es sich, ob wir diese Tatsache einzig dem chaotischen Charakter der Wetterentwicklung zuschreiben müssen oder ob diese Serie Teil eines kurzen natürlichen Zyklus ist oder ob darin erste Anzeichen einer globalen Erwärmung der Atmosphäre zu sehen sind, die auf den vom Menschen zu verantwortenden **Treibhauseffekt** zurückgeht. Gibt es klimatische Zyklen, deren Überlagerung zu einer allgemeinen Tendenz führt? [...]

Die Identifizierung meteorologischer Zyklen basiert auf der statistischen Analyse von Wetterbeobachtungen (Temperaturen, Niederschläge usw.) aus den letzten zweihundert Jahren. Wollen wir noch weiter in die Vergangenheit zurückgehen, müssen wir auf die Mittel der Geochemie zurückgreifen. In den Eiskappen der Antarktis oder Grönlands zeigt der Anteil des schweren Sauerstoffisotops ^{18}O (das in seinem Kern zwei Neutronen mehr besitzt als das häufiger vorkommende ^{16}O) eine gute Korrelation zu der Lufttemperatur, die zur Zeit des Schneefalls herrschte. Eine Isotopenanalyse der Bohrkerne, die das komprimierte Eis aus mehreren Zehntausend Jahren enthalten, kann daher Aufschluss über die durchschnittlichen Lufttemperaturen in der Vergangenheit geben.
Durch eine Isotopenanalyse der fossilen Foraminiferen in Bohrkernen aus Meeressedimenten lassen sich auch die Veränderungen der durchschnittlichen Wassertemperatur in den Ozeanen ermitteln. Die Foraminiferen des Meeresplanktons (siehe **Biomineral**) erzeugen das Calciumcarbonat ihrer Schalen aus dem Sauerstoff des Meerwassers. Die Schalen enthalten einen etwas höheren Anteil an ^{18}O als das Wasser, und dieser Anteil ist umso größer, je niedriger die Wassertemperatur bei der Entstehung der Schalen war.
Die Geschichte des Klimas deutet auf beträchtliche Veränderungen hin, die zweifellos nicht auf menschliche Einwirkung zurückgehen können. Von 800 bis 1250 unserer Zeit herrschte in Europa und den angrenzenden Regionen ein klimatisches Optimum: In England wurde Wein angebaut, und Grönland bot seinen Entdeckern den Anblick einer grünen Insel (daher der Name). Anfang des 14. Jahrhunderts wurde das Klima dann kalt und feucht. In der Zeit von 1550 bis etwa 1850, die man auch die „Kleine Eiszeit" nennt, lag die Durchschnittstemperatur 2 bis 4 °C unter dem klimatischen Optimum, und in den Alpen wuchsen die Gletscher. Seit mehr als einem Jahrhundert steigen die durchschnittlichen Temperaturen und die Gletscher ziehen sich wieder zurück. Die Ursache für die Veränderungen ist nicht ganz klar; allerdings zeigt sich eine erstaunliche zeitliche Übereinstimmung zwischen der „Kleinen Eiszeit" und der Periode des sogenannten „Maunder-Minimums", einer Phase, in der die Sonnenflecken praktisch verschwunden waren. Die Sonnenaktivität war in dieser Zeit etwas schwächer, und es ist nicht ausgeschlossen, dass eine leichte Abschwächung der Sonneneinstrahlung die Ursache für die Abkühlung war.

Eiszeiten und Zwischeneiszeiten

Die einander abwechselnden Eiszeiten und Zwischeneiszeiten bilden die ausgeprägtesten klimatischen Veränderungen mit der längsten Periode. Für die letzten 2,4 Millionen Jahre hat man vier Eiszeiten identifiziert, und zwar aufgrund der Spuren, die sie in der Geologie hinterlassen haben. Die letzte Eiszeit erreichte ihren Höhepunkt vor 18.000 Jahren. Es war die Zeit der Mammuts und des Cro-Magnon-Menschen, und die Durchschnittstemperatur lag etwa 5 °C unter der heutigen. Ganz Kanada, Nordeuropa und Sibirien waren von gewaltigen Eismassen bedeckt, und da ein großer Teil des Wassers in diesem Eis gebunden war, lag der Meeresspiegel gut hundert Meter tiefer als heute (die ersten Menschen, die nach Amerika einwanderten, sollen damals die Beringstraße trockenen Fußes überquert haben). Seit etwa 10.000 Jahren befinden wir uns in einer Zwischeneiszeit, und die Eiskappen sind zu einem großen Teil abgeschmolzen. Inzwischen sind wir wieder auf dem Weg in eine neue Eiszeit. Anders als für die kurzfristigen Klimaschwankungen besitzen wir für den Wechsel der Eiszeiten heute eine recht gute theoretische Erklärung, die auf astronomischen Zusammenhängen basiert.

Die Theorie wurde 1920 von Milutin Milankovic vorgeschlagen. Der Wechsel zwischen Eiszeiten und Zwischeneiszeiten hängt danach von den periodischen Veränderungen dreier Parameter der Erdbewegung ab, deren Kombination die Intensität der sommerlichen Sonneneinstrahlung beeinflusst. Die Neigung der Rotationsachse der Erde gegenüber der Ebene ihrer Umlaufbahn um die Sonne (Ekliptik) bewegt sich mit einer Periode von 41.000 Jahren zwischen 21,5° und 24,5° (der augenblickliche Wert beträgt 23,5°); je stärker die Neigung, desto ausgeprägter die Unterschiede zwischen den Jahreszeiten. Auch die Exzentrizität unserer Umlaufbahn um die Sonne verändert sich; ein Zyklus dauert 100.000 Jahre, der Abstand zwischen Erde und Sonne variiert dabei um 12%. Schließlich verändert sich auch das Datum, an dem die Erde das Perihel erreicht, d. h. den Punkt auf der jährlichen Umlaufbahn, an dem die Erde der Sonne am nächsten kommt; dieses Datum läuft mit einer Periode von 21.000 Jahren durch das Jahr (gegenwärtig erreicht die Erde das Perihel im Januar).

Klimamodelle

Die Vorhersage klimatischer Veränderungen für die kommenden Jahrzehnte oder Jahrhunderte hängt von der Qualität der eingesetzten globalen Klimamodelle ab. Die Modelle zur Entwicklung des Klimas, die den Einsatz immer leistungsfähigerer Computer erfordern, müssen komplexe Wechselwirkungen zwischen Atmosphäre, Ozeanen und Eiskappen sowie Rückkopplungsschleifen zwischen den verschiedenen Parametern berücksichtigen, und das macht die Sache äußerst schwierig. Eine Erhöhung des Kohlendioxidgehalts der Atmosphäre etwa, die über den Treibhauseffekt zu einer Erhöhung der Temperatur führt, sorgt für eine stärkere Verdunstung aus den Weltmeeren und damit für eine verstärkte Wolkenbildung, was entweder (wegen der Abschirmung) zu einer Temperaturerhöhung oder aber (wegen der verstärkten Reflexion der Sonneneinstrahlung) zu einer Temperatursenkung führen kann; außerdem begünstigt eine Erhöhung des Kohlendioxidgehalts der Atmosphäre das Pflanzenwachstum, mit gleichfalls widersprüchlichen Folgen für das Klima.

Trotz beträchtlicher Fortschritte bei den Klimamodellen ist es immer noch unmöglich vorauszusagen, ob die wahrscheinliche Aufheizung der Atmosphäre aufgrund des durch den Einsatz fossiler Brennstoffe vermehrten Kohlendioxideintrags nicht doch von einer allgemeinen Abkühlungstendenz ausgeglichen wird, die aus der Tatsache resultiert, dass wir uns auf dem Weg in eine neue Eiszeit befinden.

Aus: Serres, Michel/Farouki, Nayla: Thesaurus der exakten Wissenschaften. 5. Auflage, Frankfurt am Main, 2007, S. 472 ff.

B Kopieren Sie den **Text (M 2)** zum Thema „Klima". Angenommen, Sie sollen auf Basis dieses Artikels einen Kurzvortrag zum Thema „Klimawandel – natürlich oder Mensch gemacht?" ausarbeiten. Lesen Sie den Text durch, markieren Sie dabei wichtige Stellen und klären Sie unbekannte Begriffe. Stoppen Sie die Zeitdauer! — Übung zu Kap. 2.2

C **Zitieren** Sie aus folgendem Zitat aus Goethes Faust nur die fett gedruckten Teile und kennzeichnen Sie die Auslassungen korrekt: — Übung zu Kap. 2.3.1

WAGNER:
Verzeiht! Ich hört euch deklamieren;
Ihr last gewiss ein griechisch Trauerspiel?
In dieser Kunst möcht' ich was profitieren,
Denn heutzutage wirkt das viel.
Ich hab' es öfters rühmen hören,
Ein Komödiant könnt' einen Pfarrer lehren.

Goethe, W. v.: Faust. Der Tragödie erster Teil. Vers 522 ff.

D Formen Sie obiges Zitat in ein **indirektes Zitat** um! — Übung zu Kap. 2.3.1

Übung zu Kap. 2.3.1 **E** Bauen Sie das folgende **Zitat** aus Goethes „Faust" korrekt zitiert in den darauf folgenden Satz ein. Kennzeichnen Sie Auslassungen und Veränderungen.

Faust:

Habe nun, ach! Philosophie,
Juristerei und Medizin,
Und leider auch Theologie
Durchaus studiert, mit heißem Bemühn.

Einbauen in:

Faust sagt in der Szene „Nacht", dass er „…

Übung zu Kap. 2.3.2 **F** Verfassen Sie eine korrekte bibliografische Angabe zu dem vorliegenden Lehrwerk „Das W-Seminar – neu", wie sie in einem Literaturverzeichnis aufgeführt werden würde.

Übung zu Kap. 2.3.3 **G** Suchen Sie im „Faust" das Zitat aus Aufgabe E heraus und zitieren Sie es sowohl im **Harvard-** als auch im **Chicago-Style**.

Übung zu Kap. 2.4.1 **H** Bei einem Federpendel hängt die Periodendauer T von der Masse m des schwingenden Körpers und der Federkonstante D der verwendeten Feder ab.

Es gilt: $T = 2\pi \sqrt{\frac{m}{D}}$

Entwerfen Sie ein **Versuchsprotokoll**, um diese Voraussage zu überprüfen, und geben Sie mögliche Störfaktoren an!

Übung zu Kap. 2.4.1 **I** Bau einer **Früchtebatterie**: Nehmen Sie eine frische Zitrone, einen Apfel oder eine rohe Kartoffel und stecken Sie verschiedene Gegenstände aus Metall hinein; zum Beispiel eine 5-Cent-Münze, eine Büroklammer, Aluminiumfolie, Kupferblech, verzinkte Schrauben, Nägel oder ähnliches. Messen Sie anschließend die Spannung zwischen jeweils zwei dieser Gegenstände. Zwischen welchen Metallen erhält man die größte Spannung?
ACHTUNG: Die Frucht darf nach dem Experiment nicht mehr verzehrt werden!

Übung zu Kap. 2.4.1 **J** Sie sollen ein **Funktionsmodell** herstellen, mit dem die Adaption und Akkommodation des menschlichen Auges veranschaulicht werden kann. Informieren Sie sich über die beiden Funktionen und wählen Sie mögliche Materialien aus. Entwerfen Sie eine Skizze für ein mögliches Modell.

K Nutzen Sie die „Methode der kleinen Schritte“ und **simulieren** Sie mithilfe einer Tabellenkalkulation die **Bewegung eines Federschwingers** (→ Beispieltabelle). Stellen Sie Geschwindigkeit und Ort des Federschwingers in Abhängigkeit von der Zeit grafisch dar. Wählen Sie als Zeitschritt 0,001 s und ändern Sie nacheinander die Parameter Anfangsgeschwindigkeit, Masse und Federkonstante. Wählen Sie jeweils drei verschiedene Werte und notieren Sie sich die Amplitude und Periodendauer der Schwingung. Testen Sie nun die gleichen Parameter bei Zeitschritten von 0,01 s und 0,1 s und vergleichen Sie.

Übung zu Kap. 2.4.2

Beispieltabelle:

	A	B	C	D	E
1	y(0) in m	v(0) in m/s	dt in s	m in kg	D in N/m
2	0	2	0,001	0,1	5
3					
4	n	v in m/s	y in m	a in m/s^2	t in s
5	1	= B2+D5*$C$2	= A2+B5*$C$2	= −E2/D2*A2	0
6	2	= B5+D6*$C$2	= C5+B6*$C$2	= −$E$2/$D$2*C5	= E5+$C$2
7	3	= B6+D7*$C$2	= C6+B7*$C$2	= −$E$2/$D$2*C6	= E6+$C$2
8	4	= B7+D8*$C$2	= C7+B8*$C$2	= −$E$2/$D$2*C7	= E7+$C$2

M 3 So läuft der Crashtest ab

[…] Beim **Frontcrash** prallt das Testfahrzeug mit 64 km/h und 40% Überdeckung gegen eine feststehende deformierbare Barriere. Besetzt ist das Fahrzeug vorne mit zwei 50% Hybrid III Erwachsenendummies, an denen die biomechanischen Belastungen an Kopf, Hals, Brustkorb, Becken und Beinen gemessen werden, und hinten mit zwei Kinderdummies, die je einem durchschnittlichen 1½ und 3 jährigem Kind entsprechen. Beim Frontalcrash können wie bisher max. 16 Punkte erreicht werden. Ab 2015 kommt noch ein Wandanprall mit voller Überdeckung bei 50 km/h und kleinen Erwachsenendummies (vorne und hinten) hinzu, um die Funktion der Rückhaltesysteme noch besser abzudecken. Es können dann max. 8 Punkte für 40% Überdeckung und max. 8 Punkte für 100% Überdeckung erreicht werden.

Beim **Seitencrash** prallt eine mobile deformierbare Barriere mit 50 km/h seitlich gegen das stehende Testfahrzeug. Dabei ist die Barrierenmitte auf den Fahrer gerichtet. Besetzt ist das Fahrzeug vorne auf dem Fahrerplatz mit einem 50% EuroSID-2 Erwachsenendummy (ab 2015 WorldSID), an dem die Belastungen an Kopf, Brustkorb, im Bauchbereich und am Becken gemessen werden. Die Besetzung hinten ist gleich wie beim Frontcrash. Ab 2015 wird das Gewicht der Stoßbarriere erhöht (1.300 kg). Beim Seitencrash können max. 8 Punkte erreicht werden (bis 2009, u. Leichtmobile = 16 Punkte).

Der **Pfahlaufpralltest** ist ein zusätzlicher Seitenaufprall, der bei Fahrzeugen mit seitlichem Kopfschutzsystem (z. B. Kopfairbag) durchgeführt wird. Vorbedingung ist jedoch, dass beim Seitencrash im Kopfbereich bereits volle Punktzahl erzielt wurde! Das Testfahrzeug wird bei diesem Zusatztest auf einem Schlitten mit 29 km/h seitlich gegen einen senkrechten Stahlpfahl mit einem Durchmesser von 254 mm geprallt. Der Stoß erfolgt im Kopfschwerpunkt eines 50%-EuroSID-2 Erwachsenendummy (ab 2015 WorldSID) auf dem Fahrersitz. Es werden hierbei die Kopfbelastungen gemessen und bewertet. Bis 2009 wurden nur die Kopfbelastungen berücksichtigt. Ab 2015 erfolgt ein Schräganstoß mit 32 km/h. Maximal können beim Pfahlaufpralltest 8 Punkte erreicht werden (bis 2009 nur 2 Punkte).

Aufgrund der Tatsache, dass in Europa pro Jahr über eine Million Halswirbelsäulenschäden bei Pkw Unfällen zu verzeichnen sind, wurde ein spezieller **Heckcrashtest** entwickelt und seit 2009 in das Bewertungsschema mit aufgenommen. Beim Heckcrash wird eine Unfallsituation simuliert, die einem Heckaufprall auf ein stehendes Fahrzeug mit einer Geschwindigkeit zwischen 30 und 50 km/h entspricht. Hierzu werden die jeweiligen Vordersitze auf einem Schlitten mit Aufprallgeschwindigkeiten von 16 und 24 km/h getestet. Mit einem speziellen Heckcrashdummy (Bio Rid 2) werden insbesondere die Belastungen der Halswirbelsäule gemessen. Zusätzlich wird der Verstellbereich der Kopfstütze sowie die Stabilität des Sitzes beurteilt. Beim Heckcrash können max. 4 Punkte erreicht werden. Ab 2014 werden auch die Rücksitze und ein Notbremssystem für Stadtgeschwindigkeiten berücksichtigt, das Verletzungen an der Halswirbelsäule reduzieren kann. Frontsitze max. 2 Punkte, Rücksitze max. 1 Punkt und Notbremssystem max. 3 Punkte = max. 6 Punkte.

Die seit Dezember 2003 hinzugekommene Bewertung **Kindersicherheit** umfasst eine Prüfung des Fahrzeugs bezüglich der Voraussetzungen für den problemlosen Einbau von Kindersitzen generell, sowie Frontal- und Seitencrashtests mit jeweils zwei vom Fahrzeughersteller empfohlenen Kindersitzen. Es werden Kinderdummies, die je einem durchschnittlichen 1 1/2- und 3jährigem Kind entsprechen, eingesetzt. Seit 2013 werden neue Q-Dummies verwendet, die eine höhere Messgenauigkeit aufweisen. Ab 2016 wird ein 6- und 10-jähriger Dummy eingesetzt.
Neben der Eignung der Sicherheitsgurte (Geometrie) zur Befestigung

von verschiedenen Kindersitzsystemen wird auch das Deaktivierungssystem für den Beifahrerairbag und die entsprechenden Warnhinweise im Fahrzeug und am Kindersitz bewertet. Seit 2013 werden mit unterschiedlichen Kindersitzmodellen Einbauproben durchgeführt und Sitzplätze mit Isofix-Anbindung aufgeführt.

Die Bewertung der Kindersicherheit sagt aus, wie gut beim jeweiligen Automodell die Voraussetzungen gegeben sind, dass Kinder sicher transportiert werden können. Sie bezieht sich aber auch auf die jeweilige Kombination zwischen Kindersitz und Fahrzeug. Die verwendeten Kindersitze werden deshalb beim Test mit angegeben. Bei der Kindersicherheit können wie bisher maximal 49 Punkte erreicht werden. [...]

Der EuroNCAP-Crashtest beinhaltet neben den Tests zum Insassenschutz auch einen zusätzlichen Test zum **Fußgängerschutz**. Hierbei wird das Verletzungsrisiko bei einem Frontaufprall mit 40 km/h sowohl für Kinder als auch für Erwachsene bewertet. Stellvertretend für die Beine und Köpfe werden ummantelte Metallzylinder und unterschiedlich schwere Kugeln gegen definierte Punkte der Fahrzeugfront geschossen und die Belastungen der „Körperteile“ gemessen. Beim Fußgängerschutz können wie bisher maximal 36 Punkte erreicht werden. Ab 2016 gibt es zusätzlich 6 Punkte für ein Notbremssystem mit Fußgängererkennung, somit max. 42 Punkte.

Die Unfallforschung weist aus, dass mit **aktiven Sicherheitssystemen** wie z. B. das Fahrstabilisierungssystem ESP Unfälle verhindert oder zumindest die Unfallfolgen gemindert werden können. Spezielle Warnsysteme, die aktiv (aufdringlich) die Insassen auffordern, die Gurte anzulegen, verhindern ebenfalls schwere Verletzungsfolgen. Aus diesem Grund wurde die aktive Sicherheit seit Februar 2009 bei dem Bewertungsschema mit aufgenommen. Es wurden folgende Punkte vergeben (ESP = 3 Punkte; Gurtwarner auf allen Plätzen = max. 3 Punkte; Geschwindigkeitsbegrenzer = max. 3 Punkte). Die Anforderungen für ESP sind: Es muss das jeweilige Modell im europäischen Markt zu mindestens 85% serienmäßig mit ESP ausgestattet sein und das Basismodell muss ESP zumindest optional aufweisen. Ab 2014 werden zusätzlich für einen Spurverlassenswarner/-assistent 1 Punkt und für ein Notbremssystem für Geschwindigkeiten über 50 km/h max. 3 Punkte vergeben. Max. also 13 Punkte. Ab 2016 werden die Anforderungen für die Ausrüstquoten mit Fahrerassistenzsysteme von 50% auf 70% erhöht. (ESP und Geschwindigkeitsbegrenzer = 100%). Das ursprüngliche EuroNCAP-Bewertungsschema, bei dem der Insassenschutz, die Kindersicherheit und der Fußgängerschutz separat bewertet wurden, ist seit Februar 2009 modifiziert worden. Es gibt nun eine Gesamtbewertung, die zusätzlich einen Heckcrashtest und eine Bewertung der aktiven Sicherheitssysteme (z. B. ESP) beinhaltet. Außerdem wurden die Bewertungskriterien beim Seitencrash und Pfahlaufpralltest modifiziert. Dies bewirkt, dass die Fahrzeughersteller auf eine bessere Ausgewogenheit aller Sicherheitsaspekte achten müssen und Systeme im Fahrzeug einbauen, die Unfälle verhindern können. Die bisherige Sterne-Wertung ist deshalb mit der neuen Gesamtbewertung ab 2009 nicht vergleichbar! Aber auch die Gesamtbewertung wird immer wieder dem Stand der Sicherheit angepasst.

Das Verletzungsrisiko bei den Crashtests wird nach einem Punktesystem beurteilt (0 Punkte = sehr hohes Verletzungsrisiko, 4 Punkte = sehr niedriges Verletzungsrisiko). Es wird an den jeweiligen Körperregionen durch „farbige Männchen" dargestellt (grün = niedrige Belastung, rot = hohe Belastung).

Die **Gesamtbewertung** mit max. 5 Sternen berechnet sich aus 50% Insassenschutz, 20% Kindersicherheit, 20% Fußgängerschutz und 10% aktive Sicherheit. Ab 2014 40% Insassenschutz, 20% Kindersicherheit, 20% Fußgängerschutz und 20% aktive Sicherheit.
Insassenschutz = insgesamt 36 Punkte (100%) (beinhaltet: Frontalcrash max. 16 Punkte + Seitencrash max. 8 Punkte + Pfahlaufprall max. 8 Punkte + Heckcrash (HWS-Schutz) max. 4 Punkte, ab 2014 max. 6 Punkte)
Kindersicherheit = insgesamt 49 Punkte (100%)
Fußgängerschutz = insgesamt 36 Punkte (100%), ab 2016 + 6 Punkte für Notbremse mit Fußgängererkennung (max. 42 Punkte)
Aktive Sicherheit = insgesamt 7 Punkte (100%), ab 2013 insgesamt 9 Punkte, ab 2014 insgesamt 13 Punkte.
Ab 2016 werden auch die Ausrüstquoten für Fahrerassistenzsysteme verschärft.

Die Einzelergebnisse dürfen dabei aber bestimmte Mindestanforderungen nicht unterschreiten, die bis zum Jahr 2012 und auch danach stufenweise verschärft werden. Die nachfolgenden Tabellen zeigen die Gesamtbewertung inkl. der geforderten prozentualen Mindestanforderungen. Diese müssen sowohl in der Gesamtbewertung als auch in den Einzelkriterien erfüllt sein. Die Sternewertung gilt somit für das jeweilige Testjahr.

Mindestanforderungen ab 2015

	Gesamt	Insassenschutz	Kindersicherheit	Fußgängerschutz	Aktive Sicherheit
		(0,4)	(0,2)	(0,2)	(0,2)
★☆☆☆☆	30%	20%	15%	10%	10%
★★☆☆☆	40%	30%	25%	20%	20%
★★★☆☆	50%	50%	30%	40%	40%
★★★★☆	65%	70%	60%	50%	60%
★★★★★	75%	80%	75%	65%	70%

Mindestanforderungen ab 2016

	Gesamt	Insassenschutz	Kindersicherheit	Fußgängerschutz	Aktive Sicherheit
		(0,4)	(0,2)	(0,2)	(0,2)
★☆☆☆☆	30%	20%	15%	10%	10%
★★☆☆☆	40%	30%	25%	20%	20%
★★★☆☆	50%	50%	30%	40%	40%
★★★★☆	65%	70%	60%	55%	60%
★★★★★	75%	80%	75%	65%	70%

EuroNCAP testet in der Regel die Modellvariante mit der niedrigsten Sicherheitsausstattung, die in Europa die höchsten Verkaufszahlen erwarten lässt (europäisches Basismodell). Eine höhere Sicherheitsausstattung (z. B. Vorhangairbags oder ESP) kann das Ergebnis verbessern. Da das Testverfahren noch keine Aussage über die Kompatibilität von Fahrzeugen erlaubt, kann ein Vergleich der Ergebnisse nur zwischen Fahrzeugen gleicher Größe und Klasse erfolgen. Ein 5-Sterne-Kleinfahrzeug bietet nicht den gleichen Schutz wie ein 5-Sterne-Mittelklassefahrzeug! Durch die ständige Verschärfung der Bewertungskriterien gilt das Ergebnis immer nur für das jeweilige Testjahr.

Aus: https://www.adac.de (Aufgerufen am: 27.4.2015)

L **1.** Beschreiben Sie, welche grundlegenden Vereinfachungen bei einem EuroNCAP-Crashtest in Kauf genommen werden.

Übung zu Kap. 2.4.2

2. Immer mehr Hersteller können für ihre Fahrzeuge die maximale Punktzahl beim EuroNCAP-Test vorweisen. Trotzdem sinkt der Anteil der Schwerverletzten und Toten bei Verkehrsunfällen an allen Unfällen mit Personenschäden nur geringfügig. Versuchen Sie diese Diskrepanz zu erklären.

3. Erläutern Sie, welche Probleme sich bei der Übertragung der Testergebnisse auf die Realität ergeben.

Übung zu Kap. 2.4.3 **M** Verfolgen Sie im Herbst oder Winter über vier Wochen das **Aussehen des Mondes** mit bloßem Auge. Einmal pro Woche versuchen Sie den Mond jeweils am frühen Abend, am späten Abend und am Morgen zu entdecken. Notieren Sie sich Datum, Uhrzeit und die Himmelsrichtung, in der der Mond sichtbar war, und skizzieren Sie die Gestalt der beleuchteten Mondoberfläche. Erklären Sie, welche Schlussfolgerungen Ihre Beobachtung zulässt.

Übung zu Kap. 2.4.3 **N** In jeder klaren Nacht kann man **Sternschnuppen** (Fachbegriff: Meteore) erkennen, wenn man genügend Geduld besitzt. Sie werden verursacht, wenn Staubteilchen oder kleine Gesteinsbrocken (sogenannte Meteoride) die Erdbahn kreuzen und in der Erdatmosphäre verglühen. Zu bestimmten Zeiten kreuzt die Erde die Bahn bestimmter Meteoridenströme (z. B. im August die Perseiden). Dann kann man besonders viele Meteore erkennen, die alle aus einer Richtung kommen. Daneben treten aber ständig sogenannte sporadische Meteore auf. Das sind Meteoride, die keinem Strom folgen und rein zufällig verteilte Bahnen haben. Sie kommen daher auch nicht bevorzugt aus einer bestimmten Richtung. Da die Erde sich aber auf ihrer Bahn um die Sonne mit etwa 30 km/s bewegt, ist die Wahrscheinlichkeit einer Kollision mit solchen Meteoriden in der Bewegungsrichtung der Erde höher. Die Zahl der auftretenden sporadischen Meteore müsste also vom Abend bis zum Morgen ansteigend sein. Erfassen Sie die Anzahl der Meteore, die pro Stunde auftauchen im Laufe einer Nacht und versuchen Sie diese **Hypothese** zu bestätigen. Tipp: Wählen Sie eine klare, mondlose Nacht und dunklen Himmel im Spätherbst oder Winter. Vermeiden Sie eine Beobachtung während große Meteorströme aktiv sind.

Meteorstrom	Orioniden	Leoniden	Geminiden	Quadrantiden
Aktivitätszeitraum	2.10.–7.11.	14.–21.11.	7.–17.12.	1.–5.1.

Übung zu Kap. 2.4.3 **O** Beobachten Sie im Frühjahr das Auftreten von **Nacktschnecken** in Gärten. Die Schnecken sind besonders während der Dämmerung im Gemüsegarten und Staudenbeet aktiv. Geben Sie an, welche Pflanzen von den Schnecken bevorzugt werden und welche von Ihnen gemieden werden.

3 Themenfindung

3.1 Vom Rahmenthema zum Titel der Seminararbeit

Bereits mit der Wahl eines W-Seminars entscheidet man sich für ein bestimmtes **Rahmenthema**. Die Lehrkraft hat bei der Vorstellung des W-Seminars mehrere Themenvorschläge für Seminararbeiten unterbreitet. Im Ausbildungsabschnitt 11/1 wird dann ein individuelles Seminararbeitsthema gemeinsam mit der Lehrkraft festgelegt. Hier ist man nicht an die vorgegebenen Seminararbeitsthemen, sondern nur an das Rahmenthema und die Zustimmung der Lehrkraft gebunden. Die Wahl will gut überlegt sein.

Interesse

Eine wichtige Rolle bei der Wahl des Themas der Seminararbeit wird das **persönliche Interesse** spielen. Ein Thema, das einen selbst fesselt, wird in der Regel umso leichter überzeugend darzustellen sein. Auch Rückschläge während der Bearbeitung sind dann leichter zu verkraften. Durch Neugier weckt man Kräfte, die bei der Bearbeitung des Themas nützlich sein werden. Häufig bieten sich Themen an, die einen aktuellen Bezug haben oder in Zusammenhang mit lokalen Gegebenheiten stehen. Man sollte sich genau überlegen: Was will ich wissen und warum will ich das wissen?

Praktische Umsetzung

Vorhandene Kenntnisse und Fertigkeiten

Eine positive Motivation geht von Themen aus, zu denen **man private oder schulische Vorkenntnisse** besitzt. Jemand hat bereits verschiedene Aufführungen eines Theaterstücks gesehen, ist in einem Sportverein tätig oder Ähnliches. Auch Urlaubserfahrungen können hilfreich sein. Wer schon einmal auf Teneriffa war, hat dort vielleicht die Sternwarten oder den Gipfel des Teide besucht und damit eine besondere Motivation und Beziehung zum Thema. Diese Erfahrungen könnten in ein Seminarthema zur Astronomie oder zur Geographie einfließen. Für manche Themen sind **bestimmte Fertigkeiten** Voraussetzung. Um eine Computersimulation zu erstellen, benötigt man ausreichende Kenntnisse in einer Programmiersprache. Mit ungenügenden Französischkenntnissen lässt sich kaum eine Recherche französischsprachiger Originalliteratur durchführen. Solche nicht geeigneten Themen kann man leicht ausschließen.

Durchführbarkeit

Zu weit gefasste Themen beinhalten die Gefahr, dass das Thema nicht in der gegebenen Zeit und maximal erlaubten Seitenzahl abzuhandeln ist. Das Thema muss in diesem Fall inhaltlich begrenzt werden. Umgekehrt reicht ein zu eng gefasstes Thema nicht aus, um die erforderliche Seitenanzahl zu erfüllen. Das Thema sollte genügend Möglichkeiten bieten, Zusammenhänge zu erläutern und eigene Ideen zu entwickeln. Um diese Entscheidung treffen zu können, ist es schon in dieser Phase notwendig, eine erste Literaturrecherche durchzuführen (→ Kapitel 4). Ziel ist es, sich einen Überblick über das Themenspektrum zu verschaffen, zu prüfen, ob genügend verfügbare Literatur vorhanden ist. Falls an eine Kooperation mit externen Partnern gedacht ist, sollten auch diese so früh wie möglich kontaktiert werden, um die Möglichkeiten einer Zusammenarbeit auszuloten.

Bei **praktischen Arbeiten** müssen diese mit den an der Schule vorhandenen Mitteln umgesetzt werden können und auch dürfen. So verbieten sich Experimente mit radioaktiven Substanzen, Spannungen über 5 kV und Tierversuche im Rahmen schulischer Aktivitäten. Experimente sind bereits in der Anfangsphase zu planen, um deren Durchführbarkeit abschätzen zu können.

Kriterien bei der Themenwahl

Bei der Suche nach einem geeigneten Thema für die Seminararbeit sind verschiedene Kreativitätstechniken hilfreich (→ Kapitel 3.2). Bei allen in Frage kommenden Themen muss man sich über folgende Fragen Klarheit verschaffen:

- Welche **Fragestellung** steht im Mittelpunkt? Was ist das **Ziel** der Arbeit?
- Welchen Sinn und welche Bedeutung hat die Fragestellung?
- Welche **Kenntnisse und Fertigkeiten** sind bei der Bearbeitung des Themas nötig?
- Welche **Methoden** müssen angewendet werden? Sind diese Methoden im schulischen Rahmen durchführbar?
- Findet sich genügend **Literatur**?
- Lässt sich die Arbeit in der zur Verfügung stehenden **Zeit** abschließen?

Thema eingrenzen

Falls die letzte Frage mit Nein beantwortet werden muss, kann man das Thema inhaltlich oder methodisch eingrenzen. Dazu gibt es mehrere Möglichkeiten. Bei praktischen Arbeiten kann die anzuwendende Methode angegeben werden. Zum Beispiel statt: „Der schiefe Wurf" präzisiert: „Analyse eines schiefen Wurfs mit Videotechnik". Man kann das Thema auch auf **Spezialfälle oder einen lokalen Bezug** einschränken. Zum Thema „Die deutsche Wiedervereinigung" könnte der fertig formulierte Titel lauten: „Bedeutung und Auswirkungen der Wiedervereinigung am Beispiel Sachsens und der XYZ AG". Dabei sollte man immer die Kriterien zur Themenwahl im Auge behalten und die gewählte Eingrenzung in der Arbeit begründen.

Titel formulieren

Hat man schließlich ein Thema gefunden, gilt es, den Titel der Seminararbeit zu formulieren. Dazu sollte man sich noch einmal vor Augen führen, was das Ziel der Arbeit ist und welche Methoden angewendet werden. Der Titel soll einfach sein, aber präzise und eindeutig das Thema der Seminararbeit beschreiben. Auch Personen, die den Inhalt der Arbeit nicht kennen, müssen dem Titel entnehmen können, worum es in der Arbeit geht (→ Übung A und B).

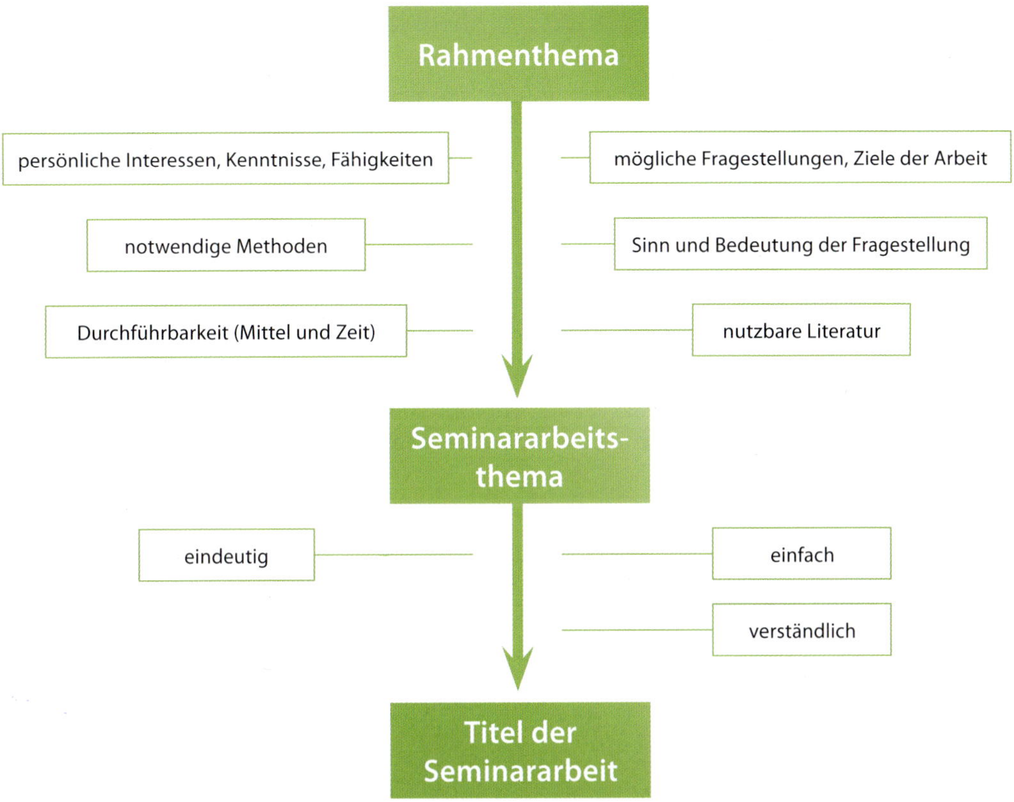

Abb. 28: Vom Rahmenthema zum Titel. Eigene Darstellung

Zusammenfassung zu Kapitel 3.1

Bei den Überlegungen zur Wahl des Themas der Seminararbeit sollte von den eigenen **Interessen und Fähigkeiten** ausgegangen werden. Mögliche **sinnvolle Fragestellungen** werden dann daraufhin untersucht, ob sie im Rahmen einer Seminararbeit **durchführbar** sind und es ausreichend Literatur zum Thema gibt. Zur Suche nach einem geeigneten Thema lassen sich verschiedene Kreativitätstechniken nutzen (→ Kapitel 3.2). Zu allgemeine Themen müssen inhaltlich oder methodisch eingegrenzt werden.
Der konkrete Titel der Seminararbeit wird im Laufe der Arbeit gemeinsam mit der betreuenden Lehrkraft festgelegt. Dieser sollte eindeutig und möglichst einfach und verständlich sein.

3.2 Eingrenzung des Themas – Kreativitätstechniken

Schon bei der **Ideenfindung** lassen sich verschiedene Kreativitätstechniken anwenden, die im Folgenden vorgestellt werden sollen. Besondere Bedeutung haben diese Verfahren aber auch, um die verschiedenen Aspekte eines Themas zu sortieren und eine erste Gliederung zu erstellen (→ Kapitel 5.2)

Brainstorming

Eines der wichtigsten Verfahren ist sicher das sogenannte **Brainstorming**. Es geht auf ALEX OSBORN zurück, der in der Werbebranche tätig war und festgestellt hatte, dass Arbeitstreffen die Kreativität der Mitarbeiter eher bremste. Aus Angst vor Kritik der Kollegen wurden nur wenig neuartige Ansätze gefunden. C. H. CLARK griff die Idee auf und entwickelte Sie weiter. Er verfasste Ende der 1950er Jahre das Standardwerk „Brainstorming: the dynamic way to create successful ideas“. Jedes Brainstorming geschieht in **zwei Phasen**.

Praktische Umsetzung

Methode

Nach einer kurzen Einführung in das Thema nennen die Teilnehmer **spontan Ideen**, die von einem Protokollanten festgehalten werden. Dabei ist keinerlei Kritik an den geäußerten Ideen zugelassen, seien sie auch noch so abwegig. Je ungewöhnlicher und je mehr Ideen geäußert werden, umso besser! Es können auch bereits vorgebrachte Ansätze ergänzt oder abgewandelt werden. Für die Dauer des Brainstormings sollte vorher eine feste Zeit vereinbart werden. Je nach Gruppengröße können das z. B. 15 bis 20 Minuten sein. Nach einer Pause werden die Ideen dann **vorgelesen, bewertet und eventuell sortiert**.

In Abwandlung dieser Methode kann man die Einfälle auch **schriftlich** zu Papier bringen. Dadurch lässt sich Brainstorming auch allein nutzen. Man kann das Rahmenthema und – falls schon vorhanden – auch die eigenen Ideen dazu auf ein Blatt Papier schreiben und dann alle Stichworte notieren, die einem dazu einfallen. Es sollten keine Einfälle von vornherein ausgeschlossen werden, auch wenn sie im ersten Moment abwegig erscheinen. An diesem Prozess können sich auch Freunde und Mitschüler beteiligen. Es entstehen eine **Sammlung von Schlagworten** zum Thema und eventuell auch **erste Gliederungspunkte** (→ Kapitel 5.2).

Anschließend kann man aus diesen Schlagworten Themen formulieren. Dabei sollten die Kriterien zur Themenwahl beachtet werden (→ Kapitel 3.1).

Brainstorming (→ Übung C und D)

Ziel: Ideensammlung

- Spontane Ideen werden notiert.
- Keine Wertung oder Kritik!
- Nach einer vorher vereinbarter Zeit werden die Ideen bewertet und sortiert.

Beispiel Ideenliste Brainstorming

Physik im Sport

- Hammerwerfen
- Speerwerfen
- Sprint
- Formel 1
- Kräfte beim Skifahren
- Kräfte beim Segeln
- Skispringen
- Videoanalyse von Bewegungen
- Optimaler Abwurfwinkel
- Reibung bei der Skiabfahrt
- Bobfahren
- Flugbahn eines Fußballs
- Tennis
- Hebelgesetze beim Ringen
- Kraftwandler im Fitnesscenter

Auch in der Gruppe eignen sich solche Techniken in etwas abgewandelter Form sehr gut. Es gibt viele **verschiedene Varianten**, die sich zum Teil nur geringfügig unterscheiden.

Beispiel:

Brainwriting Pool

Alle Gruppenmitglieder sitzen um einen Tisch herum und erhalten mehrere Karteikarten. Jeder notiert dann alle Gedanken, die ihm zum Thema einfallen. Wer keine neuen Ideen mehr hat, legt seine beschriebene Karteikarte auf einen Stapel in der Tischmitte (**Brainwriting Pool**) und holt sich von dort eine Karte, die bereits von einem anderen Gruppenmitglied beschrieben wurde. Nachdem er sich diese Karte durchgelesen hat, baut er diese Idee weiter aus oder ihm fallen durch die Anregungen ganz neue, eigene Vorschläge und Assoziationen (Verbindung, Verknüpfung) ein, die er auf einer neuen Karteikarte notiert. Dieser Vorgang kann so lange fortgesetzt werden, bis die Teilnehmer keine Ergänzungen mehr vornehmen. In einem zweiten Schritt werden alle Karteikarten vorgelesen. In einer Diskussion bewerten die Teilnehmer die gefundenen Ideen und suchen die besten Vorschläge heraus.

Brainwriting Pool
Ziel: Ideensammlung

- Jeder Teilnehmer notiert seine Ideen auf Karteikarten, die dann in die Mitte gelegt werden.
- Wer keine Ideen mehr hat, nimmt Karteikarten vom Stapel und ergänzt diese.
- Anschließend erfolgt eine Bewertung und Sortierung.

Metaplan

Eine Technik, die sich gut eignet, um die mittels Brainstorming erhaltenen Ideen zu ordnen und zu strukturieren, ist der **Metaplan**. Obwohl ursprünglich nur ein Markenname, steht der Begriff heute für eine Moderationsmethode, die weit verbreitet ist.

Eine Pinnwand wird in der Vorbereitung mit Papier bespannt (aufgrund der Größe eignet sich z. B. Packpapier). Außerdem werden Kärtchen in verschiedenen Formen und Farben bereitgestellt. Gleiche Formen und Farben sollen für gleiche Inhalte verwendet werden. Dabei haben sich folgende Formen bewährt:

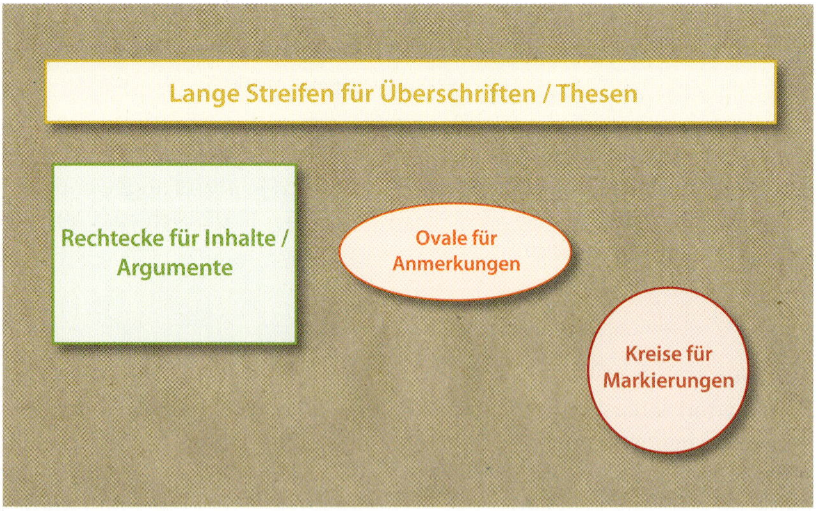

Abb. 29: Metaplan. Eigene Darstellung

Die gesammelten Ideen werden nun auf die Kärtchen geschrieben und an die Pinnwand geheftet. Der Vorteil des Metaplans liegt darin, dass die Kärtchen jederzeit neu angeordnet werden können. Sie sind für alle sichtbar und können mit Anmerkungen und Markierungen versehen werden. Bei Bedarf lassen sich Pfeile und Linien zusätzlich mit Filzstiften anbringen (→ Übung F).

Diese Methode lässt sich auch von einer einzelnen Person anwenden und eignet sich dann insbesondere, um eine Gliederung zu erstellen. Die übersichtliche grafische Darstellung unterstützt den Denkprozess und ermöglicht flexible Umgestaltungsmöglichkeiten.

Metaplan
Ziel: Sortierung und Strukturierung von Ideen

- Überschriften, Inhalte, Anmerkungen, usw. auf Karteikarten mit unterschiedlichen Formen und Farben
- Anordnung der Karten auf einer Pinnwand

Clustering

Die Idee des **Clustering** geht auf Gabriele L. Rico zurück. Sie beschreibt sie in ihrem Buch „Garantiert schreiben lernen" als Grundmethode des kreativen Schreibens. Ausgangspunkt war der Versuch, beim Finden kreativer Lösungen beide Gehirnhälften zu nutzen. Die linke Hälfte ist vor allem für begriffliches Denken, die rechte Hälfte für bildliches Denken zuständig (→ Kapitel 1.2). Vom zentralen Thema ausgehend werden **Assoziationsketten** gebildet, die jeweils miteinander verbunden werden. Gänzlich neue Assoziationen beginnen wieder beim zentralen Thema. Später können Zusammenhänge zwischen den verschiedenen Schlagworten durch Verbindungen verdeutlicht werden. Dadurch entstehen Haufen (Cluster) von Schlagworten mit ähnlichem Inhalt; in einem Cluster werden so Ideen gesammelt (→ Übung E).

Clustering
Ziel: Ideensammlung

- Vom zentralen Thema ausgehend werden Assoziationsketten gebildet.
- Kommt man nicht weiter, beginnt man wieder beim zentralen Thema.
- Man verbindet zusammenhängende Schlagworte.

Beispiel eines Clusters zum Thema Großteleskope

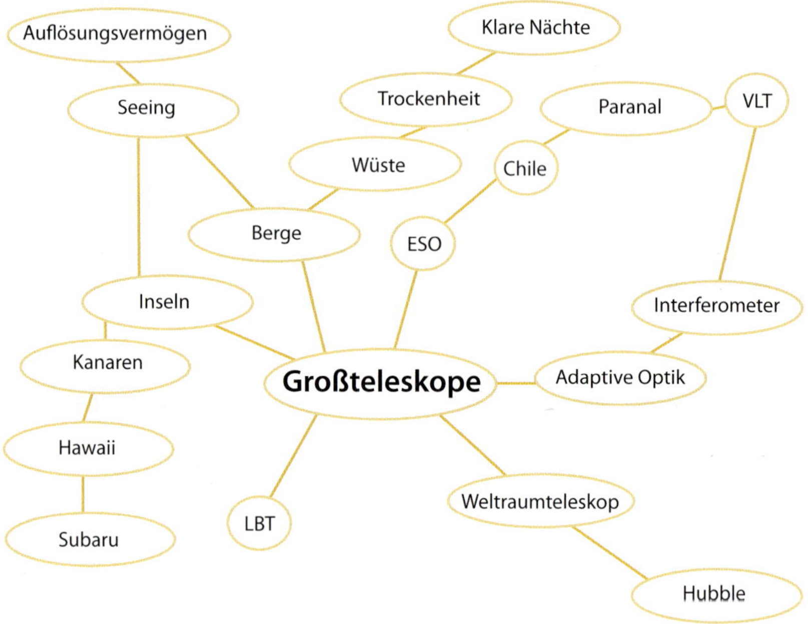

Abb. 30: Cluster. Eigene Darstellung

Mindmapping

Der Begriff **Mindmap** bedeutet so viel wie „Gedankenkarte". Er stammt von TONY BUZAN, einem britischen Mentaltrainer und Buchautor. Ähnlich wie beim Clustering werden die Begriffe grafisch sortiert, aber zusätzlich in eine **hierarchische Struktur** gebracht.

Das zentrale Thema wird in der Mitte eines Blatt Papieres angeordnet. Nach außen verzweigen dann verschiedene Haupt- und Unteräste, die jeweils nur sehr wenige Schlüsselworte enthalten sollen. Zur besseren Anschauung sind Farben und Illustrationen erlaubt. Wie beim Brainstorming sind alle Ideen zugelassen – sie werden aber sofort in eine Hierarchie eingeordnet. Man kann aber die Ergebnisse eines Brainstormings auch in eine Mindmap übertragen (→ Übung D).

Inzwischen gibt es mehrere Anbieter für Software, mit der man Mindmaps am Computer erstellen kann. Solche Programme lassen sich sehr gut einsetzen, um die Mindmap anderen Personen zu präsentieren. Bei der Ideenfindung sollte man jedoch auf Stift und Papier zurückgreifen, da sich nur so spontane Einfälle zügig festhalten lassen.

Beispiel Mindmap zum Sonnensystem

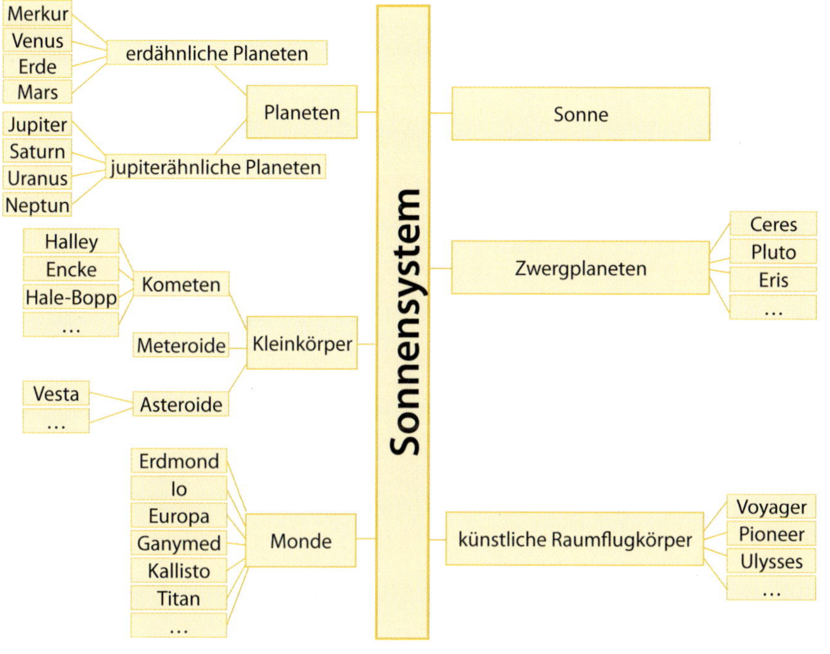

Abb. 31: Mindmap. Eigene Darstellung

Mindmapping
Ziel: Ideensammlung und -sortierung

- Man beginnt mit einem zentralen Thema in der Blattmitte.
- Ideen werden in eine baumartig verzweigende Struktur eingetragen.

Zusammenfassung zu Kapitel 3.2

Kreativitätstechniken lassen sich beim Lösen verschiedenster Probleme gewinnbringend einsetzen. Wichtige Techniken zur **Ideensammlung** sind Brainstorming, Brainwriting Pool und Clustering. Zur **Sortierung** und **Strukturierung** lassen sich gut Metaplan und Mindmapping verwenden.

Training zu Kapitel 3

Übung zu Kap. 3.1 **A** In der folgenden Tabelle sind verschiedene Arbeitsthemen aufgeführt, die noch relativ weit gefasst sind. Verschaffen Sie sich jeweils einen Überblick über das Thema und erstellen Sie eine Liste mit einigen für das Thema wichtigen **Schlagworten**.

Nr.	Arbeitsthema
1	Untersuchung akustischer Spektren
2	Konjunkturindikatoren in den USA
3	Nationalsozialismus vor 1933
4	Shakespeare im Film
5	Experimenteller Nachweis der Mendelschen Regeln
6	Nullstellenbestimmung
7	Verschmutzung von Wasser im Schwimmbad
8	Sportverletzungen
9	Christusdarstellungen in der Kunst
10	Flucht aus der DDR

Übung zu Kap. 3.1 **B** Formulieren Sie jeweils einen möglichen **Titel** für eine Seminararbeit.

Übung zu Kap. 3.2 **C** Suchen Sie mittels **Brainstorming** nach Ideen, wie das Freizeitangebot für Jugendliche in Ihrer Stadt verbessert werden kann.

Übung zu Kap. 3.2 **D** Sammeln Sie Ideen für das nächste Schulfest. Verwenden Sie dazu einmal ein **Brainstorming** und einmal eine **Mindmap**.

Übung zu Kap. 3.2 **E** Für die Schülerzeitung sollen Sie einen Artikel zum Thema „Jugendarbeitslosigkeit" schreiben. Erstellen Sie einen ausführlichen **Cluster**.

Übung zu Kap. 3.2 **F** Ihr gesamtes Seminar plant bereits jetzt eine Abschlussveranstaltung als Höhepunkt des W-Seminars. Sammeln Sie im Team Ideen mittels **Brainwriting Pool** und strukturieren Sie diese mithilfe eines **Metaplans**.

4 Informationsbeschaffung

4.1 Suchstrategien

Jeder Freude über die endgültige Themenfindung steht die Herausforderung der **Informationssuche** gegenüber: Woher soll man sich Informationen beschaffen? Wie zuverlässig sind die Quellen? Wie kann man den Überblick über die beschafften Informationen behalten? Dies soll Inhalt dieses Kapitels sein.

Überblick verschaffen

Die **ersten Informationsquellen** sollten Lexika und Nachschlagewerke (Print oder Internet) sein. Mit dieser Literatur kann man sich einen ersten Überblick über das Thema verschaffen. **Lexikonartikel** sind meist so gegliedert, dass sie Auskunft über Begriffsdefinitionen, historische Hintergründe und die Teilbereiche der gewählten Thematik geben. Das könnte schon eine erste Grobgliederung beinhalten (→ Übung A). Auch finden sich häufig Hinweise auf weiterführende Literatur. Zusätzlich erhält man verschiedene Suchbegriffe zum Thema, die für die weitere Informationsbeschaffung wichtig sind.

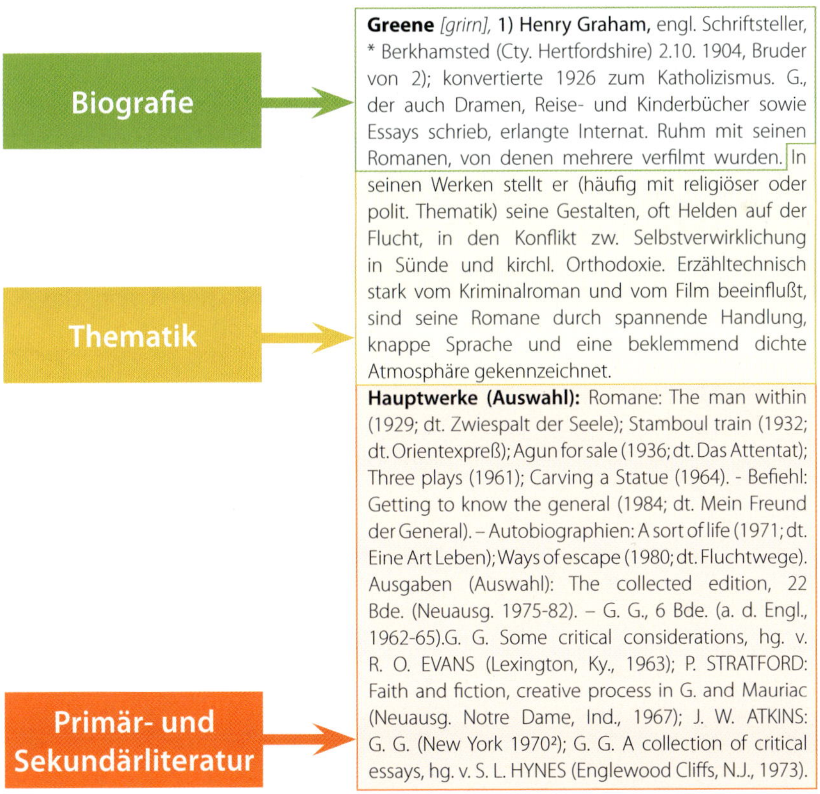

Greene *[grirn]*, **1) Henry Graham,** engl. Schriftsteller, * Berkhamsted (Cty. Hertfordshire) 2.10. 1904, Bruder von 2); konvertierte 1926 zum Katholizismus. G., der auch Dramen, Reise- und Kinderbücher sowie Essays schrieb, erlangte Internat. Ruhm mit seinen Romanen, von denen mehrere verfilmt wurden. In seinen Werken stellt er (häufig mit religiöser oder polit. Thematik) seine Gestalten, oft Helden auf der Flucht, in den Konflikt zw. Selbstverwirklichung in Sünde und kirchl. Orthodoxie. Erzähltechnisch stark vom Kriminalroman und vom Film beeinflußt, sind seine Romane durch spannende Handlung, knappe Sprache und eine beklemmend dichte Atmosphäre gekennzeichnet.

Hauptwerke (Auswahl): Romane: The man within (1929; dt. Zwiespalt der Seele); Stamboul train (1932; dt. Orientexpreß); Agun for sale (1936; dt. Das Attentat); Three plays (1961); Carving a Statue (1964). - Befiehl: Getting to know the general (1984; dt. Mein Freund der General). – Autobiographien: A sort of life (1971; dt. Eine Art Leben); Ways of escape (1980; dt. Fluchtwege). Ausgaben (Auswahl): The collected edition, 22 Bde. (Neuausg. 1975-82). – G. G., 6 Bde. (a. d. Engl., 1962-65).G. G. Some critical considerations, hg. v. R. O. EVANS (Lexington, Ky., 1963); P. STRATFORD: Faith and fiction, creative process in G. and Mauriac (Neuausg. Notre Dame, Ind., 1967); J. W. ATKINS: G. G. (New York 1970²); G. G. A collection of critical essays, hg. v. S. L. HYNES (Englewood Cliffs, N.J., 1973).

Abb. 32: Lexikonartikel. Aus: Brockhaus Enzyklopädie in 30 Bänden, 21. Aufl. 2006, Bd. 11, S. 312

Synonyme

Erste brauchbare Ergebnisse finden sich auch mithilfe von **Online-Suchmasken** der sogenannten „Erweiterten Suche" einer Bibliothek (→ Kapitel 4.3). Häufig erhält man andere und bessere Ergebnisse bei der Recherche, wenn bestimmte Begriffe ersetzt werden: Statt des Begriffes „Geburt" bei der Themenstellung „Geburt des Universums" sollte man den Begriff „Entstehung" verwenden. Daher ist es sinnvoll, sich anfangs möglichst viele Suchbegriffe und Synonyme zu notieren.

Als **weitere Informationsquellen** stehen Bücher und Zeitschriften in Bibliotheken, das Internet, TV-Sendungen, Umfragen und Interviews zur Verfügung.

4.2 Ordnungssysteme für Informationsquellen

Sinn von Ordnungssystemen

Auch wenn es anfangs nach mehr Arbeit aussieht: Ohne ein gewisses Ordnungssystem für die Rechercheergebnisse verliert man schnell die Übersicht über Begriffe, Inhalte und den Fundort von Informationen. Um den Überblick zu behalten, sollte man sich schon zu Beginn der Recherche ein **Ordnungssystem** anlegen. Am Ende ist man dankbar für den schnellen Informationszugriff beim Erstellen der Bibliografie oder des Quellennachweises. Ordnungssysteme lassen sich elektronisch (am PC) und manuell erstellen. Beide Systeme sind gut miteinander zu kombinieren (→ Übung B).

Manuelle Ordnungssysteme

Zeitungsartikel und **Kopien** aus Büchern oder Lexika lassen sich in einem sogenannten Stehordner sammeln. Zu besseren Übersicht verwendet man Registerblätter oder Legemappen, die thematisch beschriftet sind. Das erleichtert den schnellen Zugriff und erhöht die Übersichtlichkeit.

Ordnungssystem in der Vorbereitungszeit

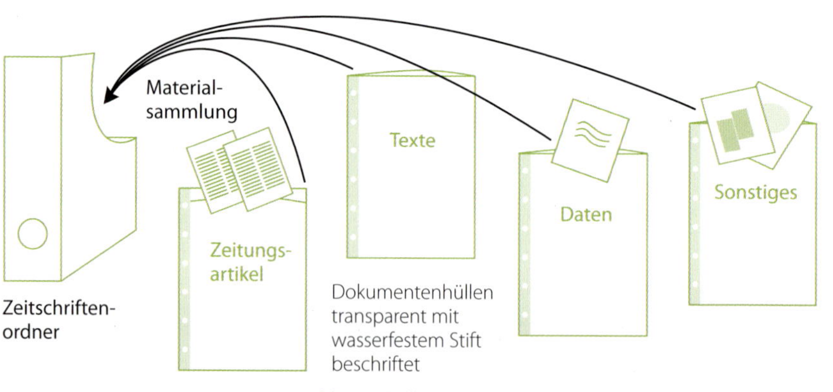

Abb. 33: Ordnungssysteme. Aus: Barsch-Gollnau, Signune u. a.: Selbstständig Arbeiten – überzeugend präsentieren. Bamberg, 2007, S. 24

Auch Aussortiertes sollte nicht gleich weggeworfen werden – vielleicht wird es später doch noch benötigt. Dazu legt man einen zweiten Sammelordner an, den Papierkorb, der erst nach Abgabe der Arbeit geleert werden sollte.

Ordnungssysteme am PC

Viele Informationen (Texte, Darstellungen) erhält man aus dem Internet, sie liegen also nicht als Druckobjekte vor. Diese Dokumente oder schon bearbeitete Teile werden am besten in einem **elektronischen Ordnungssystem** am Computer abgelegt. Mittels verschiedener **Unterordner** verliert man die Übersicht nicht.

Beispiel für ein elektronisches Ordnungssystem

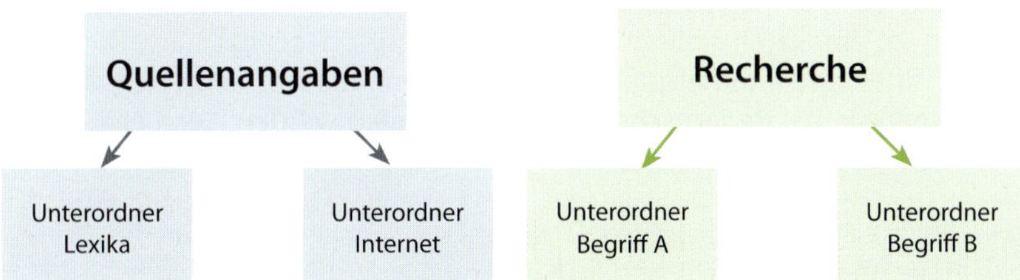

Abb. 34: Elektronisches Ordnungssystem. Eigene Darstellung

Gleichzeitig können die Ordner in Zehner- oder Hunderterschritten durchnummeriert werden, um eine flexible und erweiterbare Übersicht zu erhalten.

Beispiel für ein flexibles Ordnungssystem am PC

Hauptordner	Unterordner
100 Recherche	110 Begriff A 120 Begriff B 121 Begriff B Meyers Lexikon 122 Begriff B Wikipedia 130 Suchbegriffe/Synonyme
200 Einleitung	210 Gedanken 220 Grobfassung
300 Hauptteil	310 Grobgliederung 320 Fassung 1
400 Bibliografie	410 Bücher 420 Zeitschriften 430 Internet
500 Inhaltsverzeichnis	510 1. Version 520 2. Version
600 Papierkorb	

Abb. 35: Flexibles Ordnungssystem. Eigene Darstellung

Mit diesem System ist jeder Teil der Arbeit jederzeit zugänglich, können einzelne Fassungen verglichen und Teile wiederhergestellt sowie neue Ordner mit anderen Inhalten an allen Stellen platziert werden.

Wichtige Angaben im Ordnungssystem

Der Ordner **Recherche** dient zum Ablegen wichtiger Inhalte zu Begriffen, wichtiger Zusammenhänge oder Definitionen. Dabei sollten immer die Quellen angegeben werden, damit dort notfalls nachgeschlagen werden kann. Während des Verfassens fallen einem Ideen für die **Einleitung** oder den **Schluss** ein. Damit diese nicht verloren gehen, werden sie sofort im Ordner Einleitung und Schluss abgespeichert. In einem Ordner für den **Hauptteil** können die einzelnen Kapitel oder Fassungen des Hauptteiles abgelegt oder ein Gedankengerüst niedergeschrieben werden. Besonders wichtig ist die Datei **Bibliografie**: Hier müssen – geordnet nach Büchern, Zeitschriften und Internetquellen – alle Quellendaten vermerkt werden. Nur so können sie bei Bedarf schnell wiedergefunden werden; auch erleichtert man sich das Erstellen eines Literatur- und Quellenverzeichnisses.

Für **Bücher** sollten folgende Informationen gespeichert werden (⟶ Kapitel 2.1.4):	Bei **Quellen aus dem Internet** (⟶ Kapitel 2.1.3):
• Name und Vorname des Autors • Titel des Buches • Erscheinungsjahr und -ort • Verlag • Auflage • Bezugsort, evtl. mit Signatur	• Internetadresse (URL) • Titel der Quelle/Suchbegriff • Autor oder Institution • ggf. Datum der Erstellung • Datum des Zugriffs • Inhalt der Seite

Abb. 36: Bibliografie. *Eigene Darstellung*

Beim **Abspeichern von Internetquellen** sollte beachtet werden, dass der Autor (in diesem Fall der Schüler) bei der Nutzung von Inhalten einer Website für die Richtigkeit und die Verfügbarkeit dieser Inhalte verantwortlich ist. Deshalb ist es wichtig, nicht nur die oben angegebenen Daten, sondern auch die jeweils herangezogenen Inhalte abzuspeichern. Nur so ist die **Quellensicherheit** gewährleistet, wenn Inhalte eines Internetauftritts verändert werden oder eine Seite vom Server genommen wird.

Suchergebnisse aus dem Internet lassen sich auch mit einem Internetprogramm ordnen: Mit einer kommentierten und nach Datum geordneten Linkliste kann man die genutzten Internetseiten speichern.

Zusammenfassung zu den Kapiteln 4.1 und 4.2

Lexikonartikel sind eine gute Möglichkeit, sich einen ersten Überblick über sein Thema zu verschaffen. Hier finden Sie auch erste Literaturangaben.
Um bis zum Ende der Seminararbeit alle Materialien und Einzelinhalte auffinden zu können, sollte ein **Ordnungssystem** (am besten auf dem PC) angelegt werden, in dem alle Materialien wie **verwendete Bücher, Zeitschriften, Internetseiten** etc. gespeichert werden. Nur so kann gewährleistet werden, dass keine Informationen bis zum Abgabetermin verloren gehen.

4.3 Informationen aus Büchern

4.3.1 Ordnungsprinzipien einer Bibliothek

Um an wichtige Fachliteratur heranzukommen, ist es notwendig, sich mit der Funktionsweise einer Bibliothek vertraut zu machen. Es empfiehlt sich, an einer Führung durch die Stadt- oder Universitätsbibliothek teilzunehmen. Die Suchwortkataloge der Bibliotheken sind meist miteinander vernetzt, sodass der Benutzer per Internet die Bestände mehrerer Bibliotheken einsehen kann. Erfolgreich ist die Recherche in Büchern vor allem für fundiertes Basiswissen und didaktisch aufbereitete Einheiten. Aktuelle Informationen findet man eher in Zeitschriften oder im Internet.

In einer Bibliothek wird zwischen **Freihand- und Magazinbereich** unterschieden. Bücher des Freihandapparates können vor Ort gelesen oder ausgeliehen werden. Bücher, die sich im Magazin befinden, müssen vorher bestellt und am darauffolgenden Tag abgeholt werden. Außerdem gibt es im Freihandbereich einen sogenannten **Präsenzbestand**, der zwar im Lesesaal benutzt, aber nicht entliehen werden darf. Die Beschaffung von Literatur in einer Bibliothek scheint auf den ersten Blick komplizierter zu sein als eine Informationsbeschaffung mittels Internet, hat aber viele **Vorteile**.

- Oft ist die **Qualität der Inhalte** höher, da die Informationssicherheit einen wichtigen Parameter für den Markterfolg eines Buches darstellt.
- Der Benutzer arbeitet mit einer **überschaubareren Datenmenge** und findet somit schneller und zielsicherer wichtige Informationen.

Regensburger Verbundklassifikation

Das Ordnungssystem der meisten Bibliotheken folgt der Regensburger Verbundklassifikation (RVK). Dieses System besteht aus 34 Fachsystematiken, die mit Großbuchstaben gekennzeichnet sind. Weitere Buchstaben- und Zahlenkombinationen machen eine Feingliederung möglich. Eine Verschlüsselung ist in allen Bibliotheksbereichen zu finden.

So bezeichnet in der Signatur GN 7658 das G Germanistik, Slavistik, GN Moderne Deutsche Literatur zwischen 1946 und 1990 und zwischen den Zahlenfolgen 7658 bis 7761 finden sich die Autoren mit dem Anfangsbuchstaben L; 7658 ist der Autor Erich Loest.

Diese RVK dient nicht dazu, gezielt ein bestimmtes Buch zu finden, sondern es grenzt **Themengebiete** ab. Wer sich zunächst nicht an die Kataloge setzen will, um Literatur zu suchen, kann sich so schon einmal einen Überblick über das Themengebiet verschaffen. **Wichtige Lexika** zu jedem Themengebiet finden sich immer zu Beginn eines Fachgebietes.

4.3.2 Suche im Katalog (OPAC)

Bücher, die nicht im Freihandbereich stehen, müssen vorbestellt werden. Sollte das gewünschte Buch nicht im Magazin vorrätig sein, so ist es problemlos per Fernleihe, d. h. aus einem weltweiten Bestand, ausleihbar. Man kann sich aber auch von zu Hause aus bequem einen Überblick über einen Themenbereich verschaffen, indem man via Internet die Kataloge der Bibliotheken mit Suchbegriffen füttert. Durch die Umstellung auf das OPAC-System (= Online Public Access Catalogue) gibt es vielseitige Suchmöglichkeiten.

- Öffnen der Recherchemaske. Diese Maske für die sogenannte Standardsuche sieht meist wie folgt aus:

Abb. 37: Suchmaske. Eigene Darstellung

- In das Feld „Alle Felder" können **Schlagworte, Teile eines Titels** oder der **Autorenname** eingegeben werden. Hier erhält man die meisten Treffer mit dem jeweiligen Suchbegriff, allerdings auch wenig differenziert.

Stichwort und Schlagwort

- Größer ist die Trefferquote für relevante bzw. passende Quellen bei der Benutzung des **Schlagwortes**: Hier sucht das System den Begriff nur im Schlagwortkatalog der Bibliothek, in dem der gesamte Bestand nach Fachbereichen sortiert ist. Ein Fachbuch über die Entwicklung der alpinen Gletscher würde z.B. mit den Schlagworten „Gletscher – Alpen – Glazialmorphologie – Klimatische Veränderung" zu finden sein. Wenn ein Teil des Titels bekannt ist, sucht man mit diesem Begriff als **Stichwort**. Das Stichwort muss im Titel vorkommen, sonst kann das System nicht fündig werden (→ Übung C).

- Es kann auch über den **Verfasser** oder den **Titel** – falls bekannt – ein Buch gesucht werden. Mit der [Pfeil nach unten]-Taste können weitere Parameter für die Suche eingestellt werden: Signatur, Verlag, ISBN. Diese Eingaben haben aber nur Sinn, wenn die genannten Daten schon bekannt sind.

- Mit den **Operatoren** „und", „oder" sowie „und nicht" können Kombinationen verschiedener Parameter angewendet werden.

- Wenn ein Stichwort oder ein Autorenname nicht genau bekannt ist, so wird in der Recherche das Stichwort eingegeben, soweit es bekannt ist, und mit einem * ergänzt. Das **Sternchen** fungiert als Platzhalter und sucht alle Begriffe oder Namen, die mit den eingegebenen Buchstaben beginnen oder enden. Beispiel: Mit „Geo*" findet man alle Bücher, die im Katalog unter den Schlagwörtern „Geografie, Geologie, Geometrie, Geomorphologie..." abgespeichert wurden; entsprechendes gilt für „*logie". Wenn man nicht nach einem speziellen Titel sucht, erzielt man mit der Schlagwortsuche die besten Ergebnisse.

Im folgenden Beispiel soll aufgezeigt werden, welche Möglichkeiten der OPAC-Katalog bietet. Am besten wäre allerdings ein Besuch in einer Universitätsbibliothek mit einer Einführung in das Programm OPAC.

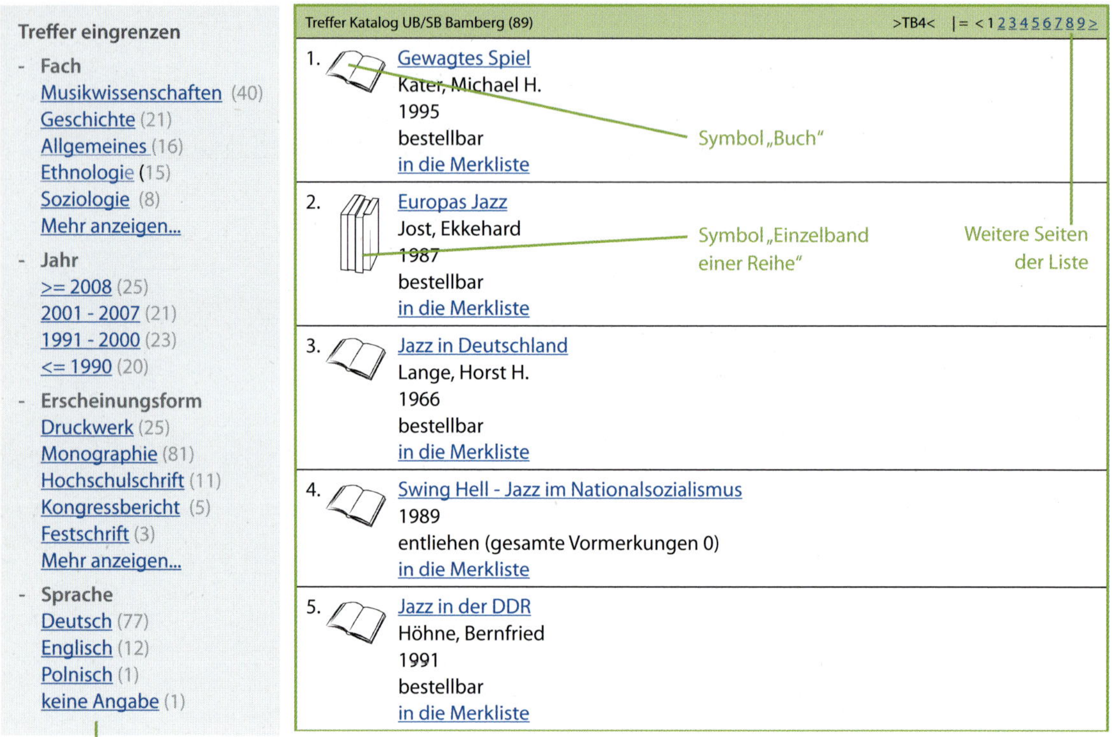

Abb. 38: ***OPAC-Katalog.*** *Eigene Darstellung*

Mit der linke Seitenleiste der Trefferliste können die gefundenen Treffer eingegrenzt werden: Wollen sie nur die neusten Artikel oder Bücher, klicken Sie auf >=2008; sofort erscheinen die 25 Werke, die nach 008 erschienen sind. Ebenso können Sie die Erscheinungsform und Sprache, Verfasser etc. wählen.

Mit den Suchbegriffen „Jazz" und „Deutschland" erhält man beispielsweise die voran stehende Trefferliste. Hier sind schon wichtige Informationen auf einen Blick erkennbar: Titel und Autoren, Jahr der Veröffentlichung, Status bestellbar/ausleihbar/vormerken u. ä. Mit einem Klick auf „in die Merkliste" werden diese Angaben einfach in Ihre persönliche Merkliste übertragen. Am Ende der Literatursuche können Sie alle ausgesuchten Titel aufrufen und sie auf ihre Eignung und Relevanz zum gestellten Thema überprüfen.

Immer häufiger befindet sich auch das Symbol @ in der Auswahl des Trefferfensters.

Das Radio
Hagen, Wolfgang
2005
bestellbar
in die Merkliste

Dieses Symbol bedeutet, dass dieses Werk als Online-Ressource vorliegt: Sie können dieses Buch von zu Hause aus einfach herunterladen – die Rechte dafür hat die Universität erworben. Manche Online-Ressourcen können nicht am häuslichen PC herunter geladen werden, sondern nur in der Universitätsbibliothek. Dann lässt sich der Gang zur Bibliothek nicht vermeiden, doch kann der auf einem Speichermedium gespeicherte Inhalt dann auch zu Hause genutzt werden.

Das Radio
zur Geschichte und Theorie des Hörfunks - Deutschland/USA

Volltext
Inhalts-verzeichnis
Beschreibung

Verfasser/-in: Hagen, Wolfgang
Verlagsort,Verlag, Jahr: München, Fink, 2005
Umfang: XXIII, 393 S.
Schlagwort: Deutschland ; Hörfunk ; USA ; Geschichte
ISBN: 3-7705-4025-5

Google Preview

bibtip Andere Benutzer fanden auch interessant:

- Böckelmann, Frank: Hörfunk in Deutschland (2006)
- Boelcke, Willi A.: ¬Die Macht des Radios (1977)
- Praxiswissen Radio (2007)
- Widliok, Peter: ¬Der andere Hörfunk (1992)
- Radio-Welten (2006)

mehr …

in der Merkliste

Abb. 39: OPAC. Eigene Darstellung

Mit einem weiteren Klick auf ein gewünschtes Medium erhalten Sie die gesamten bibliografischen Daten (Autor, Titel, Verlag, Verlagsort), ein Inhaltsverzeichnis und eine Beschreibung des Inhaltes, meist den Klappentext des Buches. Mit diesen beiden Funktionen können Sie problemlos und schnell überprüfen, ob dieses Werk für Ihr Seminararbeitsthema relevant ist (→ Kapitel 2.1). Die Erwähnung der Schlagworte verrät die thematische Einbindung des Buches in den OPAC-Katalog, mit der ISBN (Internationale Standardbuchnummer) kann dieses Medium weltweit nur mithilfe dieser Nummer bestellt werden. Der Klick auf den Volltext-Button lädt die Datei kostenfrei auf Ihren PC. Unter dem „bibtip" finden Sie weitere Vorschläge von Nutzern des aufgerufenen Mediums.

Exemplare | Das möchte ich haben! | Mehr zum Titel

Signatur	Status Fußnoten	Standort	Mediennummer	QR-Code
61/AP 39010 LI 33196	bestellbar	ERBA / Freihandelsbestand	01310565007 Wegweiser	

Abb. 40: OPAC. Eigene Darstellung

Unter dem sogenannten **Single-Hit** befinden sich die Angaben für eine Bestellung bei der jeweiligen Universitätsbibliothek. In unserem Beispiel ist der Titel bestellbar (→ anklicken) oder in der Teilbibliothek „ERBA" unter der Signatur 61/AP 39010 LI 33196 im Freihandelsbestand erhältlich. Mit dem QR-Code können Informationen zu diesem Werk auf andere digitale Medien geladen werden.

4.3.3 Bibliografie

Oft findet man am Ende von Büchern oder Zeitschriften eine **Bibliografie**. Dies ist nicht nur eine Übersicht der verwendeten Literatur (Literaturverzeichnis), sondern eine Gesamtübersicht der Literatur zu einem Thema. Bibliografien sind wichtige Instrumente der wissenschaftlichen Arbeit, da hier (fast) die **gesamte Literatur eines Fachbereiches** zusammengestellt ist. Die Systematik kann unterschiedlich sein, entweder alphabetisch nach Autoren, chronologisch oder der (subjektiven) Wertigkeit nach. Eine Grundform der Bibliografie stellen die Bibliothekskataloge dar. Bibliografien eignen sich besonders, um einen Überblick über die Thematik zu erhalten (→ Kapitel 2.3.2). Die Deutsche Nationalbibliothek erstellt seit 1913 die Deutsche Nationalbibliografie, in der auch alle Publikationen der BRD erfasst und katalogisiert sind. Diese Nationalbibliografie ist auch online erreichbar.

Zusammenfassung zu Kapitel 4.3

Mit dem **OPAC-System** können problemlos von zu Hause aus Bücher aus Universitätsbibliotheken bestellt und ausgeliehen werden; manche können sogar auf den heimischen PC heruntergeladen werden. Auch als **Literatursuchmaschine** eignet sich das OPAC-System. Um Literatur in einer Bibliothek zielsicher suchen zu können, bedarf es einer Bibliotheksführung.

Kriterienkatalog für die Recherchearbeit:

1. **Standardwerke:** Berücksichtigung von fachspezifischen Standardwerken (→ Kapitel 4.3.1) Vor allem für Grundlageninformationen und die Fachterminologie ist das Nachschlagen in Standardwerken unerlässlich. Auch gelten diese Werke als anerkanntes „Expertenwissen".
2. **Medienvielfalt:** Das Benutzen unterschiedlicher Medien (Printmedien, elektronische Medien etc.) sorgt für eine erweiterte Darstellungsweise. Filmsequenzen o. ä. bieten andere Zugangsmöglichkeiten für das Verständnis als Worte oder Bilder. Auch in Bezug auf die Aktualität und die Informationsdichte gibt es Unterschiede zwischen den verschiedenen Informationsmöglichkeiten (→ Punkte 3 und 4).

3. **Informationstiefe/Informationsbreite:** Fachbücher oder ausführliche Web-Artikel besitzen in der Regel eine hohe Informationsdichte und -tiefe, d. h. die thematische Aufbereitung ist detailliert und kleinschrittig. Lexikonartikel besitzen meist eine starke Informationsbreite; damit ist gemeint, dass viele unterschiedliche Aspekte der Thematik/des Stichwortes kurz dargelegt werden. Deswegen eignen sich Lexika besonders gut, um einen Überblick zu erhalten.
4. **Aktualität:** Zeitungs-, Zeitschriften- und Internetartikel besitzen meist die höchste Aktualität; in Büchern sind Daten i. d. R. mindestens ein halbes Jahr alt.
5. **Informationssicherheit:** Als Autor muss man für die Richtigkeit von Daten, Fakten, Quellen etc. sorgen. Ein Überprüfen aller Daten muss selbstverständlich sein.

4.4 Recherche im Internet

Arbeitsweise von Suchmaschinen

Informationen im Internet zu suchen bedeutet, sich mittels **Suchmaschinen** in Server einzuloggen, auf welchen Internetseiten gespeichert sind. Suchmaschinen arbeiten allerdings rein formal: Findet sich ein Suchbegriff auf einer Internetseite, so taucht diese Seite in der Übersicht der Suchergebnisse auf. Die Informationstiefe spielt dabei keine Rolle. Ist ein Begriff innerhalb eines Textes rein metaphorisch gebraucht, so wird die Seite ebenfalls von der Suchmaschine als Suchergebnis aufgelistet, obwohl die Information wertlos ist. Über das Ranking entscheiden nur die Zugriffszahlen der Nutzer. Diese Zugriffszahlen sagen aber wiederum wenig über die Brauchbarkeit einer Internetseite aus. Schnelle und systematische Suche sieht anders aus. Besser geeignet ist eine Recherche, mit der man mittels genauerer Auswahlkriterien gleichzeitig weniger, dafür aber brauchbare Treffer erhält.

4.4.1 Recherche mit Standardsuchmaschinen

Einsatz von Operatoren

Wer mit Internet-Standardsuchmaschinen recherchiert, sollte folgende Regeln beachten:

- **Suchbegriffe** sollten genau überlegt sein. Oft ist die Verwendung von Synonymen hilfreich. Je präziser die Begriffe, desto erfolgreicher die Suche!
- **Kombinierte Suche:** Mit der Eingabe zweier Suchbegriffe und der Verwendung der meist vorgegebenen Operatoren „and“ (beide Begriffe müssen im Dokument vorkommen) und „or“ (einer der beiden Begriffe muss vorkommen) kann die Suche verfeinert werden.

- Feststehende Phrasen oder Zitate sollten in **Anführungszeichen** gesetzt werden. Nur so wird nach der gesamten Phrase gesucht.
- Optimierung der Recherche mit der **„Erweiterten Suche"**. Über die Funktionsweise wird man mit dem „Hilfe"-Button informiert.
- Es empfiehlt sich, nur die **ersten Seiten** der Trefferliste zu öffnen. Meist bieten diese die besten Informationen.
- Die relevanten Seiten sollten herausgesucht und im **Ordnungssystem** gespeichert werden (→ Kapitel 4.2). Die Auswertung kann später in aller Ruhe erfolgen.
- Mit der Eingabe „Linkliste + THEMA" (THEMA dient hier als Platzhalter für einen Suchbegriff) findet man Internetseiten zu **speziellen Themen**.

Sind die Artikel aufgerufener Seiten zu umfangreich, können die Schlagworte mit dem gleichzeitigen Drücken von „Strg" und „F" innerhalb des Textes markiert werden. Mit der Enter-Taste wird der Begriff im weiteren Verlauf gesucht.

4.4.2 Recherche mit speziellen Suchmaschinen

Cluster-Suchmaschinen

Eine Alternative zu den Standardsuchmaschinen oder den Linklisten stellen die **Cluster-Suchmaschinen** dar. Sie arbeiten nicht mit Schlagworten, sondern suchen übergeordnete Begriffe im Netz. In den gefundenen Seiten kommt der Suchbegriff dadurch nicht zufällig vor, sondern ist - wie im Katalog einer Bibliothek – ein Schlagwort. Für alle Schlagworte finden sich wiederum Unterverzeichnisse, sodass sich ein Cluster ergibt. Diese Unterverzeichnisse müssen entweder separat angeklickt oder als Schlagwort eingegeben werden. Dadurch kann der Nutzer einen Überblick über die Thematik erhalten. Diese Form der Suche ist geringfügig aufwändiger, die Trefferquote und die Informationstiefe sind allerdings höher (→ Übung E und G).

Überblick über Themenfelder

Es existiert eine Vielzahl von **thematischen Suchmaschinen** für fast alle Themenfelder. Manche Schulen besitzen ein **Abonnement eines E-Papers** einer Tageszeitung. Hierfür sollte man sich bei der zuständigen Lehrkraft erkundigen. Alle namhaften Zeitungen und Zeitschriften besitzen eine **Archivseite** mit länger zurückliegenden Artikeln. Zeitungen und Zeitschriften haben den Vorteil, dass sie – oft eher als Bücher – aktuelle Informationen enthalten. Lohnend sind auch **Internetauftritte von Wissenschaftsseiten**. Auch die Archive und Internetauftritte von **Interessenverbänden, Parteien und Institutionen** sind häufig einen Besuch wert. Statistische Daten erhält man kostenfrei über den Internetauftritt des **Statistischen Bundesamtes**, (urheberfreie) literarische Werke kann man sich kostenlos beim **Gutenberg-Projekt** herunterladen. **Fachlexika** sind im Internet ebenfalls zu finden.

Erfolge erzielt man auch mit Linklisten der Universitäten. Diese Seiten sind in der Regel aktuell und die Artikel fast immer von guter wissenschaftlicher Qualität. Man findet diese Linklisten meist über die Fachbereiche der Universitäten.

4.4.3 Beurteilung von Internetseiten

Glaubwürdigkeit von Internetquellen

Da es jedem Menschen erlaubt ist, Informationen im Internet zu veröffentlichen, ist es bei der Internetrecherche besonders wichtig, die **Richtigkeit der Inhalte** zu überprüfen. Bei Buchveröffentlichungen werden die Inhalte vom Autor und dem zuständigen Lektorat im Verlag überprüft. Auch wollen Verlag und Autor mit dem Verkauf des Buches Geld verdienen – erkennbare inhaltliche Mängel wären dafür hinderlich. Internetinformationen sind in der Regel kostenfrei und verfügen meist über keine Kontrollinstanz – deswegen müssen Internetquellen besonders auf ihre Glaubwürdigkeit hin überprüft werden (→ Übung F). Mit folgenden Fragen kann die Seriosität von Internetquellen getestet werden:

Kriterien zur Beurteilung von Internetquellen

1. Wer hat die Informationen ins Netz gestellt (**Impressum**)? Ist der Name des Autors genannt? Ist es die Seite einer (bekannten) Institution, z. B. Universität, Verein, Organisation? Diese Seiten können meist ohne größere Bedenken als zuverlässig eingestuft werden. Viele Wissenschaftler veröffentlichen ihre Artikel mittlerweile gleichzeitig oder alleinig im Internet. Seiten von Privatpersonen sind dagegen besonders kritisch zu beurteilen. Mit einem Klick auf das Menü „Wir über uns" o. ä. lassen sich Informationen über die Autorenschaft abrufen.
2. Welche **Qualifikation** besitzt der Autor?
3. Wie **aktuell** sind die Informationen? Wird die Seite regelmäßig auf den neuesten Stand gebracht (Datum der letzten Aktualisierung)?
4. Was ist der **Zweck** des Internetauftritts? Soll er informieren, überzeugen oder nur Inhalte darlegen? Oder dient die Seite nur als Werbeportal?
5. Sind auf der Seite **Quellenangaben** notiert? Nur so können Inhalte auf ihre Richtigkeit überprüft werden.
6. Gibt es eine **E-Mail-Adresse** o. ä., um Kontakt mit den Betreibern der Seite aufzunehmen? Damit kann man die Verantwortlichen auf Fehler aufmerksam machen.
7. Ist die Seite **professionell** gestaltet? Professionelle Seiten, bei denen Inhalte im Vordergrund stehen, kommen meist ohne Werbung, „schreiende" Popups etc. aus.
8. **Formalsprachliche Richtigkeit** ist ein weiterer Indikator für die Qualität einer Internetseite. Wird ein gehobenes Sprachniveau mit Fachbegriffen verwendet oder handelt es sich um Umgangssprache?

Internetlexika als Quelle

Internetlexika sollten generell nicht als Quellenangaben herangezogen werden. Da Autoren nur bedingt Fachwissenschaftler bezüglich der von ihnen verfassten Artikel sind, sind – abgesehen vom Überblickswissen – die Inhalte dieser Artikel fachwissenschaftlich gesehen nur bedingt brauchbar. Ein Vergleich von Definitionen aus Fachlexika und allgemeinen Lexika zeigt deutlich, warum man sich bei Definitionen nur auf fachspezifische Lexika verlassen sollte. Denn viele Artikel aus Internetlexika lassen wissenschaftlichen Tiefgang vermissen. Natürlich stellt das Internet ein gleichwertiges Wissensmedium wie gedruckte Medien dar. Allerdings muss für die Sicherung der Qualität ein höherer Aufwand durch den Nutzer betrieben werden (→ Übung H)!

Zusammenfassung zu Kapitel 4.4

Bei der Internetrecherche hat man qualitativ höhere Trefferquoten bei der Verwendung von mehreren Suchbegriffen unter Verwendung geeigneter **Operatoren** („or", „and", etc.) oder mit der **„Erweiterten Suche"**. Mithilfe von **Linklisten**, **Meta-Suchmaschinen** oder **Cluster-Suchmaschinen** lässt sich die Suche nach geeigneter Literatur deutlich auf geeignete Texte fokussieren. Diese Suche ist zwar aufwändiger, die vorgeschlagenen Seiten sind aber meist ergiebiger. Daher müssen Internetseiten unbedingt auf ihre Eignung für die Recherchearbeit nach bestimmten Kriterien überprüft werden (→ Kriterien zur Beurteilung von Internetquellen, S. 101).

4.5 Archivarbeit und Expertenbefragung

Archive und Museen

Archive sind Institutionen, die Unterlagen, Karten, Schriftstücke, Pläne, Bilder und Filme sichten, bewerten und sicher aufbewahren. Inzwischen werden viele Archivstücke auch elektronisch erfasst und archiviert. Damit macht man **wichtige Dokumente und Kulturgüter** Wissenschaftlern und Interessierten zugänglich. Ein Museum kann man als ein öffentlich zugängliches Archiv auffassen, das einen Teil seines Archivgutes ausstellt. Denn in Museen existiert in den Magazinen eine Vielzahl von nicht ausgestellten Exponaten.

Auf der Homepage der „geschichtswissenschaftlichen Informationsangebote im Internet" („historicum") existiert unter der Rubrik „Recherche" ein Leitfaden zum Gebrauch von Archiven. Auf der Website der Archivschule Marburg können Archive im Internet gesucht und genutzt werden. Auch bekannte Suchmaschinenbetreiber stellen Archive zur Verfügung. Je nach Thematik sollten lokale Museen (Stadtmuseum, Historische Museen etc.) und Archive (Stadtarchiv) genutzt werden. Hier finden sich Informationen aus erster Hand und Experten, die als Interviewpartner bereitstehen könnten.

Expertenbefragung, Interview, Umfrage und Besuch externer Partner

Wichtige Informationen können auch Betriebe, Universitäten, Forschungseinrichtungen und andere Institutionen liefern. Dazu ist es häufig sinnvoll, diese Einrichtungen zu besuchen, was auch für Archive und Museen gilt, da dort **Experten** zu finden sind, die über verlässliches Spezialwissen verfügen, das für die Seminararbeit wertvoll sein kann. Experten können je nach Thema Wissenschaftler, Amtsträger, Politiker, Beamte, Unternehmer, Zeitzeugen, Betroffene von Krankheiten etc. sein. Bei **Interviews** unterscheidet man zwischen der qualitativen und der quantitativen Methode.

Standardisierte Umfrage

Bei der **quantitativen Methode** werden mehrere Interviewpartner einer größeren und möglichst repräsentativen Zufallsstichprobe mithilfe eines standardisierten Fragebogens unter möglichst gleichen Bedingungen interviewt und kann als Umfrage bezeichnet werden. Dadurch erhält man genauere und verifizierbare Ergebnisse, die statistisch auswertbar und objektiver sind als die nur eines Interviews. Ein Nachteil besteht darin, dass durch die vorgegebenen Fragen der Erkenntnisgewinn enger als bei einem offen geführten Interview sein kann.

Individuelles Interview

Bei der **qualitativen Methode** wird ein Gesprächspartner individuell interviewt. Eine solche Expertenbefragung bietet den Vorteil, dass bei Unklarheiten nachgefragt werden kann, komplexe Sachverhalte, wie z. B. technische Abläufe, beobachtet werden können und dadurch verständlicher werden (→ Kapitel 7.3). Auch können eigene, vorläufige Erkenntnisse diskutiert, erweitert und gegebenenfalls modifiziert werden. Damit der Besuch eines Betriebes oder einer anderen Institution ertragreich verläuft, muss dieser vorbereitet werden. Dies gilt sowohl für die Organisation des Besuchs als auch für die Vorbereitung und Durchführung des Gesprächs mit dem Experten.

Planung

Der Besuch muss rechtzeitig mit der Institution geplant werden (→ Checkliste), d. h. es werden ein Termin, die Dauer des Besuchs und ein Treffpunkt vereinbart, rechtliche Fragen wie Aufnahmeerlaubnis und Sicherheitsvorschriften geklärt und der inhaltliche Schwerpunkt abgesprochen.

Checkliste: Organisation des Besuchs einer Institution

Ausfindig machen eines geeigneten Experten	Homepage, Veröffentlichungen, Nachfragen bei der Institution oder der Lehrkraft
Soll Sie eine weitere Person zur Unterstützung begleiten?	
Lehrkraft informieren	
Termin, Dauer und Treffpunkt für das Gespräch klären	
Art der Anreise	
Themenschwerpunkt mit Experten abstimmen	
Sind die Fragen vorher dem Experten zuzusenden?	
Gelten bestimmte Sicherheitsvorschriften?	
Art der Dokumentation festlegen, gegebenenfalls Erlaubnis einholen und Geräte überprüfen	Protokoll, Audio- oder Videoaufnahme
Auf angemessene Kleidung achten	nicht zu salopp

Abb. 41: Checkliste. *Eigene Darstellung*

Inhaltliche Vor- und Nachbereitung

Zur inhaltlichen Vorbereitung gehört, sich genau zu überlegen, zu welchem Aspekt der Seminararbeit das Hinzuziehen eines Experten nützlich erscheint, schließlich ist dieses Unterfangen mit einem erheblichen Zeitaufwand verbunden. Weiterhin ist es notwendig, bereits über ordentliche Vorkenntnisse zu dem geplanten Gesprächs- oder Beobachtungsgegenstand zu verfügen, um qualifiziert Fragen stellen und die Antworten verarbeiten zu können bzw. sinnvolle Nachfragen zu stellen. Die Fragen werden folglich im Vorfeld differenziert vorbereitet und die Antworten entweder mitnotiert oder per Audio- oder Videoaufnahme festgehalten. Während die Ergebnisse aus Expertenbefragungen zu naturwissenschaftlichen Themen meist wenig Auslegungsspielraum bieten, kann bei Gesprächen über gesellschaftswissenschaftliche Themen oder mit Zeitzeugen die Bandbreite der Ansichten größer sein, so dass die Erkenntnisse abgesichert werden sollten, indem sie in Bezug zu Lehrmeinungen und anderen wissenschaftlichen Einschätzungen gesetzt werden. Um die Befragung für die Seminararbeit nutzen zu können, muss das Gespräch transkribiert – d. h. verschriftlicht – und gegebenenfalls zusammen mit dem Ton- bzw. Videoträger dem Anhang beigefügt werden. Dann kann aus dem Gespräch direkt oder indirekt zitiert werden (→ Übung I).

Checkliste: Vorbereitung Expertenbefragung/Umfrage

<table>
<tr><td colspan="2">Eingrenzung des Themas für die Befragung und Ziele/Erwartungen formulieren</td></tr>
<tr><td colspan="2">Klärung der Art der Befragung (Wissen/Fakten oder Meinungen/Einstellungen)</td></tr>
<tr><td>Festlegung auf qualitative oder</td><td>quantitative Methode</td></tr>
<tr><td>Fragen genau vorbereiten und thematisch gliedern
- Fragen klar, verständlich und präzise formulieren
- Offene Fragen verwenden (keine ja/nein-Antworten)
- Fragen positiv formulieren
- Mögliche Nachfragen überlegen
- Keine Suggestivfragen
- Bei Fragen an Betroffene, mögliche Gefühle berücksichtigen
- Bei Meinungsfragen, Einstellung des Experten abschätzen und evtl. Gegenargumente überlegen</td><td>Fragebogen erstellen
- Fragen klar, verständlich und präzise formulieren
- Fragen thematisch sinnvoll anordnen
- Offene Fragen, die aber nicht zu weit formuliert sind, verwenden; so bleiben die Antworten überschaubar
- Fragen positiv formulieren
- Keine doppelte Verneinung
- Keine Suggestivfragen
- Antworten können auch vorgegeben und zum Ankreuzen sein</td></tr>
<tr><td colspan="2">Gesprächsverlauf planen (Reihenfolge der Fragen, Nachfragen, Darstellung eigener Meinungen zur Diskussion)</td></tr>
<tr><td colspan="2">Fragen vor dem Termin vergegenwärtigen, um Sicherheit zu erlangen und um die Fragen nicht Wort für Wort ablesen zu müssen</td></tr>
</table>

Checkliste: Durchführung der Expertenbefragung/Interviews

Pünktliches Erscheinen, bei Verspätung den Experten benachrichtigen
Auf ein höfliches, freundliches, verbindliches Auftreten und Blickkontakt achten
Eröffnung des Gesprächs - Kurze Vorstellung der eigenen Person und evtl. der Begleitpersonen - Formulierung der Erwartungen an das Gespräch - Dank an den Experten dafür, dass er sich Zeit nimmt - Bitte an den Experten, sich selbst kurz vorzustellen - Herstellen einer angenehmen Gesprächsatmosphäre
Durchführung des vorbereiteten Interviews und Festhalten der Antworten
Bei Unklarheiten nachfragen
Dem Interviewpartner Zeit zum Überlegen lassen
Flexibel bleiben und gegebenenfalls Fragen umstellen, wenn ein Themenkomplex dem Experten besonders wichtig bzw. unangenehm ist
Auf ein neutrales Verhalten achten und Wertungen vermeiden
Heikle Themen erst am Ende stellen
Abschluss des Interviews mit Verabschiedung und Dank an den Gesprächspartner

Abb. 42: Checklisten. *Eigene Darstellung*

Zusammenfassung zu Kapitel 4.5

Die Befragung von Experten kann wichtige Informationen liefern. Dazu muss sie **inhaltlich und organisatorisch gut vorbereitet** sein und anschließend nachbereitet werden. Um zu statistisch relativ belastbaren Ergebnissen zu gelangen, bieten sich **standardisierte Interviews** bzw. Umfragen an.

Training zu Kapitel 4

Übung zu Kap. 4.1 **A** Lesen sie in einem **(Internet-)Lexikon** einen Artikel zum Stichwort „Glazialmorphologie" und erarbeiten Sie mithilfe einer kurzen Gliederung einen Überblick über die Thematik.

Übung zu Kap. 4.2 **B** Legen Sie ein praktikables **Ordnungssystem** für die Literaturrecherche zu ihrem Seminarthema an.

Übung zu Kap. 4.3 **C** Suchen Sie mittels **OPAC** Bücher zu einem selbst gewählten Thema zunächst mit der Stichwortsuche, dann mit der Schlagwortsuche. Wodurch unterscheiden sich die Trefferlisten?

Übung zu Kap. 4.4 **D** Vergleichen Sie den Informationsgehalt des Artikels „Novelle" in einem allgemeinen **Lexikon** mit dem im Sachwörterbuch der Literatur von Gero von Wilpert.

Übung zu Kap. 4.4 **E** Geben Sie den Begriff „Glazialmorphologie" in eine **Standardsuchmaschine** und in eine **Cluster- oder Metasuchmaschine** ein. Bei welcher Suche erhalten Sie die qualitativ besseren Treffer? Welche Suche ist aufwändiger?

Übung zu Kap. 4.4 **F** Versuchen Sie die Qualifikation des Autors aus einer der **Internetseiten** aus Übung E herauszufinden. Beurteilen Sie anhand des Kriterienkatalogs diese Internetseite.

Übung zu Kap. 4.4 **G** Suchen Sie in Zeitungsarchiven und Cluster-Suchmaschinen **Statistiken und Bilder** zur Thematik des Gletscherrückzugs aufgrund des Treibhauseffektes heraus, die die Problematik verdeutlichen. Achten Sie dabei auf die Aktualität der Daten.

H Erläutern Sie die **Problematik**, die in folgender Abbildung dargestellt ist: Übung zu Kap. 4.4

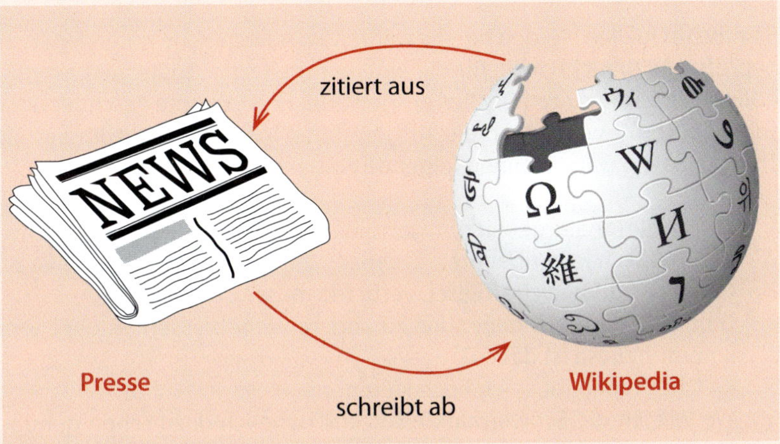

Abb. 43: Presse und Wikipedia. Eigene Darstellung

I In Ihrem Kurs gibt es bestimmt Schülerinnen und Schüler, die gewissermaßen Experten in einem bestimmten Bereich sind. Mit diesen Experten sollen Sie nun ein **Interview** zu deren speziellem Wissen durchführen. Dies können zum Beispiel Kenntnisse im Bereich des Sports (Ausübung eines Sports in höherklassigen Ligen, Teilnahme an Meisterschaften, Leistungssport, Trainingsmethoden), Kenntnisse durch soziales Engagement (in Jugendgruppen, in der freiwilligen Feuerwehr), Kenntnisse im musikalischen Bereich (in Orchestern, Bands), technisches Know-how (programmieren, experimentieren und entwickeln, z. B. im Rahmen von „Jugend forscht") oder Kenntnisse durch ein Hobby sein. Entweder interviewen Sie sich nun gegenseitig oder Sie bilden Gruppen, die jeweils einen Experten befragen. Arbeiten Sie dazu die Checkliste „Organisation" ab und fertigen Sie mithilfe der Checkliste „Vorbereitung Expertenbefragung/Umfrage" einen Fragenkatalog an. Fassen Sie nach dem Interview die Ergebnisse zusammen und diskutieren Sie Ihre Erfahrungen im Kurs. Übung zu Kap. 4.5

5 Von der Information zur Argumentation

5.1 Reflexion der Arbeitsergebnisse

Überprüfung des eigenen Wissens

Sämtliche Quellen werden bereits während der Recherche unter dem Aspekt geprüft, wie brauchbar sie für die eigene Arbeit sind. Spätestens, wenn alle nötigen bzw. relevanten Quellen ausgewertet und Exzerpte geschrieben sind, sollte überprüft werden, ob die ausgewählten Inhalte genau zum gestellten Thema passen. Dabei können folgende **Fragestellungen** wichtig sein:

1. Passen die Inhalte genau zum gestellten Thema (Terminologie beachten)?
2. Was weiß ich jetzt über mein Thema?
3. Gibt es noch Bereiche, die ich vertiefen muss?
4. Gibt es Stellen, bei denen ich zu anderen Ergebnissen als die Literatur komme? Wieso ist das so?
5. Welche Fragen muss ich noch klären?
6. Wo will ich die Schwerpunkte setzen? Habe ich dazu schon genügend Material?

Auch kann es hilfreich sein, sich in diesem Stadium den allgemeinen Lexikonartikel durchzulesen, den man ganz zu Beginn vielleicht zurate gezogen hat. Jetzt müsste man beim Lesen an einigen Stellen Fragen beantworten oder selbst einige Aspekte ergänzen können.

5.2 Erstellen einer ersten Gliederung

Stellenwert der Gliederung

Müssen keine grundlegenden Fragen mehr geklärt werden, kann man mit einer vorläufigen Gliederung beginnen. Mit der Gliederung der wissenschaftlichen Arbeit beginnt der Übergang von der Materialsammlung und der Erarbeitung zum Darstellen der Ergebnisse. Die Gliederung ist ein wesentliches Element der wissenschaftlichen Arbeit: Sie soll die Struktur der Arbeit und den logischen Ablauf der Argumentation klar und übersichtlich abbilden. Die Erkenntnisse müssen so dargestellt werden, dass der Leser sie gut nachvollziehen kann. Bei einer ersten Gliederung handelt es sich keineswegs um eine Grobgliederung; je feiner zu Beginn gegliedert wird, desto leichter tut man sich meist später beim Schreiben. Die erste Gliederung muss sich nicht genau mit der Endgliederung – dem Inhaltsverzeichnis – decken, sie kann für Entwicklungen im Arbeitsprozess offen bleiben. Ein roter Faden und ein schlüssiger Aufbau der Arbeit sollten allerdings schon deutlich werden: Wie soll der Leser durch die Thematik geführt werden? Wie wird er eingeführt? Wo liegen die Schwerpunkte? Hierbei hilft das Verfassen eines Exposés (→ Kapitel 5.3). Eine Gliederung sollte schlüssig und aussagekräftig sein; hierbei ist zu beachten, dass die Unterbegriffe zu den jeweiligen Oberbegriffen passen. Als Hilfestellung können Haftnotizen dienen: Jeder

Gliederungspunkt wird auf einen Zettel geschrieben. Dann müssen alle Zettel in die passende Reihenfolge gebracht werden. Umstellungen sind nun visuell leichter vorzunehmen und auch rückgängig zu machen. Wenn verschiedene Gliederungen am PC erstellt werden, so sollte das jeweilige Datum angegeben werden.

Gliederungsstile

Es gibt eine ganze Reihe von **Gliederungsmöglichkeiten**; mögliche Formen sind etwa:

- die **chronologische** Gliederung (nach dem zeitlichen Ablauf eines Geschehens),
- die Gliederung nach **Ursache und Wirkung** (oder umgekehrt: beginnend mit der Wirkung die Ursache zu analysieren),
- die Gliederung **vom Allgemeinen** (Bekannten) hin **zum Besonderen**,
- die **vergleichende** oder **gegenüberstellende** (diskursive) Gliederung,
- die **induktive** Gliederung (vom Beweis oder Beispiel zur Theorie führend) oder
- die **deduktive** Gliederung (umgekehrt von der Theorie zur Anwendung führend).

Auch eine Verbindung verschiedener Gliederungsstile kann sinnvoll sein. So kann eine historische Arbeit chronologische, aber auch vergleichende oder induktive Aspekte haben. Hilfreich ist, sich in mögliche Leser der Arbeit hineinzuversetzen und zu prüfen, ob die Gliederung auch ohne Vorwissen über das behandelte Thema nachvollziehbar und klar ist (→ Übung A).

Zusammenfassung zu den Kapiteln 5.1 und 5.2

Bei der Zusammenstellung und Auswertung der Quellen muss immer wieder überprüft werden, ob diese für das gestellte Thema brauchbar sind. Anschließend wird eine **logische Gliederung** erstellt. Die Gliederung soll den Leser wie ein **roter Faden** durch die Arbeit führen.

5.3 Das Exposé

Wissenschaftliche Arbeiten entstehen nicht spontan, sondern geplant. Das Exposé kann hierbei eine hilfreiche Stütze sein.

Zweck des Exposés

Ein Exposé ist eine schriftliche, knappe, **vorausschauende Beschreibung** der Seminararbeit. Im Rahmen eines Seminarkurses dient diese zum einen der Selbstdisziplinierung. Man wird sich bewusst über den geplanten Inhalt der Arbeit und das konkrete Vorgehen. Zum anderen ermöglicht es der betreuenden Lehrkraft frühzeitig, sich einen Überblick zu verschaffen und den Schüler zielgerichtet zu beraten. Gelegentlich kann das Exposé auch helfen, den Lehrer von einem selbstgewählten Thema zu überzeugen.

Stellenwert im Seminar

Da das Exposé im wissenschaftlichen Betrieb ein **Standardverfahren** darstellt, wird es im Seminar häufig verlangt und bewertet. Ein sinnvoller Zeitpunkt, um es anzufertigen, ist das Ende der Orientierungsphase. Durch das schriftliche Fixieren fallen eventuelle Schwächen auf und können noch korrigiert werden. Dies rechtfertigt auch den zusätzlichen Zeitaufwand, da spätere Umstrukturierungen der Arbeit wesentlich zeitintensiver sind. Außerdem können einzelne Teile des Exposés – wie z. B. die Einleitung oder das methodische Vorgehen – u. U. direkt in die Arbeit übernommen werden.

Inhalte und Aufbau

Abb. 44:* *Inhalte des Exposés.
Eigene Darstellung

Die Ergebnisse der bisherigen Auseinandersetzung mit dem eigenen Thema werden in einem fortlaufenden Text knapp festgehalten. Dazu gehören die Themenfindung (→ Kapitel 3), die Einarbeitung in die (fachspezifische) Methodik (→ Kapitel 2) und in die Thematik, wobei der aktuelle Forschungsstand berücksichtigt wird. Daneben werden die Material- und Quellenlage reflektiert (→ Kapitel 4) und der Zeitplan dargestellt (→ Kapitel 1). Je nach Thema können einzelne Aspekte auch zusammengefasst werden.

Problemstellung

Zunächst wird dargelegt, worin die **Relevanz des Themas** besteht. Wie ist man zu dem Thema gekommen? An welche anderen Themen knüpft es an? So kann z. B. eine interessante Unterrichtseinheit des vergangenen Schuljahrs zur Wahl dieses Seminarkurses und des eigenen Themas geführt haben. Worin liegt das Interessante des Themas? Häufig zieht einen die Beschäftigung mit Themen aus dem Umfeld an, wie z. B. die Auseinandersetzung mit der lokalen Musikszene in einem Seminar zum Fach Musik.

Fragestellung

Anschließend wird erläutert, welche **Fragestellung** im Zentrum der Arbeit stehen soll. Dazu können auch weitere Teilfragen oder Thesen formuliert werden, sodass bereits eine erste Gliederung und ein möglicher Argumentationsgang erkennbar wird. Es gilt, diese Punkte möglichst konkret und realistisch festzulegen, um das anfangs oft zu weit gewählte Themengebiet so einzugrenzen, dass es im Rahmen eines Seminars sinnvoll bearbeitet werden kann (→ Kapitel 3). Auch wenn die Ergebnisse der Arbeit erst am Ende feststehen, sollte hier schon überlegt werden, welche Erkenntnisse die Arbeit liefern könnte oder sollte. So wird das Ziel der Arbeit deutlich und man verliert sich nicht in Nebensächlichkeiten.

Forschungsstand

Im Rahmen eines Seminarkurses soll im Exposé das Thema inhaltlich in einen **übergeordneten Zusammenhang** gebracht werden. Beschäftigt man sich beispielsweise in einem Seminar zur Sozialkunde mit dem Einzelschicksal eines Einwanderers in der eigenen Stadt, so kann hier Bezug auf die übergreifenden Erfolge und Probleme der Integration von Ausländern in jener Stadt genommen werden.

Methoden

Anschließend folgen eine Erläuterung der **gewählten Vorgehensweise** und Methoden, um die angestrebten Ziele zu erreichen. Bei empirischen Arbeiten werden z. B. die geplanten Versuche oder Umfragen vorgestellt. Bei geisteswissenschaftlichen Themen kann auf fachspezifische Methoden und Hilfswissenschaften hingewiesen werden, wie z. B. auf die Numismatik (Münzkunde) bei dem Thema „Der Römerschatz von Regensburg-Kumpfmühl" in einem Lateinseminar „Die Römer in Bayern".

Material- und Quellenzugang

Für diesen Punkt gilt es zu klären, ob und welche **Arbeitsgrundlagen** verfügbar sind. Dazu muss bei empirischen Arbeiten z. B. geprüft werden, ob die Experimente an der Schule oder bei den vorgesehenen Partnern technisch und rechtlich durchführbar sind. Soll eine Umfrage oder ein Interview durchgeführt werden, muss geklärt werden, ob die ausgewählten Personen dazu bereit sind. Bei geisteswissenschaftlichen Themen muss v. a. die Quellenlage geprüft werden (Material- und Quellenzugang → Kapitel 4). Sind die benötigten Texte, Bilder, Filme verfügbar? Wie ist die Quellenlage in den Bibliotheken? Sind relevante Archive und Akten vorhanden und zugänglich? Wie sieht es mit dem Datenschutz aus? Abzuklären ist auch, ob die finanziellen Kosten und der Zeitaufwand bei der Beschaffung noch tragbar sind.

Arbeitsplan

Spätestens, wenn das Exposé erstellt wird, sollte man sich Gedanken darüber machen, bis zu welchen Zeitpunkten man welche Arbeitsschritte erledigt haben möchte. Hier sollte erneut überprüft werden, ob das Vorhaben in der vorgegeben Zeit durchführbar ist. Der **Zeitplan** hilft auch, unnötigen Zeitdruck am Ende der Arbeitsphase zu vermeiden (→ Kapitel 1).

Bibliografie

Schließlich wird noch die zentrale und rezipierte **Literatur** zum eigenen Thema dokumentiert (→ Kapitel 4.3.3). Dadurch erhält die Lehrkraft einen Überblick und kann auf eventuelle Lücken hinweisen.

Formale Kriterien

Schon das Exposé sollte den Kriterien einer schriftlichen wissenschaftlichen Arbeit genügen (→ Kapitel 6). Es sollte über ein Deckblatt mit Angaben zu Autor, Seminarkurs und Thema verfügen. Anschließend kann ein Inhaltsverzeichnis folgen. Der Text ist entsprechend dem Aufbau zu gliedern, mit Überschriften zu versehen und klar und sachlich auszuformulieren. Auch sollte auf eine saubere äußere Form (Layout, Sprachrichtigkeit) Wert gelegt werden, da auch an der Sorgfalt bei der Erstellung des Exposés das Engagement des Schülers abgelesen werden kann. In der Regel wird das Exposé zwei bis drei Seiten umfassen. Ist ein Arbeitsplan in Übersichtsform erstellt, werden dieser und die Bibliografie zusätzlich am Ende angefügt.

Fragenkatalog

Zusammengefasst sollte ein wissenschaftliches Exposé also folgende Fragen beantworten:

1. Welche **Problematik** ist Ausgangspunkt der Arbeit?
2. Wie ist der **Forschungsstand** (Arbeiten zu dem gleichen oder einem ähnlichen Thema)? Gibt es verschiedene Erklärungsansätze?
3. Wo liegt der Bezug der vorliegenden Arbeit zu den bekannten Erkenntnissen? Worin liegt die Notwendigkeit einer „neuen“ Arbeit zum Thema? Dies können z. B. veraltete Datenlagen, neue wissenschaftliche Erkenntnisse, andere Fragenstellungen oder Vorgehensweisen sein.
4. Welche (ungeklärten) Fragen sollen in der Arbeit beantwortet (oder welche Aussagen widerlegt) werden (**Fragestellung**)?
5. Mit welchen **Methoden** soll die Fragestellung gelöst werden?
6. Welche **Informationen** (Schriftquellen, Interviews, Versuchsreihen…) müssen herangezogen werden (Material- und Quellenzugang)?
7. Wie sehen die vorläufige **Gliederung** und der **Arbeitsplan** aus (→ Übungen A – C)?

Zusammenfassung zu Kapitel 5.3

In einem Exposé werden das **Ziel der Arbeit** und das **geplante Vorgehen**, um dieses zu erreichen, **vorausschauend** dargestellt. So erhält die Lehrkraft einen Überblick und kann den Schüler **zielgerichtet** beraten. Gleichzeitig wird sich der Schüler selbst über Inhalt und Methode der Arbeit bewusst und kann die eventuell erkennbaren Schwächen der Arbeit beseitigen. Das Exposé ist Teil der wissenschaftlichen Arbeit mit verbindlichen **Vorgaben zur Gestaltung**.

5.4 Gedanken- und Argumentationsführung

Ist ausreichend Material zum Thema der Seminararbeit gefunden, gesichtet und geordnet worden und liegen die Ergebnisse der eigenen Untersuchungen vor, so kann der **erste Entwurf** formuliert werden. Dazu muss aus der Fülle von Informationen ein überzeugender Text, der die Fragestellung des Themas präzise beantwortet, entwickelt werden.

Wissenschaftliche Arbeitsweise

Die wissenschaftliche Arbeit besteht aber nicht nur daraus, Informationen zusammenzutragen, sondern auf der Basis dieses Materials Zusammenhänge herzustellen und eigenständige Gedankengänge oder kreative Problemlösungen zu entwickeln. Dazu ist es nötig, klar zwischen der **Übernahme** von bereits bestehenden Meinungen und Informationen und der **Eigenleistung** zu unterscheiden (→ Kapitel 2.3). Im formalen, sprachlichen sowie inhaltlichen Bereich zeichnet sich wissenschaftliches Arbeiten durch eine möglichst hohe **Genauigkeit** aus, damit das Ergebnis der Arbeit überprüfbar ist. Da die inhaltliche Struktur einer Seminararbeit zwangsläufig sehr stark abhängig von ihrem Thema ist, werden im folgenden Kapitel vor allem allgemeine Hinweise dargelegt.

Wissenschaftliche Argumentation

Ein wissenschaftlicher Sachtext, wie ihn eine Seminararbeit darstellt, besitzt argumentativen Charakter. Ihr Ziel ist es, einen Sachverhalt bzw. die Wahrheit von Behauptungen objektiv zu beweisen. Dazu sind allgemein einsichtige, nachvollziehbare **Argumente** (lat. „Beweismittel") nötig, die dauerhaft überzeugen und überprüfbar sind. Um eine Überprüfung zu ermöglichen, sind die Quellen, auf die sich die Argumentation stützt, zu nennen und die Daten der „Forschung" aus Experimenten, Umfragen, Interviews oder Modellen der Arbeit beizufügen. Im Unterschied dazu möchte die **Rhetorik**, wie sie etwa in der öffentlichen Rede eingesetzt wird, überreden bzw. eine Meinung verbreiten und weniger deren Wahrheit beweisen. Aufgrund dieser unterschiedlichen Zielsetzung werden verschiedene Mittel eingesetzt. So sind z. B. Wiederholungen ein anerkanntes und wirkungsvolles rhetorisches Mittel, sie sind für die wissenschaftliche Argumentation jedoch nicht geeignet. Schließlich wird eine Behauptung durch ihre Wiederholung nicht richtiger.

Logisches Schlussverfahren

Wie gelangt man nun zu einer bewiesenen These und damit zu neuen Aussagen? Hierfür gibt es zwei grundsätzliche Verfahren, das deduktive, das eine These stringent aus anerkannten Voraussetzungen ableitet, und das induktive, das aus verschiedenen Beobachtungen eine allgemeine Aussage herbeiführt.

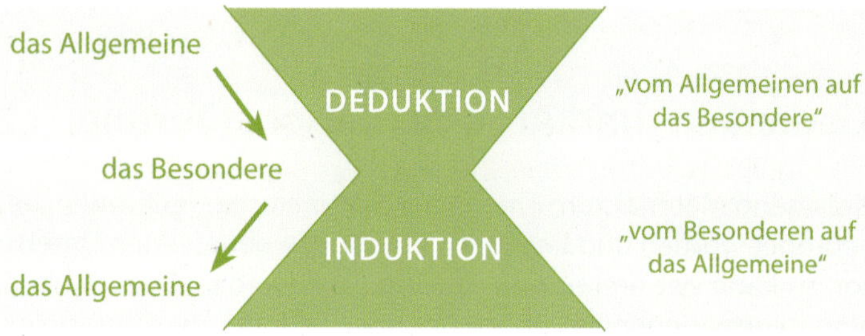

Abb. 45: Induktion und Deduktion. *Eigene Darstellung*

Deduktion

Um eine These zu beweisen, wird diese mit einem Argument begründet. Ein geeignetes Argument stellt weder eine Wiederholung der These mit anderen Worten dar noch darf das Argument ohne Zusammenhang mit der These sein, sondern es muss einen neuen Aspekt hinzufügen. Gleichzeitig muss es inhaltlich richtig sein. Um das Argument abzusichern, wird es in Beziehung zu einer Norm (anerkannte Voraussetzung) gesetzt. Dabei muss die Verknüpfung zwischen Argument und Norm logisch korrekt sein. Man leitet (deduziert) die These also aus einer Anzahl von Normen und einem Argument durch logische Schlüsse ab. Die These wird dadurch bewiesen. Folgendes Beispiel veranschaulicht dies: These: Peter darf den Pkw-Führerschein machen. Begründung: Er ist achtzehn Jahre alt. Norm: Jeder, der mindestens achtzehn Jahre alt ist, darf den Führerschein machen. Die These ist bewiesen, wenn Argument und Norm wahr sind. Ist eine Norm allgemein bekannt, muss sie nicht unbedingt genannt werden, wenn die Argumentation dadurch vereinfacht und klarer wird.

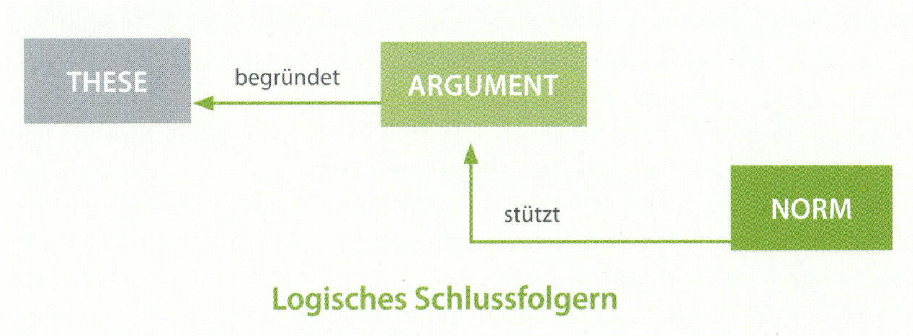

Abb. 46: Logisches Schlussfolgern. Eigene Darstellung

Neben dem deduktiven Vorgehen wird bei der Entwicklung neuer Erkenntnisse häufig auch umgekehrt, also induktiv vorgegangen. Dabei leitet man aus Beobachtungen, die empirisch gewonnen sein können, eine allgemeingültige Einsicht her. Dies kann durch die Überlegung erfolgen, worin die Einzelbeobachtungen übereinstimmen oder sich unterscheiden. Dies veranschaulichen die folgenden Beispiele: Induktion

Es soll herausgefunden werden, worin die Ursache der Panikattacken einer Person liegen, die sie in vollen Fußballstadien, in Aufzügen, in Zugtoiletten usw. erleidet. Sucht man nach Merkmalen der Übereinstimmung, fällt die Beengtheit als **gemeinsames Kennzeichen** der Orte auf. Die neue Erkenntnis, die aus Einzelbeobachtung hergeleitet wird, ist Beengtheit als Ursache der Panikattacken (Klaustrophobie). Übereinstimmungen

Die Ursache für ein Phänomen kann auch dadurch geklärt werden, dass sich bei zwei oder mehreren Fällen nur ein Umstand unterscheidet. Unterschied

Beispiel zur Induktion mittels Unterschied

	See	Tiramisu	Wein	Sonne	krank
Patient 1	ja	ja	ja	ja	ja
Patient 2	nein	nein	ja	nein	ja
Patient 3	ja	ja	nein	ja	nein
Patient 4	nein	nein	nein	nein	nein

Abb. 47: Beispiel Induktion. Eigene Darstellung

Vier Personen machen ein Picknick, zwei davon werden krank. Patient 1 ist im See geschwommen, hat Tiramisu gegessen, Wein getrunken und war die ganze Zeit in der Sonne. Patient 2 ist nicht geschwommen, hat kein Tiramisu gegessen und war oft im Schatten, hat aber ebenfalls Wein getrunken. Person 3 (gesund): wie Patient 1, hat aber keinen Wein getrunken. Person 4 (gesund): wie Patient 2, hat aber keinen Wein getrunken. Das Phänomen ist hier die Erkrankung von Patient 1 und 2; der Umstand, den beide gemeinsam haben, ist, dass sie Wein getrunken haben. Person 3 und 4 sind jedoch gesund, das Phänomen taucht hier nicht auf. Sie unterscheiden sich von den ersten beiden darin, dass sie keinen Wein getrunken haben. Das ist wiederum ein Umstand, den nur Person 3 und 4 gemeinsam haben. Die induktive Schlussfolgerung lautet, dass der Wein die Krankheit verursacht (→ Übung D).

Qualität der Schlussfolgerung

Die Wahrscheinlichkeit einer Folgerung hängt jedoch von der Anzahl und der Größe der Beobachtungen ab. Beobachtung 1: Peter darf mit siebzehn Jahren den Pkw-Führerschein machen. Beobachtung 2: Außer Peter dürfen auch andere den Pkw-Führerschein mit siebzehn machen. Folgerung: Siebzehnjährige dürfen den Pkw-Führerschein machen. Diese induktiv hergeleitete Folgerung besitzt zwar eine große Wahrscheinlichkeit, wir wissen aber, dass die beobachtete Gruppe noch ein weiteres Kriterium erfüllt: Sie dürfen nur mit Begleitperson fahren. Es gilt also, die Gültigkeit der Referenzgrößen zu berücksichtigen. Da im Beispiel nicht alle Siebzehnjährigen beobachtet wurden, kann auch nicht ohne weitere Beobachtungen auf alle geschlossen werden. Eine korrekte Folgerung wäre: Es gibt Siebzehnjährige, die den Pkw-Führerschein machen. Im Rahmen einer Seminararbeit muss also beachtet werden, ob die Grundlage der Argumentation, z. B. der Umfang des Experiments, ausreichend ist.

Die logischen Schlussverfahren werden sowohl bei der argumentativen Darlegung einzelner Aspekte der Arbeit (Subargumentation) als auch in Bezug auf die gesamte Arbeit angewendet. Das heißt, aus der Summe der Einzelargumente (Einzelbeweise) ergibt sich die Richtigkeit der These(n) der Arbeit.

Kategorien wissenschaftlichen Arbeitens

Vor dem Schreiben der Arbeit sollte man sich klarmachen, welchen grundsätzlichen Aufbau die Arbeit besitzen soll. Wissenschaftliche Arbeiten können überwiegend **deskriptiven** Charakter haben. Der Schwerpunkt liegt dann auf der differenzierten Beschreibung eines Sachverhaltes, wie z. B. bei dem Thema „Deutsch-deutsche Wanderungsbewegungen bis 1989" im Rahmen eines Seminars zur demografischen Entwicklung in Deutschland aus der Sozialkunde. Arbeiten mit **komparativem** Charakter stellen zwei Sachverhalte vergleichend nebeneinander. Hier ist es notwendig, die Kategorien, die verglichen werden, sowie Unterschiede und Gemeinsamkeiten klar und deutlich herauszuarbeiten und zu benennen. Ein typisches Thema hier wäre z. B. „Das generative Verhalten Deutschlands und Frankreichs im Vergleich" aus dem eben genannten Seminar. **Evaluative** Arbeiten entstehen auf Grundlage einer möglichst breiten Informationsbeschaffung, z. B. in Form von Umfragen oder Fragebögen, die zunächst entworfen werden müssen. Dazu gilt es, geeignete Kategorien zu finden, um den Untersuchungsgegenstand möglichst genau zu erfassen. Die gewonnenen Informationen werden ausgewertet, in Bezug zu bestehenden Erkenntnissen gesetzt und abschließend bewertet, wie z. B. bei dem Thema „Der Dialektgebrauch in der eigenen Schule" in einem Seminar zum heimatlichen Dialekt im Fach Deutsch. **Bewertende** Arbeiten haben zum Ziel, einen Sachverhalt zunächst darzustellen, um dann ein differenziertes Urteil zu fällen. Das Thema „Die Kanon-Debatte am Beispiel von Marcel Reich-Ranickis Projekt ‚Der Kanon'" aus einem Deutsch-Seminar zur Kritik und Wertung literarischer Texte verlangt zunächst eine Beschreibung des Projekts und der Debatte, bevor eine Bewertung erfolgen kann. Diese muss begründet werden, indem z. B. Experten zitiert werden. Im naturwissenschaftlichen Bereich hat etwa die Arbeit mit dem Thema „Solarenergie – eine lohnende Möglichkeit der Energieversorgung in Deutschland?" bewertenden Charakter. Bei analytischen Arbeiten steht die Ermittlung der inneren Zusammenhänge eines Sachverhalts im Zentrum; so kann man z. B. die Funktionsweise eines Mechanismus, die Struktur einer fremdsprachigen Rede oder die Zusammensetzung eines Präparats erforschen, wie es z. B. bei dem Thema „Der ‚global player' XY (XY steht hier für den Namen des Pharmaunternehmens) – Isolierung und Herstellung von Acetylsalicylsäure, Vergleich verschiedener ASS-Präparate" erforderlich wäre. In der schriftlichen Arbeit muss der Weg zur Erkenntnis genau beschrieben werden, damit das Ergebnis nachvollziehbar und überprüfbar ist. Werden z. B. Annahmen vorausgesetzt oder bestimmte Vorgehensweisen gewählt, müssen die Quellen genannt werden.

Argumentationsstruktur

Das Ziel ist eine stringente, zielgerichtete Argumentationsstruktur, indem folgende Elemente sinnvoll und bewusst angeordnet werden: Die Argumentation besteht aus mehreren **Argumentationsblöcken**, die sich aus Behauptung, Begründung (der Behauptung) und Beispiel zur Veranschaulichung und Untermauerung von Behauptung und Begründung („3 Bs") zusammensetzen. Ein Argumentationsblock kann mit einer Folgerung abgeschlossen werden. Die Argumentation kann nach unterschiedlichen Schemata aufgebaut werden. Wie gerade beschrieben, kann vom Allgemeinen zum Besonderen (Deduktion) oder vom Besonderen zum Allgemeinen (Induktion) gegangen werden. Denkbar ist auch eine Darstellung vom Vergangenen zum Gegenwärtigen (Chronologie) oder vom lokalen Raum zum Großraum. Die Diskussion unterschiedlicher Standpunkte findet dann entweder in der **Subargumentation** statt, also innerhalb eines Argumentationsblocks, oder in den Anmerkungen, wenn sie nur eine untergeordnete Rolle spielt. Daneben kann ein Thema auch eine kontroverse Argumentationsstruktur verlangen. Es können unterschiedliche Lösungswege zu einer Problemstellung dargelegt und abschließend bewertet oder unterschiedliche Aspekte verglichen werden. Hier ist es notwendig, die Kategorien, die verglichen werden, sowie Unterschiede und Gemeinsamkeiten klar und deutlich herauszuarbeiten und zu benennen. Bei einer **kontroversen Argumentation** können die Pro- und Kontra-Argumentationsblöcke entweder abwechselnd oder zusammengefasst und nacheinander dargelegt werden. Auch hier ist auf eine klare Benennung der unterschiedlichen Standpunkte zu achten. Bei der Anordnung der einzelnen Argumente hat es sich bewährt, nach dem Prinzip der Steigerung vorzugehen. Am Ende sollte das Überzeugendste stehen. Das bedeutet aber nicht, dass man mit dem Unwichtigsten beginnen sollte. Schließlich muss am Beginn der Arbeit auch das Interesse des Lesers - und später evtl. des Zuhörers bei der Präsentation – geweckt werden (→ Übungen E – G).

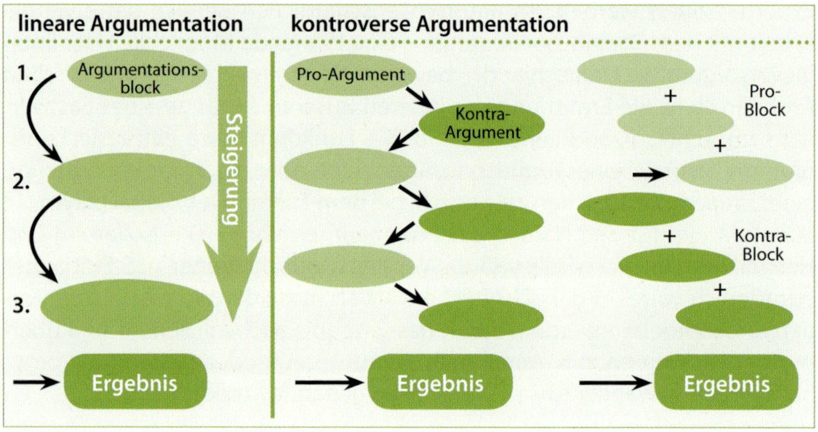

Abb. 48: Lineare und kontroverse Argumentation. Aus: Barsch-Gollnau u. a., a. a. O., S. 61

Roter Faden

Der heute sprichwörtliche **rote Faden**, der sich durch alle Texte ziehen soll, erscheint erstmals in J. W. v. Goethes Roman „Wahlverwandtschaften" in der Literatur, wo auch die Herkunft erklärt wird: „Wir hören von einer besonderen Einrichtung bei der englischen Marine. Sämtliche Tauwerke der königlichen Flotte, vom stärksten bis zum schwächsten, sind dergestalt gesponnen, dass ein roter Faden durch das Ganze durchgeht, den man nicht herauswirken kann, ohne alles aufzulösen, und woran auch die kleinsten Stücke kenntlich sind, dass sie der Krone gehören. […] Ebenso zieht sich durch Ottiliens Tagebuch ein Faden der Neigung und Anhänglichkeit, der alles verbindet und das Ganze bezeichnet."

(Aus: Johann Wolfgang von Goethe: Die Wahlverwandtschaften. 2. Teil, 2. Kapitel, S. 116)

Auch die Seminararbeit muss über diesen roten Faden verfügen, der sicherstellt, dass alle Ausführungen im engen Zusammenhang mit dem Thema stehen. Er hält die Arbeit im übertragenen Sinn zusammen. Dadurch entsteht eine zielgerichtete und überzeugende Argumentation. Die Konzentration auf den Themenbezug unterstützt einen dabei, den „Faden" in der zunächst unübersichtlichen Fülle von Daten und Fakten nicht zu verlieren, ähnlich wie Theseus mit dem Faden der Ariadne aus dem Labyrinth des Minotaurus gefunden hat.

Praktische Umsetzung

Vorgehen beim ersten Entwurf

Der erste Entwurf der Arbeit wird eine **Rohfassung** darstellen, die noch stark zu überarbeiten sein wird. Daher empfiehlt es sich, auf dem Papier einen breiten Rand für Gedanken, Korrekturen, Ergänzungen oder Ähnliches zu lassen. Dies gilt auch dann, wenn schon der erste Entwurf am PC geschrieben wird, da die Überarbeitung besser anhand eines Ausdrucks erfolgt; dieser ist übersichtlicher als der Ausschnitt auf dem Monitor. Im Übrigen bringt die Formulierung der Rohfassung am PC den Vorteil, den Umfang besser abschätzen und einzelne Textteile einfach verschieben zu können. Es ist nicht notwendig, die Arbeit von der ersten bis zur letzten Seite durchzuschreiben. Man kann gut auch mit dem Kapitel beginnen, das einem am leichtesten fällt. Erfahrungsgemäß wird man hier rasch vorankommen, was sich auch motivierend auswirkt. Damit der Text übersichtlich bleibt, gilt es, großzügig mit Papier umzugehen. Jedes neue (Unter-)Kapitel sollte auf einer neuen Seite mit der Überschrift aus der Gliederung beginnen. Die Zitate sollten schon in den ersten Entwurf eingearbeitet werden, um eine schlüssige Argumentation zu erhalten. Beim Einfügen der Zitate ist auf deren richtige Übernahme zu achten. Unbedingt ist die Quelle anzumerken (→ Kapitel 2). Dies kann durch einen Verweis auf die Materialsammlung erfolgen. Besser ist es, die Quellenangabe umgehend in der Anmerkung festzuhalten. Auch lässt sich so der Umfang der Arbeit besser abschätzen.

Argumentationsziel – Themenbezug

Während der Arbeit am Text ist darauf zu achten, dass das Argumentationsziel – die erkenntnisleitende Fragestellung – nicht aus den Augen verloren wird. Stets muss ein **klarer Zusammenhang** zwischen dem Thema und der Gedankenführung bestehen, der rote Faden muss erkennbar sein. Um Ausschweifungen zu vermeiden, muss überlegt werden, was gestrichen und was gekürzt bzw. zusammengefasst werden kann. Ausführungen, die nicht direkt zum Thema gehören, die für das Verständnis des Zusammenhangs aber notwendig sind, sollte man in die Anmerkungen verschieben. Dort kann auch knapper formuliert werden.

Schwerpunkte – angemessenes Abstraktionsniveau

Die Kapitel und Unterkapitel sollten – je nach Thema – jeweils einen in etwa ähnlichen Umfang besitzen. Ist eines besonders lang, lässt es sich meist teilen, sodass die einzelnen Aspekte differenzierter und klarer dargestellt werden können. Gleichzeitig ist darauf zu achten, dass sich die Kapitel und Unterkapitel der jeweiligen Ebene auf dem **gleichen Abstraktionsniveau** befinden. Es gilt, sich klarzumachen, wo die Schwerpunkte der Arbeit liegen sollen. Innerhalb des Kapitels muss konsequent zwischen Argumenten, Begründungen und Beispielen bzw. Beobachtungen unterschieden werden, was sich in der sprachlichen Gestaltung widerspiegeln muss (→ Kapitel 6).

Struktur eines Kapitels – stichhaltige Argumentation

Der Kapitelinhalt muss die Erwartung, die die Kapitelüberschrift weckt, erfüllen. Es muss überprüft werden, ob alle relevanten Aspekte des Teilgebiets abgehandelt wurden und ob die Gedankenführung jeweils schlüssig und zielgerichtet zu Ende gebracht ist. Untermauern ausreichend Zitate, Beobachtungen, Versuche oder Ähnliches die Argumentation, sind Gegenargumente berücksichtigt und entkräftet (→ Abb. 49)? Bereits hier sollte man sich überlegen, ob und wie man den Inhalt veranschaulichen kann. Es ist auch darauf zu achten, dass die Zusammenhänge innerhalb und zwischen den einzelnen Unterkapiteln deutlich werden.

Zwischenzusammenfassungen – selbstständiges Urteil

Jeder Argumentationsblock bzw. jedes Unterkapitel sollte mit einer kurzen **Zwischenzusammenfassung** enden, in der man zu einer kritischen Wertung und zu einem selbstständigen Urteil in Bezug auf das dargebotene Material kommt. Dies sollte außerordentlich sorgfältig erfolgen, weil hier die selbstständige Auseinandersetzung mit dem Thema und damit die eigene Leistung im Rahmen der Seminararbeit besonders deutlich werden. Auf Grundlage dieser Zwischenzusammenfassungen kann dann am Ende eine fundierte begründete Antwort auf die erkenntnisleitende Fragestellung gegeben werden. Dies kann in Form eines kritischen Urteils oder einer neuen Erkenntnis erfolgen. So kann z. B. eine Zeitzeugenbefragung einen neuen Aspekt zur Lokalgeschichte liefern.

Ergebnisse des Seminarkurses

Beim Abfassen der Seminararbeit und der Gestaltung der eigenen Argumentation sollten auch die **Ergebnisse und Erkenntnisse** aus dem Unterricht im Seminarkurs berücksichtigt werden. So können inhaltliche Anregungen oder Hinweise auf interessante Literatur ebenso wie Erfahrungen aus praktischen Vorgehensweisen wie Versuchen oder Interviews genutzt werden. Daneben sollte überprüft werden, ob die eigenen Ergebnisse mit denen des Seminarkurses in Übereinstimmung gebracht werden können. Sollte dies nicht der Fall sein, muss die Ursache gefunden werden (→ Übungen E – G).

Möglichkeiten der Begründung	Stichhaltigkeit/ Überzeugungskraft	Evtl. auftretende Probleme
Berufung auf Autorität Experte, anerkannte Persönlichkeit	**Kompetenz der Autorität** Erkennt der Leser die Aussage an? Steht sie im korrekten Kontext?	Eine Autorität mit gegenteiliger Meinung kann gefunden werden.
Berufung auf Fakten Umfrageergebnisse, Statistiken, Forschungsergebnisse, belegbare Aussagen	**Gültigkeit** Kann der Leser die Aussage überprüfen? Passen die Fakten in den Zusammenhang?	Das Faktum bezieht sich nur auf ein Einzelbeispiel.
Berufung auf Allgemeines Allgemein anerkannte und gültige Normen, Wertvorstellungen, Gesetze, Redensart	**Verbindlichkeit** Ist der zitierte Wert für den Leser akzeptabel? Ist er im konkreten Fall zutreffend?	Die Allgemeingültigkeit von Werten kann in einzelnen Bereichen in einer pluralistischen Gesellschaft eingeschränkt sein.
Berufung auf Erfahrung Eigenes Erlebnis, eigene Einsicht	**Nachvollziehbarkeit/ Verallgemeinerbarkeit** Deckt sich die Erfahrung mit der des Lesers?	Die eigene Erfahrung kann nur zufällig sein. Sie kann sich mit der des Lesers nicht decken oder er hat diese noch nicht gemacht.
Analogie Bezug auf ähnliche Fälle, Vergleich	**Übertragbarkeit** Kann der Leser die Analogie nachvollziehen?	Es besteht nur eine scheinbare Übertragbarkeit, da die Voraussetzungen unterschiedlich sind.
Logische Folgerung Hinweis auf Kausalzusammenhänge	**Unbestreitbarkeit** Ist der Zusammenhang schlüssig?	Scheinlogik
Aufzeigen des Gegenteils/ Verlängerung Darstellung des als negativ empfundenen Gegenteils oder Folgen bei Nichtbefolgen der Argumentation	**Realitätsnähe** Beruht das aufgezeigte (negative) Gegenteil auf denselben Prämissen, ist es die einzige Alternative und ist es verifizierbar?	Die Folgerung ist zu konstruiert.

Abb. 49: Argumentationstechniken. Aus: Cornelsen: Texte und Methoden 12. Berlin, 1997, S. 46

Zusammenfassung zu Kapitel 5.4

Liegt das Material der Arbeit vor, gilt es, die Fragestellung der Arbeit präzise und überprüfbar zu beantworten. Die **Eigenleistung** soll dabei deutlich werden. In wissenschaftlichen Arbeiten muss ein Sachverhalt logisch bewiesen werden. Dies kann entweder **deduktiv** oder **induktiv** erfolgen. Daneben erfordert die Arbeit entsprechend ihres Themas unterschiedliche Herangehensweisen: deskriptiv, komparativ, evaluativ, bewertend oder analytisch. Dementsprechend verwendet man eine lineare oder kontroverse Argumentationsstruktur.

Training zu Kapitel 5

Übung zu Kap. 5.2

A

1. Erstellen Sie zum Thema „Klimawandel – natürlich oder Mensch gemacht?" (Übung zu Kap. 2.2, Material 2, S. 68 ff.) vier **Gliederungen**, die sich an den oben genannten Möglichkeiten orientieren.
2. Welche dieser Gliederungen ist bei diesem Thema wohl die geeignetste?
3. An welcher Stelle könnte man Schwerpunkte setzen?

Übung zu Kap. 5.3

B Untersuchen Sie, welche Fragen aus dem Fragenkatalog (→ S. 112) in dem **Exposé** beantwortet werden und welche fehlen.

M 1 Auszug aus einem Exposé zum Thema „Zusammenhang zwischen dem Dialekt der Stadt Bamberg und der Berufsgruppe der Gärtner und Häcker"

Dialektbücher über die Sprache der Bamberger gibt es viele (Wußmann, Reinfelder, Steiner, Batz etc.), der Dialekt der Stadt Bamberg unterscheidet sich aber durch eine Vielzahl von Ausdrücken aus der Sprache der Gärtner und Häcker von den umgebenden Dialekten. Auch liegen viele Erhebungen (Steiner 1957, Batz 1911) schon lange zurück. In Bamberg existieren viele besondere Ausdrücke, die ihren Ursprung im Gärtnerwesen haben. Eine diesbezügliche Untersuchung gibt es nach meiner Recherche noch nicht. […] In meiner Arbeit möchte ich deswegen den Dialekt Bambergs besonders intensiv bezüglich der Wort- und Ausdrucksherkunft untersuchen und bestimmte Stichwörter mit den Ausdrücken anderer Dialekte vergleichen. Ein Schwerpunkt wird der Versuch sein, Ausdrücke aus dem besonderen Umfeld der Gärtner und Häcker hervorzuheben. Der Fokus liegt also nicht auf der Lautung, sondern der Wortschöpfung und Bedeutungsveränderung. […] Dazu werde ich von Dialektsprechern Tonbandaufnahmen machen und Redewendungen u. ä. aufzeichnen. Auch stütze ich mich auf Dialektwörter aus anderer Literatur, sofern diese Begriffe noch gebräuchlich sind. Aufgrund dieses Materials möchte ich die Frage beantworten, ob es berufsbedingte Unterschiede der Dialektausdrücke innerhalb der Stadt und anderen umgebenden Dialekten gibt. Auch soll in Ansätzen untersucht werden, wie gebräuchlich diese Begriffe noch sind und welche Begriffe und Wendungen, die früher existierten, heute nicht mehr vorzufinden sind. […] Vorausgehen soll eine Einordnung des Bamberger Dialektes in die deutsche Dialektlandschaft (Ostfränkisch) (nach folgender Literatur: [...]) und eine kleine Übersicht über die Lautung, die Prosodie und die Semantik.

Aus: Schülerarbeit. anonym

C **1.** Wählen Sie einen einfachen Sachverhalt, in den Sie sich nicht einarbeiten müssen. Diesen sollen Sie wissenschaftlich beweisen. Dies kann z. B. der Nachweis sein, dass Wasser unter 0°C gefriert. Fertigen Sie hierzu in Gruppen stichpunktartig eine Vorlage für ein **Exposé** an, das die oben genannten Punkte enthält. Zudem soll das Exposé die Lehrkraft von der Bedeutung des „Forschungsvorhabens“ überzeugen.

2. Diskutieren Sie Ihre Ergebnisse im Kurs hinsichtlich Vollständigkeit und inhaltlicher Schlüssigkeit.

3. Verfassen Sie arbeitsteilig in Gruppen das Exposé. Achten Sie dabei auf einen sachlichen und präzisen Ausdruck.

Übung zu Kap. 5.3

D Erklären Sie, wie in folgendem Beispiel zu der **Folgerung** gelangt wird.

Übung zu Kap. 5.4

Licht ermöglicht das Wachstum von Algen	**Beobachtung 1**
Licht ermöglicht das Wachstum von Getreide	**Beobachtung 2**
Licht ermöglicht …	**Beobachtung 3**
Pflanzen erzeugen Sauerstoff.	**Beobachtung 1**
Pflanzen erzeugen Stärke.	**Beobachtung 2**
Pflanzen erzeugen …	**Beobachtung 3**
Licht ist ein wesentlicher Faktor im Wachstum von Pflanzen und sorgt für die Erzeugung wichtiger Stoffe für das Leben auf der Erde.	**Wissenschaftliche Erkenntnis**
Tiere ernähren sich von Pflanzen.	**Neue Beobachtung**
Auch Tiere sind abhängig von Licht.	**Folgerung**

E Arbeiten Sie die **Struktur der Argumentationsblöcke** heraus. Verwenden Sie dabei die Begriffe aus der Übersicht. Bewerten Sie anschließend ihre Wirkung bzw. Überzeugungskraft.

Übung zu Kap. 5.4

Der Schulweg sollte von Schülern nicht mit dem Fahrrad zurückgelegt werden. Dadurch wird die Gesundheit der Schüler aufs Spiel gesetzt. Letztes Jahr wurde einem Klassenkameraden von einem noch ganz verschlafenen Autofahrer die Vorfahrt genommen und er brach sich durch den Unfall das Schlüsselbein.

Deutschland sollte seine Energie zunehmend auf Basis erneuerbarer Energiequellen erzeugen. Die fossilen Brennstoffe und auch Uran sind nur begrenzt vorhanden, müssen weitgehend importiert werden und steigen im Preis. Dies kann zu einer Abhängigkeit vom Ausland führen und in der Folge zu sehr hohen Preisen, die sich negativ auf Wirtschaft und private Haushalte auswirken.

Sport fördert die Gesundheit. Wer sich viel bewegt, hat meist ein geringeres Körpergewicht und damit ein geringeres Risiko, an den sogenannten Zivilisationskrankheiten zu erkranken. Ein Blick in die USA zeigt, dass verbreitete Bewegungsarmut zu Übergewichtigkeit breiter Gesellschaftskreise führt.

Rauchen ist nach wie vor die häufigste vermeidbare Todesursache in den Industrienationen. Gerade die Schule hat die Aufgabe, Raucherprävention zu betreiben, da die Tabakindustrie für jeden verstorbenen Raucher einen neuen ködern muss. Dies ist am einfachsten bei Jugendlichen. 82 Prozent der erwachsenen Raucher haben vor ihrem 20. Lebensjahr angefangen. Wer also einmal das 20. Lebensjahr erreicht hat, ohne mit dem Rauchen anzufangen, der hat gute Chancen, sein Leben lang Nichtraucher zu bleiben. Entsprechend sind die Werbestrategien auf Kinder und Jugendliche abgestimmt. Und die Strategien scheinen Erfolg zu haben: Jugendliche greifen immer noch viel zu häufig zur Zigarette, in Ländern wie England steigt der Anteil der jugendlichen Raucher gegen den Trend bei den Erwachsenen sogar an. 1988 rauchten dort 8 Prozent der 11- bis 15-Jährigen regelmäßig, 1996 bereits 13 Prozent. Der Anteil der 12- bis 18-jährigen Raucher ist auch in Deutschland in den letzten Jahren angestiegen, besonders bedenklich bei den Mädchen in den neuen Ländern. Hier hat sich der Anteil in acht Jahren verdoppelt.

Aus: http://www.krebsgesellschaft.de/rauchen_datenzahlenfakten,1050.html

Der Staat sollte Produkte mit hohem Zuckeranteil höher besteuern und mit abschreckenden Fotos von Übergewichtigen versehen lassen. Schließlich hat es sich der Staat zur Aufgabe gemacht, für die Gesundheit seiner Bürger zu sorgen und die Kosten für das Gesundheitswesen in Grenzen zu halten. So wird auch der Tabakkonsum durch Verbote, hohe Steuern und abschreckende Aufschriften auf den Verkaufsverpackungen eingeschränkt. Die Erkrankung, die durch Übergewichtigkeit hervorgerufen wird, ist v. a. Diabetes. Diabetes ist im Gegensatz zu Lungenkrebs zwar ähnlich schwerwiegend, führt jedoch wesentlich langsamer zum Tod und belastet daher das Gesundheitssystem deutlich stärker. Daher muss der Staat alles daran setzen, den Zuckerkonsum in der Bevölkerung durch Steuern, Verbote und Prävention zu reduzieren.

F Arbeiten Sie die **Argumentationsstruktur** im nachfolgenden **Text (M 2)** heraus, indem Sie die argumentative Funktion der einzelnen Elemente benennen (→ Abb. 49).

Übung zu Kap. 5.4

M 2 Arm trotz Arbeit

Viele Menschen sind trotz Erwerbstätigkeit arm. Personen die vom Problem ‚Armut trotz Arbeit' betroffen sind, werden auch als ‚working poor' bezeichnet. Nach vorläufigen Schätzungen der International Labour Organization (ILO) lag die Zahl der arbeitenden Personen, die in Haushalten mit einem Einkommen von unter 1,25 US-Dollar pro Tag und Kopf leben, im Jahr 2011 weltweit bei 397 Millionen. Zwischen 2000 und 2011 ist die Zahl allerdings stetig gesunken - insgesamt um 299 Millionen (minus 42,9 Prozent). Auch die globale Finanz- und Wirtschaftskrise 2008/2009 hat diese Entwicklung nicht gestoppt: 2007 lag die Zahl der arbeitenden Personen, die in extremer Armut leben, noch bei 488 Millionen und damit um gut 90 Millionen höher als 2011. [...]
Im subsaharischen Afrika und im Mittleren Osten ist die absolute Zahl der ‚working poor' zwischen 2000 und 2011 gestiegen. Relativ zu den insgesamt Beschäftigten und bezogen auf die Haushalte mit einem Einkommen von unter zwei US-Dollar pro Tag und Kopf ging der Anteil der ‚working poor' jedoch auch hier zurück, da die Zahl der Beschäftigten in allen Regionen schneller wuchs als die Zahl der ‚working poor'. Der Anteil der arbeitenden Personen, die in Haushalten mit einem Einkommen von unter 1,25 US-Dollar pro Tag und Kopf leben, an den weltweit Beschäftigten verringerte sich kontinuierlich von 26,6 Prozent im Jahr 2000 auf 12,9 Prozent im Jahr 2011. Bei einem Einkommen von unter zwei US-Dollar sank der entsprechende Wert im selben Zeitraum von 45,8 auf 28,1 Prozent. Vor allem Ostasien, insbesondere China, hat den größten Anteil an diesem Rückgang. [...]
Wie der informelle Sektor ist auch das Problem ‚Armut trotz Arbeit' nicht auf die ökonomisch sich entwickelnden Staaten begrenzt. In den ökonomisch entwickelten Staaten gelten die Personen als ‚working poor', deren Einkommen trotz Erwerbstätigkeit unter der jeweiligen Armutsschwelle liegt. So gehörten beispielsweise in den USA nach Angaben des U.S. Department of Labor bzw. des U. S. Bureau of Labor Statistics im Jahr 2011 10,4 Millionen Erwerbstätige zur Gruppe der ‚working poor' (2010: 10,5 Mio.). Weiter lebten 2011 5,5 Millionen Familien unterhalb der offiziellen Armutsgrenze, obwohl mindestens ein Familienmitglied mindestens die Hälfte des Jahres Arbeit hatte. In Deutschland waren im Jahr 2010 7,7 Prozent aller Erwerbstätigen trotz Arbeit armutsgefährdet. 2005 lag dieser Wert noch bei 5 Prozent (Vollzeitbeschäftigte: 4 Prozent, Teilzeitbeschäftigte: 8 Prozent).

Aus: www.bpb.de (Aufgerufen am: 29.4.2015)

Übung zu Kap. 5.4

G Entwickeln Sie in Gruppen einen **Argumentationsblock** zu einer der folgenden Behauptungen:

- Forschungen im Bereich der Humangenetik werden es in naher Zukunft ermöglichen, Erbkrankheiten zu heilen.
- Junge Menschen sind bereits mit 16 Jahren in der Lage, politisch zu denken und an Wahlen teilzunehmen.
- Die Globalisierung bedeutet auch eine wachsende Konkurrenz für den Faktor Arbeit, sprich der deutsche Facharbeiter muss mit seinen Kollegen aus Indien konkurrieren.

6 Die Erstellung der schriftlichen Arbeit

6.1 Aufbau und formale Gestaltung

Bei der Gestaltung der endgültigen Fassung der schriftlichen Arbeit geht es darum, die Inhalte, die erarbeitet wurden, wirkungsvoll darzustellen. Ein schlüssiger Aufbau der Arbeit und eine ansprechende Gestaltung des Layouts tragen dazu bei.

6.1.1 Aufbau der Arbeit

Vorgaben für den Aufbau

Für eine wissenschaftliche Arbeit gelten **klare Vorgaben**, wie der Aufbau zu gestalten ist. Sie lässt sich in Vorspann, Textteil und Anhang unterteilen. Zum **Vorspann** zählen das Deckblatt, das Titelblatt, das Inhaltsverzeichnis sowie Verzeichnisse für Abkürzungen, Abbildungen sowie Tabellen und das Glossar, soweit sie vorhanden sind. Bei Fach- bzw. Seminararbeiten hat es sich jedoch eingebürgert, die Verzeichnisse und das Glossar in den Anhang aufzunehmen. Das Inhaltverzeichnis ermöglicht es dem Leser, rasch die Gliederung der Arbeit zu erfassen, Schwerpunkte zu erkennen und sich so leichter orientieren zu können. Der **Textteil** umfasst die Einleitung, den Hauptteil und den Schlussteil. Die **Einleitung** steckt den Rahmen der Arbeit ab. Sie ermöglicht es dem Leser, sich auf das Thema einzustellen, weckt Interesse und erleichtert dadurch das Verständnis. Davon profitiert auch der Autor, da er so sein Ziel – die Vermittlung seiner Inhalte – besser erreicht. Im **Hauptteil** findet die eigentliche Auseinandersetzung und Bearbeitung des Themas statt. Der **Schluss** fasst die Arbeit zusammen, rundet sie ab und stellt sie gegebenenfalls in einen größeren Zusammenhang. Hier bietet sich die Möglichkeit, die Quintessenz (das Wesentliche) der Arbeit aufzuzeigen, sie zu reflektieren und auf diese Weise die selbstständige Durchdringung der Thematik darzustellen. Diese abschließende Zusammenfassung muss am Ende jeder wissenschaftlichen Arbeit geleistet werden und basiert auf den Zwischenzusammenfassungen bzw. Teilergebnissen der einzelnen (Unter-) Kapitel. Der **Anhang** besteht aus den Anmerkungen, wenn diese nicht jeweils am Seitenende der dazugehörenden Fußnote stehen, dem Quellen- und Literaturverzeichnis, gegebenenfalls dem Material, das der Arbeit beigefügt werden soll, und der Schlusserklärung. Dazu gehören zum Beispiel Tabellen, Interviews oder Versuchsdokumentationen. Die Seiten des Anhangs zählen nicht zum vorgegebenen Umfang der Arbeit.

Titelseite und Deckblatt

Die Titelseite ist die „Visitenkarte" der schriftlichen Arbeit und sollte daher besonders übersichtlich und sauber strukturiert sein. Jede Schule hat genaue **Vorgaben**, welche Angaben auf dem Titelblatt genannt werden müssen. Folgende Angaben müssen jedoch immer enthalten sein: Name der Schule, Schuljahr, Seminarfach, Verfasser, Thema, betreuende Lehrkraft, Leerräume für Stempel mit Abgabetermin, Note und Punkte sowie Unterschrift der Lehrkraft. Es ist auch denkbar, vor dem Titelblatt noch ein Deckblatt einzufügen, welches nur Titel und Verfasser nennt und mit einem zum Thema passenden grafischen Element ansprechend gestaltet wird. Das **Deckblatt** kann der Karton des Einbands sein oder ein gesondertes Blatt, das an erster Stelle steht. Dann empfiehlt sich ein durchsichtiger Umschlag.

① Karl-Valentin-Gymnasium
Hallerstr. 49b
91058 Erlangen

② Jahrgang 2016/17

Seminararbeit ③

im W-Seminar „Industrialisierung im Raum Nürnberg-Fürth"

④ **Die Bleistiftfertigung in Stein**

von ⑤
Martina Schneider

⑥ Betreuende Lehrkraft: OStR H. Meier

⑦ Abgabetermin: 04. November 2017

⑧

Bewertung	**Note**	**Notenstufe in Worten**	**Punkte**		**Punkte**
schriftliche Arbeit				x 3	
Abschlusspräsentation				x 1	
				Summe:	
Gesamtleistung nach § 61 (7) GSO = Summe:2 (gerundet)					

⑨

(Unterschrift des Kursleiters)

1 Adresse der Schule
2 Schuljahr
3 Name des Seminars
4 Titel der Arbeit
5 Verfasser/in
6 Betreuende Lehrkraft
7 Abgabetermin
8 Bewertungen
9 Raum für Unterschrift des Seminarleiters

Abb. 50: Beispiel einer Titelseite. Eigene Darstellung

Seitenzählung

Das Deckblatt wird in die **Seitenzählung** nicht mit einbezogen. Das Titelblatt ist die erste Seite, es wird aber ebenso wenig eine Seitenzahl aufgedruckt wie auf die Seite des Inhaltsverzeichnisses. Die erste Seite mit einer Seitenzahl ist die erste Textseite mit der Ziffer drei. Für die Seminararbeit hat es sich jedoch eingebürgert, das Inhaltverzeichnis in die „normale" Seitenzählung einzubeziehen. Die Seitenzählung beginnt also auf der (ersten) Seite des Inhaltsverzeichnisses mit der Ziffer zwei.

Inhaltsverzeichnis

Im **Inhaltsverzeichnis** werden alle (Unter-)Kapitelüberschriften mit der jeweiligen Seitenzahl aufgeführt. Hier ist noch einmal zu prüfen, ob auf jeder Gliederungsebene mindestens zwei Überschriften vorhanden sind, das heißt ein Kapitel muss mindestens zwei Unterkapitel aufweisen, wenn es weiter untergliedert werden soll. Die Nummerierung und die Überschriften im Inhaltsverzeichnis müssen identisch sein mit jenen im Text. Es ist sinnvoll, die Funktion der Textverarbeitungssoftware zur automatischen Erstellung von Inhaltsverzeichnissen – bei konsequent verwendeter Formatvorlage – zu nutzen. Im Inhaltverzeichnis werden auch die verschiedenen Verzeichnisse, das Glossar und der Materialienteil mit Seitenzahl als jeweiliges Kapitel der obersten Gliederungsebene aufgeführt.

Überschriften

Die Überschriften sollen den **zentralen Inhalt** des (Unter-)Kapitels benennen, sodass sich der Leser eine Vorstellung davon machen kann. Daher sind allgemeine Formulierungen wie zum Beispiel „Einleitung", „Personenkonstellation", „Allgemeines" zu vermeiden. Die Überschriften sollen nach Möglichkeit durchgängig im **Nominalstil** und prägnant formuliert werden („Adenauers Wahl zum Bundeskanzler im Jahr 1949"). Unüblich ist der Verbalstil („Im Jahr 1949 wird Adenauer zum Bundeskanzler gewählt"). Beide Stile sollten möglichst nicht gemischt werden.

Nummerierung

Zur Nummerierung kann zwischen dem numerischen (1, 1.1, 1.1.1) und dem eher unüblichen alpha-numerischen System (A, I., 1., a, a) gewählt werden. Im naturwissenschaftlichen Bereich findet nur das numerische System Anwendung, das auch sonst zunehmend bevorzugt wird. Die beiden Systeme dürfen nicht vermischt werden. Die Anordnung der Gliederungspunkte kann nach dem Linien- oder Stufenprinzip erfolgen. Beim Linienprinzip werden die Nummerierungselemente linksbündig angeordnet und die Überschriften der Kapitel und Unterkapitel beginnen ebenfalls in einer Linie. Beim Stufenprinzip werden die jeweils niedrigeren Gliederungsebenen eingerückt. Kapitelüberschriften können fett hervorgehoben werden. Nach jedem Kapitel lässt man einen 1,5-zeiligen Abstand. In einer Arbeit von 10 – 15 Seiten sollte die vierte Gliederungsebene ausgeschlossen sein. Sie ist eher ein Hinweis auf Schwächen in der Struktur (→ Übung A).

Konkrete Formulierungen im Nominalstil

INHALTSVERZEICHNIS

1	Migration und Integration im Fokus der Jugendliteratur	S. 04
2	Die Deutsch-Türkin Kelebek in Jana Freys Roman „Ich, die Andere“	S. 05
2.1	Inhalt des Romans	S. 05
2.2	Hauptfiguren	S. 07
2.2.1	Charakterisierung Kelebeks	S. 07
2.2.2	Charakterisierung ihres Bruders Sercan	S. 09
2.3	Klischees in dem Roman	S. 10
2.3.1	Ausgeprägt Traditionsverbundenheit der Familie Kelebeks	S. 10
2.3.2	Unterdrückung von Mädchen und Frauen	S. 10
2.3.3	Aggressivität der türkischen Männer	S. 11
2.3.4	Starke Religiosität	S. 11
3	Dominanz von Vorurteilen in der Migrationsliteratur	S. 12
3.1	Weitere Beispiele aus der Jugendliteratur	S. 12
3.1.1	Klaus Kordons Roman „Zugvögel oder irgendwo im Norden“	S. 12
3.1.2	Monika Springers Roman „Fremd wie der Fisch“	S. 13
3.2	Beurteilung der Vorurteile in Bezug zur realen Situationen von Deutschtürken	S. 14
3.2.1	Hoher Bildungsgrad der weiblichen Migranten	S. 14
3.2.2	Wirtschaftliche Bedeutung der Immigranten	S. 14
3.2.3	Untergeordnete Bedeutung der Religion bei den meisten türkischen Migranten	S. 15
3.2.4	Partielle Bestätigung der Klischees auf die Osttürkei beschränkt	S. 15
3.3	Ursachen der voreingenommenen Darstellung der Migranten	S. 16
3.3.1	Menschliche Neigung	S. 16
3.3.2	Übernahme von Vorurteilen durch Erziehung und Medien	S. 17
3.4	Wirkungen der klischeehaften Jugendliteratur	S. 18
4	Bewertung des Romans	S. 20
5	Anhang	S. 22
6	Abkürzungsverzeichnis	S. 27
7	Literaturverzeichnis	S. 28
7.1	Primärliteratur	S. 28
7.2	Sekundärliteratur	S. 28
7.3	Internetquellen	S. 30
8	Eidesstattliche Erklärung	S. 32

Einleitung bzw. Vorwort

In der Regel nicht mehr als drei Gliederungsebenen (bis z. B. 2.2.1), jede Ebene muss über mindestens zwei Gliederungspunkte verfügen

Gliederung des Hauptteils ermöglicht einen inhaltlichen Überblick und stellt dem Leser den roten Faden der Arbeit dar

Schlussteil mit zusammenfassender Bewertung und evtl. Ausblicken

Klare Fluchtlinien (Linienprinzip) mit Tabstopps oder automatischer Inhaltsverzeichnisfunktion, evtl. Füllzeichen bis zur Seitenzahl

Abb. 51: Inhaltsverzeichnis. *Eigene Darstellung*

Ordnung Anordnung	Numerische Ordnung	Alpha-numerische Ordnung
Linienprinzip	1 Teile 1.1 Kapitel 1.2 Kapitel 1.2.1 Abschnitt 1.2.2 Abschnitt 1.2.2.1 Unterabschnitt 1.2.2.2 Unterabschnitt	A) (Lateinische Großbuchstaben) I) (Römische Zahlen) 1) (Arabische Zahlen) a) (Lateinische Kleinbuchstaben) α) (Griechische Kleinbuchstaben) β) (Griechische Kleinbuchstaben) b) (Lateinische Kleinbuchstaben)
Stufenprinzip	1 1.1 1.2 1.2.1 1.2.2 1.2.2.1 1.2.2.2	A) I) 1) a) α) β) b)

Abb. 52: Nummerierungssysteme. *Aus: www.im.rwth-aachen.de (Aufgerufen am: 9.2.2016)*

Einleitung

Mit der **Einleitung** beginnt der Textteil der Seminararbeit. Sie soll den Leser jedoch nicht nur durch einige unverbindliche Worte zum Hauptteil führen; vielmehr gehört sie zum sachlichen Teil der Arbeit. Abhängig vom Thema der Arbeit müssen nicht immer alle der folgenden Punkte integriert werden, meist ist dies jedoch sinnvoll. Zunächst kann die Motivation erläutert werden, weshalb diese Thematik bearbeitenswert ist. Dies können zum Beispiel persönliche Gründe sein, Lücken in dem bisherigen Wissensstand (z. B. bei Themen mit lokalem Bezug) oder offene Fragestellungen im Rahmen eines größeren Projekts. Jede Arbeit muss dann inhaltlich abgegrenzt und in den dazugehörigen thematischen Zusammenhang eingeordnet werden. Daraus ergibt sich die **genaue Zielsetzung** bzw. die erkenntnisleitende(n) Fragestellung(en) der Arbeit. Dies ist auch der Beginn des roten Fadens der Arbeit, der im Schluss mit der zusammenfassenden Beantwortung der Fragestellung endet. Weiterhin sollte auch das **methodische Vorgehen** erläutert werden. Dies ist besonders wichtig, da das bewusste und fachlich korrekte methodische Vorgehen eine Grundlage wissenschaftlichen Arbeitens ist. Es können auch zentrale Begriffe definiert werden; zudem sollte auf die Materialbasis und eventuell aufgetretene Probleme bei ihrer Beschaffung hingewiesen werden. Die Einleitung kann mit einem groben Überblick über das Vorgehen, sprich über die Gliederung enden und damit eine Überleitung zum Hauptteil schaffen.

Hauptteil

Dort wird nun – wie in Kapitel 5.4 beschrieben – die Bearbeitung des Themas der Arbeit argumentativ dargelegt. Dabei kommt es, wie in Kapitel 6.2 erläutert, auch auf sprachliche Präzision an.

Schlussteil

Ähnlich wie die Einleitung besitzt auch der **Schlussteil** wesentliche Bedeutung für eine wissenschaftliche Arbeit. Er stellt nicht nur eine Abrundung dar, sondern ist vielmehr im Sinne einer **Schlussfolgerung** zu verstehen. Dazu wird die zentrale Fragestellung der Arbeit noch einmal kurz dargestellt und damit ein Bogen zur Einleitung geschlagen. Hier endet der rote Faden der Arbeit. Anschließend werden auf Basis der Zwischenzusammenfassungen die wichtigsten Aussagen noch einmal knapp dargestellt, miteinander in Beziehung gesetzt und vor allem reflektiert und bewertet. Auf diese Weise erhält man ein **fundiertes, differenziertes, kritisches Ergebnis**. Das kann auch bedeuten, dass die Ausgangshypothese durch die Forschung statt bestätigt (verifiziert) widerlegt (falsifiziert) wurde. Falls Teilfragen offen geblieben sind, kann dies hier begründet werden. Schließlich wird das Ergebnis noch in den Gesamtzusammenhang der Thematik eingeordnet und ein **Ausblick** gegeben. Dazu kann auf neue Fragestellungen, die sich im Laufe der Arbeit ergeben haben, hingewiesen werden. Bei praktischen Arbeiten können Anwendungsmöglichkeiten gezeigt werden (→ Übung B).

Anmerkungen – Quellennachweise

In den **Anmerkungen** werden zunächst die **Quellen der Zitate** genannt. Da sich wissenschaftliche Erkenntnisse zumeist aus bereits bestehenden Erkenntnissen ergeben (→ logisches Schlussverfahren, Kapitel 5), ist es selbstverständlich, dass in wissenschaftlichen Arbeiten zitiert wird. Alle Ausführungen, die sich wörtlich oder sinngemäß auf andere Texte stützen und nicht vom Verfasser selbst stammen, müssen als Zitate gekennzeichnet werden. Damit sie verifiziert, d. h. belegt werden können, ist ein klarer Nachweis unumgänglich (→ Kapitel 2). Bei der Angabe der Quellen ist unbedingt auf die durchgängige Einhaltung eines Schemas zu achten. Dies kann durch Kurztitel, die im Text unmittelbar nach dem Zitat angegeben werden, erfolgen. Häufig schränkt das die Lesbarkeit des Textes ein. Es empfiehlt sich, durch Fußnoten auf die Quellenangabe zu verweisen. Die Quellenangaben können dann am Ende jeder Seite oder im Anhang (Endnoten) aufgelistet werden. Leserfreundlicher ist es, die Fußnoten auf die dazugehörige Seite zu drucken, zumal Textverarbeitungsprogramme die Verwaltung der Fußnoten übernehmen und auch beim Verschieben oder Löschen von Fußnoten die korrekte Zuordnung erhalten bleibt. Die Fußnoten können durch die gesamte Arbeit durchnummeriert werden.

Anmerkungen – Weiterführende Gedanken

Daneben ist in den **Anmerkungen** auch Raum für Gedanken, die nicht unmittelbar zum Thema gehören und die die Gedankenführung an dieser Stelle stören oder den Rahmen der Arbeit sprengen würden. In den Anmerkungen ist es dann möglich, diese Aspekte stark verknappt und nur ansatzweise darzustellen. Dies kann zum Beispiel eine kontroverse Diskussion in der Forschungsliteratur sein. Dadurch wird deutlich, dass sich der Verfasser differenziert mit dem Thema auseinandersetzt und die Ergebnisse fundiert sind. In den Anmerkungen können auch **Begriffserklärungen oder Hinweise** gegeben werden, die nicht direkt zum Thema gehören, aber zum Verständnis der Argumentation beitragen. Auch interessante Überlegungen, die jedoch vom Thema wegführen, können hier angerissen werden. Durch Querverweise in den Anmerkungen kann auf bereits Dargestelltes oder noch Darzustellendes verwiesen werden. Dadurch lassen sich der Eindruck der Lückenhaftigkeit, aber auch Wiederholungen im Text vermeiden. Es ist allerdings darauf zu achten, dass diese Anmerkungen nicht ausufern, indem auf einen engen Themenbezug und eine klare Argumentationsführung im Text geachtet wird.

Anhang

Dem Schlussteil folgt der **Anhang**, in dem die Anmerkungen, wenn sie nicht in den Textteil integriert wurden, Verzeichnisse, Materialien und die Schlusserklärung Platz finden. Es ist üblich, zwischen Textteil und Anhang ein Trennblatt mit der Aufschrift „Anhang" einzufügen. Jede wissenschaftliche Arbeit muss über ein **Literatur- und Quellenverzeichnis** verfügen (→ Kapitel 2.3).

Verzeichnisse im Anhang

Gegebenenfalls kann noch ein Abkürzungs-, Tabellen- und Abbildungsverzeichnis sowie ein Glossar erstellt werden. In einem **Abkürzungsverzeichnis** werden Abkürzungen aufgeführt, die nicht gängig oder vom Verfasser selbst entwickelt sind und in größerer Anzahl verwendet werden. Es ist allerdings zu bedenken, dass zu viele Abkürzungen das Lesen erschweren. In naturwissenschaftlichen Arbeiten mit zahlreichen Tabellen kann ein **Tabellenverzeichnis** mit den Nummern und Titeln der Tabellen und den dazugehörigen Seitenzahlen erstellt werden. Bildliche Darstellungen wie Fotos, Bilder, Diagramme, Karten oder Skizzen werden im Text ohne Unterscheidung ihrer Art durchnummeriert und im **Abbildungsverzeichnis** mit Nummer, Titel und Seitenzahl aufgelistet. Werden in der Arbeit nur wenige Tabellen verwendet, können auch diese ins Abbildungsverzeichnis übernommen werden. Zweck des Tabellen- und Abbildungsverzeichnisses ist es, den Leser über Anzahl und Titel der Tabellen und Abbildungen zu informieren und ihm das Auffinden im Text durch die Seitenangabe zu erleichtern. In einem Glossar können ausgefallene Begriffe der Arbeit erklärt werden, sollten von diesen sehr viele für das Thema erforderlich sein.

Abbildungsverzeichnis		
Abb. 1	US-Konjunktur im Aufwind	S. 6
Abb. 2	Wirtschaftswachstum der USA 1950 - 2003	S. 7
Abb. 3	US-Haushalt: Von Defizit zu Defizit	S. 10
Tabellenverzeichnis		
Tab. 1	US-Arbeitsmarkt 1994 - 2003	S. 6
Tab. 2	Einwanderergruppen 1945 - 2004	S. 8
Tab. 3	Rüstungsausgaben	S. 11

*Abb. 53: **Beispiel für Verzeichnisse.** Eigene Darstellung*

Materialteil im Anhang

Im Anhang kann auch **Material** eingefügt werden, das im Textteil keinen Raum gefunden hat. Dies darf jedoch in keinem Fall als Möglichkeit genutzt werden, den Umfang der Arbeit scheinbar einzuhalten und möglichst viel in den Anhang zu verschieben. Informationen, die für das Verständnis der Argumentation nötig sind, müssen deshalb auch im Textteil Platz finden. Materialien, die in den Anhang gehören, sind vor allem **Dokumente** oder Forschungsergebnisse wie **Versuchsprotokolle**, **Umfrageergebnisse** oder **Interviewabschriften**, die wichtig für die Arbeit sind und die sich der Leser bzw. die Lehrkraft nicht oder nur sehr schwer besorgen kann. Die Inhalte der Materialien müssen im Textteil aufbereitet und zitiert worden sein.

6.1.2 Formale Gestaltung der Arbeit

Für die optische Gestaltung einer Seminararbeit machen die Schule und später die Universität meist eigene Vorgaben. Einige Grundsätze bei der Gestaltung des Layouts sollten jedoch immer beachtet werden.

Layout

Unter Layout versteht man die **optische Gestaltung** bzw. das fertige Erscheinungsbild eines Dokuments, hier der Seminararbeit. Es stellt sozusagen den „Behälter" für den Inhalt der Arbeit dar. Den Gestaltungsmöglichkeiten bei einer Seminararbeit sind schon durch ihren Charakter als wissenschaftliche Arbeit recht enge Grenzen gesetzt. So sollte auf ein üppiges, aufwändiges Layout verzichtet werden. Es lenkt eher vom Inhalt ab, als dass es unterstützend wirkt. Ist der erste blendende Eindruck erst einmal verflogen, folgt die Ernüchterung und eventuelle inhaltliche Schwächen treten umso deutlicher hervor. Dennoch gilt es, auf ein ordentliches und übersichtliches Layout zu achten. In ihm spiegelt sich die Klarheit der Argumentation wider und es unterstützt dadurch die Vermittlung der Informationen. Zu einem klaren Layout tragen im Wesentlichen die Art und Größe der **Schrift**, die **Gestaltung des Textflusses** und die Platzierung der **Veranschaulichungselemente** (Grafiken, Tabellen etc.) bei.

Ein wichtiges formales Kriterium wissenschaftlicher Arbeiten ist die **Einheitlichkeit**. Häufig gibt es mehrere Möglichkeiten für das Gestalten von Gliederungen, Verzeichnissen, Überschriften oder Quellennachweisen. Hat man sich jedoch für ein System entschieden, muss es durchgängig eingehalten werden, da ein Wechsel zu Unklarheiten führen würde.

Einheitlichkeit

Es ist auf eine Schriftart und -größe zu achten, die gut zu lesen sind. Sie stellen keine Parameter dar, um die Arbeit auf den gewünschten Umfang zu trimmen. Normalerweise verwendet man eine **Schriftgröße** von 12 Punkt; in den Fußnoten wird sie auf 10 Punkt reduziert. Die **Schriftart** sollte klar und nicht verspielt wirken. Bei Serifenschriften wird der Grundstrich des Buchstabens am Ende quer zu seiner Grundrichtung mit einer Linie (Serife) abgeschlossen.

Schrift

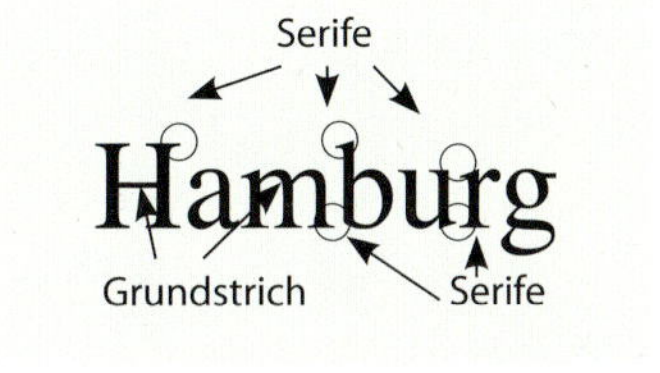

Abb. 54: Serifenschrift.
Eigene Darstellung

Der **Seitenrand** beträgt links wegen der Lochung/Bindung meist drei Zentimeter, rechts vier cm, um dem Korrektor ausreichend Raum für Anmerkungen zu lassen. Der obere und der untere Rand sind jeweils 2,5 bis drei cm breit. Zwischen der Seitenzahl und dem Rand sind ca. 1,5 cm Abstand einzuhalten. Die Seitenzahl kann mittig oder rechtsbündig, oben oder unten gedruckt werden. Die Blätter werden nur einseitig beschrieben. Für den fortlaufenden Text wird ein 1,5-zeiliger Zeilenabstand gewählt, in den Fußnoten ein einzeiliger. Der Text wird in der Regel im Blocksatz gesetzt. Um zu große Lücken zwischen den Wörtern zu vermeiden, ist bei Bedarf das Wort am Zeilenende zu trennen. Dazu kann die automatische Silbentrennung des Textverarbeitungsprogramms verwendet werden. Blocksatz erfordert sorgfältiges Redigieren des Zeilenumbruchs; die automatische Silbentrennung führt dabei vielfach zu unbefriedigenden Ergebnissen. Flattersatz mit gut redigiertem Zeilenumbruch ist somit eine gleichwertige Lösung.

Abstände

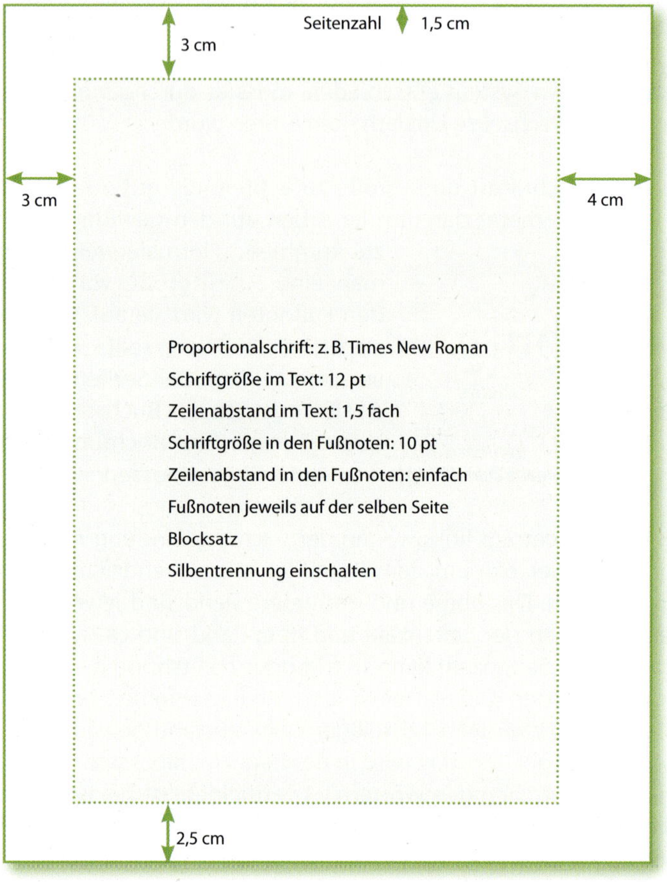

Abb. 55: Seitengestaltung. *Eigene Darstellung*

Überschriften

Überschriften werden mit der Gliederungsnummer linksbündig und fett gedruckt. Der Abstand vor der Überschrift ist größer als der zum folgenden Text, damit die Zugehörigkeit der Überschrift sogleich deutlich wird. In der Regel lässt man vor der Überschrift zwei, nach der Überschrift eine Leerzeile frei. Weitere Hervorhebungen wie Unterstreichung oder Zentrierung sind nicht üblich. Ein neues Kapitel sollte auf einer neuen Seite beginnen, da hierdurch die Arbeit übersichtlicher wird. Eine neue Seite wird auch begonnen, wenn nach der Überschrift kein Platz mehr für Text ist. Die Leerräume, die dadurch entstehen können, werden nicht dem Umfang der Arbeit zugerechnet. Grundsätzlich wirkt ein aufgelockertes Erscheinungsbild positiv und rechtfertigt einen etwas größeren Brutto-Umfang der Arbeit, der Netto-Umfang, also der Text, wird dadurch nicht berührt (10 – 15 Seiten sind der vorgegebene Umfang der Seminararbeit).

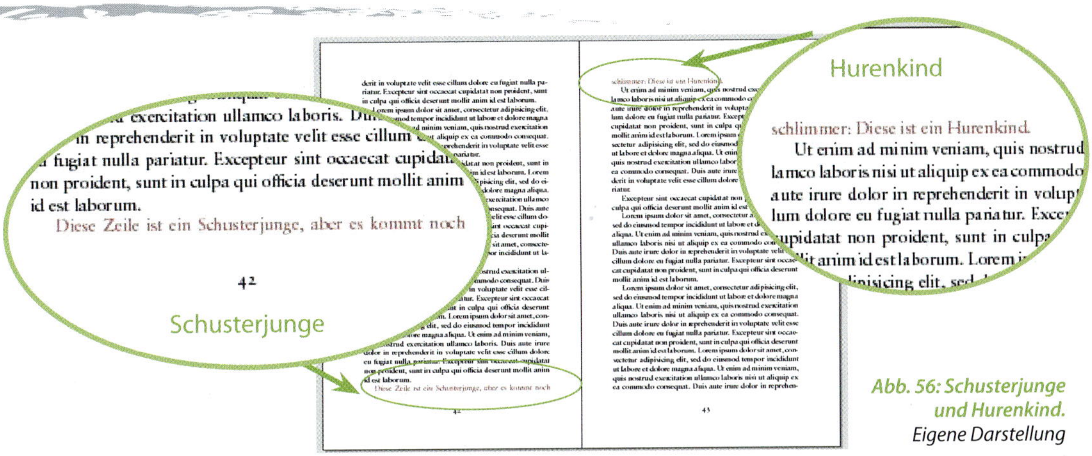

Abb. 56: Schusterjunge und Hurenkind.
Eigene Darstellung

Absätze

Ein wichtiges Gliederungselement sind die **Absätze** innerhalb eines Kapitels. So sollte jeder gedankliche Schritt mit einem Absatz beendet werden. Die Untergrenze sind zwei Sätze pro Absatz. Eine starke Strukturierung des Textes, die die Argumentation optisch unterstützt, erleichtert das Lesen und zwingt den Verfasser zu einem klaren Aufbau seiner Arbeit. Ein optisch unstrukturierter Text („Bleiwüste") ermüdet den Leser schneller und ist häufig Spiegel einer unstrukturierten Gedankenführung. Beim Drucken ist darauf zu achten, dass am Ende der Seite die erste Zeile („Schusterjunge") und am Beginn einer Seite die letzte Zeile („Hurenkind") eines Absatzes nicht isoliert stehen. Dieses Problem kann mittels der automatischen Absatzkontrolle der Textverarbeitungsprogramme vermieden werden.

Hervorhebungen

Mit **Hervorhebungen** im Text sollte sparsam umgegangen werden, da zu viele Hervorhebungen unruhig wirken, zu Unübersichtlichkeit führen und die Hervorhebungen damit ihren Zweck verfehlen. Nur vereinzelt können zentrale Begriffe kursiv hervorgehoben werden (Kursivsetzungen sind standardmäßig für fremdsprachige Worte reserviert). Auf Unterstreichen oder das Verwenden von mehr als zwei unterschiedlichen Schriftarten sollte grundsätzlich verzichtet werden; ein Schriftwechsel ist nur für Überschriften und Bildunter-/Tabellenüberschriften erlaubt. Neben der Veränderung des Schriftschnitts (fett, kursiv bzw. italic) können auch durch Einrücken, Veränderung des Zeilenabstands und der Schriftgröße Hervorhebungen vorgenommen werden. Bei **Auflistungen** bietet es sich an, diese etwas einzurücken. **Zitate**, die länger als drei bis fünf Zeilen sind, sollten durch eine kleinere Schriftgröße (10 Punkt), einen einzeiligen Zeilenabstand und breiteren Rand rechts und links hervorgehoben werden. Dies spart auch Platz, was dadurch gerechtfertigt ist, da es sich hier meist nicht um neue Erkenntnisse oder eine neue, eigene Argumentation handelt. Grundsätzlich ist jedoch zu überlegen, ob solch lange Zitate überhaupt notwendig und sinnvoll sind (→ Übung C).

König Otto I. von Griechenland 9

4.1 Die erste Phase der Regentschaft

Auch ein bayerischer Zeitzeuge, der Historiker Mendelson, stimmt dem teilweise zu: „Die Klephten beschaffen sich weit vom Vaterland, das sie ausgestoßen hat, bewaffnet die Mittel zum Leben ...“[33] Die Klephten[34] nehmen ihr altes Diebesleben wieder auf,[35] die Regentschaft reagiert mit Armee und Guillotine. Mit am heftigsten tobt der Konflikt in Mani,[36] denn von den Maniaten wird verlangt, ihre Wehrtürme abzureißen, ihre Waffen abzugeben und den Zehnten an den Staat zu zahlen.[37] Aus dieser Zeit ist noch ein altes Volkslied überliefert:

> „Für freies Leben nur sind wir geschaffen, nicht Sklaven von Tyrannen woll'n wir seyn. Und keine Mähr' ist's, was wir euch singen, es ist die lautre Meinung unsres Herzens. Ein Jubel tönt dem König entgegen, als er zu Nauplia das Land betrat [...]. Noch nie im Leben war'n wir Sklaven. Ein armes Land ist unser ohne Schätze; Wir nannten König dich, so gib uns, wenn du hast. Das ist kurz gesagt unsere Willensmeinung. Wir sind zu Haus; kommt, wenn ihr Etwas von uns wollt.“[38]

Dies zeigt, dass die Verehrung für den König noch groß ist, die Maniaten sich jedoch dem Staat nicht unterwerfen wollen, auf ihre Rechte bestehen und bereit sind zu kämpfen. Der Aufstand kann nicht niedergeschlagen werden und man stellt die Klephten schließlich in Regierungsdienste. Auch im Umgang mit der Inselbevölkerung agiert die Regentschaft ungeschickt. Viele Griechen können sich keine Existenz aufbauen, weil die riesigen Staatsländereien bis ins Jahr 1856 immer noch nicht verteilt sind. Darüber beklagt sich auch Makryiannis: „Wo sind die besten Felder, wo sind die Werkstätten und Häuser der Türken, wo sind die Gärten und Felder mit Rosinen?“[39] Zudem empfinden viele Griechen Beamte und Verwaltung als bürokratisch und pedantisch.[40]

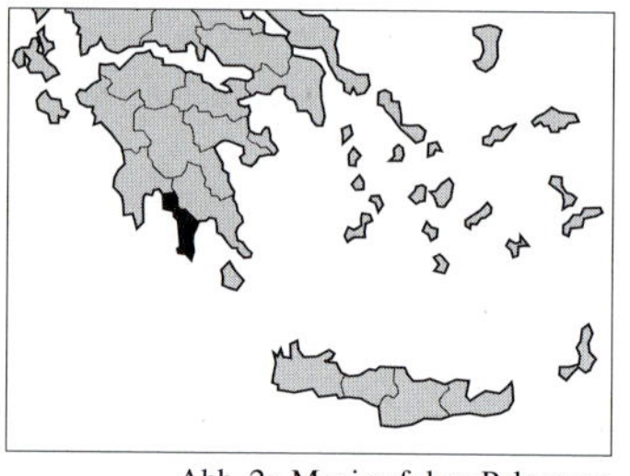

Abb. 2: Mani auf dem Pelepones

33 Ebd.
34 Diebesbanden, die das Herz des griechischen Aufstands waren. Vgl. Baumstark, Das neue Hellas, S. 617.
35 Vgl. Kotsowilis, König Otto I. von Griechenland im Licht neuer archivarischer Quellen, S. 1.
36 Vgl. W. Seidl, Bayern in Griechenland, S. 134.
37 Vgl. a. a. O., S. 131.
38 Ebd.
39 Vgl. C. Giorgos, Geschichte der griechischen Nation, S. 13.
40 Ebd.

Abb. 57: Beispiel einer sinnvoll gestalteten Textseite. Eigene Darstellung

Illustrationen

Die Inhalte der schriftlichen Arbeit müssen – anders als bei Ihrer Präsentation im Rahmen eines Vortrags – nicht in jedem Fall optisch veranschaulicht werden. Anschaulichkeit und Visualisierung können jedoch zentrale Elemente wissenschaftlicher Arbeiten sein, solange sie nicht Dekorationszwecken dienen, sondern zielführend sind. Auf eine Bebilderung aus ästhetischen Gründen ist also zu verzichten. Gleichwohl ist es häufig sinnvoll, die Argumentation zu illustrieren, wenn die Abbildungen einen zusätzlichen, schwer zu verbalisierenden Inhalt besitzen oder als Beweis dienen. Dies können zum Beispiel **Fotos** sein, welche die Beschreibung eines Sachverhalts ergänzen, oder **Diagramme**, die Ergebnisse von Versuchen oder Umfragen festhalten. Aber auch **Tabellen** können im Textteil abgebildet werden, wenn sich die Argumentation unmittelbar auf diese Daten bezieht. Ansonsten sind Tabellen dem Materialteil des Anhangs beizufügen. Denkbar sind auch **Strukturskizzen**, die Zusammenhänge verdeutlichen – auch bei geistes- und sozialwissenschaftlichen Themen. Voraussetzung für die Verwendung von Illustrationen ist, dass im Text explizit auf sie Bezug genommen wird und sie dadurch in die Argumentation integriert werden. Die Illustrationen sind durchzunummerieren und mit einem Titel zu versehen, der ohne Leerzeile direkt unter der Abbildung steht. Die **Quelle der Abbildung** muss in den Anmerkungen wie bei einer Textquelle angegeben werden. Bei der Auswahl – besonders bei bildlichen Illustrationen wie zum Beispiel Fotos, Karikaturen oder Stichen – ist darauf zu achten, dass Größe und Druckqualität ausreichend sind, sodass die gewünschten Informationen auch transportiert werden können.

Kopf- und Fußzeile

Um die **Orientierung in der Arbeit** zu erleichtern, können auch Kopf- und/ oder Fußzeilen verwendet werden. In der Kopfzeile können das jeweilige Kapitel und die Seitenzahl genannt werden. Es ist aber darauf zu achten, dass das Layout der Seite nicht überfrachtet wird.

Zusammenfassung zu Kapitel 6.1

Ein **klarer Aufbau** der Seminararbeit ermöglicht es, die erarbeiteten Inhalte **nachvollziehbar und überzeugend darzustellen**. Dieser Aufbau spiegelt sich bereits im Inhaltsverzeichnis wider. Die Einleitung, die die Zielsetzung der Arbeit beschreibt, und Schluss, der das Ergebnis der Untersuchung zusammenfasst, bilden den Rahmen um den Hauptteil. Ein **einheitliches und klares Layout** vermittelt und unterstützt auf der optischen Ebene die Struktur der Arbeit. Mit Illustrationen kann die Anschaulichkeit gesteigert und damit die Argumentation unterstützt werden.

6.2 Sprachliche Gestaltung

Sachliches Schreiben vs. individueller Schreibstil

Die Sprache ist das Medium, mit dem der Inhalt der Seminararbeit zum Leser transportiert wird. Dies gilt in ganz besonderem Maße für wissenschaftliche Sachtexte, deren Zweck fast ausschließlich die sachliche Information ist. Die sprachliche Gestaltung des Textes trägt somit maßgeblichen Anteil daran, in welchem Umfang der Leser Informationen aufnimmt; sie bestimmt die Verständlichkeit des Textes. Dieser Anforderung muss der Schreibstil genügen, indem die Grundsätze sachlichen Schreibens berücksichtigt werden. Gleichzeitig ist der Schreibstil aber auch **Ausdruck der eigenen Persönlichkeit**. Daher ist es nicht sinnvoll, diesen völlig zu unterdrücken und zwanghaft zu versuchen, sich „wissenschaftlich" auszudrücken. Der eigene Charakter – Ausdruck der Eigenständigkeit der Arbeit – würde dann verloren gehen. Zudem wirkt eine gekünstelte Sprache wenig authentisch. Sie verliert dadurch an Überzeugungskraft, eben das, was mit sachlichem Schreiben gerade erreicht werden sollte. Zudem kann der Zwang, einen fremden Schreibstil zu übernehmen, hemmend wirken und zu Frustration führen, was den Arbeitseifer insgesamt schmälert. Es muss also die **Balance** zwischen individuellem Schreibstil und den berechtigten Konventionen sachlichen Schreibens gefunden werden.

Abb. 58: Kennzeichen wissenschaftlicher Texte. *Eigene Darstellung*

Präziser Ausdruck

Wesentliches Kriterium wissenschaftlichen Schreibens ist die **Verständlichkeit**. Selbstverständlich ist dabei, dass Fehler in Schreibung und Satzbau ausgeschlossen werden. Weiterhin ist auf einen **präzisen Ausdruck** Wert zu legen. Dabei gilt es, den Text bewusst in Schriftsprache abzufassen, die sich durch eine komplexere Struktur und eine gehobenere Wortwahl auszeichnet und sich damit von der Umgangssprache und der gesprochenen Sprache unterscheidet. Auch Phrasen und Füllwörter sollten vermieden werden. Zudem ist die **Lesbarkeit** im Auge zu behalten, indem trotz aller Präzision auf einfache und klare Formulierungen geachtet wird.

Begriffliche Präzision – Fachsprache

In wissenschaftlichen Texten ist es üblich und notwendig, Fachbegriffe zu verwenden. Dies zeigt, dass der Verfasser über die notwendigen Fachkenntnisse verfügt; auch – wichtiger – ermöglichen Fachbegriffe eine präzise Beschreibung eines Sachverhalts. Weniger geläufige Fachbegriffe müssen bei der ersten Verwendung erklärt und gegebenenfalls in das Glossar aufge-

Abb. 59: Nicht immer werden Fremdwörter sinnvoll eingesetzt. Eigene Darstellung

nommen werden. Davon sind Fremdwörter zu unterscheiden. Auch sie können der Präzisierung dienen. Sie dürfen jedoch nicht um ihrer selbst verwendet werden, um Wissenschaftlichkeit vorzutäuschen, da ein Übermaß an Fremdwörtern das Verständnis erschwert. Daher ist zu prüfen, ob sich der Sachverhalt nicht auch mit der deutschen Entsprechung genauso präzise darstellen lässt. Besonders ist auf die Bildung eigener Fremdwörter zu verzichten (→ Übung D).

Zahlen ausschreiben

Zahlen von eins bis zwölf sind auszuschreiben, außer sie werden in Verbindung mit Maßeinheiten verwendet.

Sprachliche Präzision – Nachvollziehbarkeit

Damit der Text überzeugen kann, müssen die **inneren Zusammenhänge** sichtbar werden. Dadurch wird der rote Faden der Arbeit erkennbar und der Leser kann auf diese Weise Schritt für Schritt die Beweisführung und die Argumentation des Verfassers nachverfolgen.

Verknüpfung

Auf der sprachlichen Ebene wird die Nachvollziehbarkeit der Gedankenführung vor allem durch aussagekräftige Verknüpfungen der einzelnen Bestandteile der Argumentation (Behauptung, Begründung, Beispiel, Beweis, Zitat) erreicht. Dazu müssen die adversativen, konditionalen, finalen, kausalen usw. Bezüge sprachlich deutlich gemacht werden, indem entsprechende Konjunktionen (z. B. „deshalb") oder Wortgruppen (z. B. „daraus folgt") verwendet werden. Auch muss klar darauf hingewiesen werden, welche **argumentative Funktion** dem einzelnen Element (Behauptung, Begründung, Beispiel, Folgerung, Meinung) zukommt (z. B. „wie am folgenden Beispiel deutlich wird").

Überleitungen

Auch zwischen den einzelnen Teilen, Kapiteln und (Unter-)Abschnitten müssen Überleitungen hergestellt werden, die den **Zusammenhang** zwischen den einzelnen Gliederungspunkten schaffen. Überleitung können zum Beispiel anaphorische (rückverweisende) Wiederaufnahmen („neben/entgegen/trotz dieser Tatsache/Meinung/Behauptung") oder ein kataphorischer (vorausdeutender) Ausblick („Im Folgenden ist noch darzulegen") sein. Diese überleitenden Sätze in Verbindung mit kleinen Zwischenzusammenfassungen sind ein Bestandteil des bereits häufig erwähnten roten Fadens. Auch Querverweise dienen der Steigerung der Textkohärenz, also der Geschlossenheit des Textes.

Zitate, Abbildungen, Tabellen einbinden

Um eine schlüssige Argumentation zu erhalten, müssen Zitate flüssig und fortlaufend in den Text integriert werden. Bei längeren Zitaten kann dies auch mit einem einleitenden Satz erfolgen („wie folgendes Zitat belegt"). Die Zitate dürfen nicht ohne Zusammenhang mit der Gedankenführung bleiben, vielmehr muss deutlich darauf **Bezug genommen** werden. Dies kann zum Beispiel eine Erläuterung des Inhalts oder eine Bewertung der Aussage des Zitats sein. Auch auf Abbildungen und Tabellen muss explizit eingegangen werden. So kann zum Beispiel bei Fotos erläutert werden, was bemerkenswert ist. Bei Tabellen müssen die Daten eine wesentliche Bedeutung für die Argumentation besitzen.

Anschaulichkeit

Abbildungen und Tabellen dienen auch der Anschaulichkeit, durch die sich der Leser die Inhalte besser vorstellen kann und die ihm das Verständnis erleichtern. Die Arbeit wirkt überzeugender. Dies kann auch durch Beispiele geschehen, die einen abstrakten Sachverhalt konkretisieren und dadurch veranschaulichen. Auch die Verwendung von **Bildern und Vergleichen** kann diesen Zweck erfüllen. Ein blumiger Stil ist jedoch zu vermeiden, da er zu viel Raum für Interpretationen lässt und damit zu unpräzise ist.

Sachlichkeit – Objektivität statt Manipulation

Wesentliches Kriterium eines wissenschaftlichen Textes ist die **objektive Darstellung** von Sachverhalten. Auf manipulative Elemente beim Schreiben muss verzichtet werden. Der Leser soll nicht überredet, sondern überzeugt werden. Er muss sich selbst ein Urteil bilden können, indem er die Argumente sachlich dargestellt bekommt und sie abwägen sowie den Gedankengang nachvollziehen kann. Spekulationen, unbewiesene Behauptungen und widersprüchliche Darstellungen müssen vermieden werden. Dazu gehören ebenso superlativische, absolute Aussagen. Diese erwecken den Eindruck einer dogmatischen Gültigkeit, was in den meisten Fällen jedoch nicht zutrifft. Aus dieser alltäglichen Erfahrung heraus fordern solche Formulierungen automatisch Widerspruch heraus. Die ursprüngliche Absicht, den Leser zu überzeugen, wird ins Gegenteil verkehrt. Folglich gilt es, eine gewisse Vorsicht walten zu lassen (z. B. statt: immer – häufig, alle – die meisten, muss – soll). Eine ähnlich manipulierende Wirkung haben Formulierungen, die eine Allgemeingültigkeit suggerieren (z. B. „wie allgemein bekannt ist").

Ausdrucksform und Tempus

Wissenschaftliche Texte werden überwiegend in der 3. Person geschrieben. Die Ich-Form ist zu vermeiden, außer es geht darum, dezidiert die eigene Meinung darzustellen. Um Sachverhalte neutral und sachlich zu beschreiben, kann auch das Passiv gewählt werden. Es sollte jedoch nicht ausschließlich verwendet werden. Ein ständiger Wechsel zwischen Aktiv und Passiv ist zu vermeiden. Der Konjunktiv sollte nur dann zum Einsatz kommen, wenn er wirklich nötig ist. Dies kann der Fall sein, wenn tatsächlich Möglichkeiten oder Bedingungen ausgedrückt werden sollen oder beim Zitieren in Form der indirekten Rede. Ansonsten wirkt er gestelzt und unbestimmt, was einer stringenten Argumentation zuwiderläuft. **Leittempus** für wissenschaftliche Arbeiten ist das Präsens. Wenn Sachverhalte beschrieben werden, die – wie historische Themen – in der Vergangenheit liegen, kann auch das Präteritum gewählt werden. Das Tempus der Vorzeitigkeit (eine Handlung findet vor der übergeordneten statt) ist im ersten Fall das Perfekt, im zweiten das Plusquamperfekt.

Klarer Satzbau

Zur **Verständlichkeit** des Textes trägt ganz wesentlich die gute Lesbarkeit bei. Neben der Präzision ist daher auf klare Formulierungen zu achten. Der Satzbau sollte klar und übersichtlich sein. Deshalb ist auf Schachtelsätze zu verzichten, also auf lange hypotaktische Konstruktionen mit zahlreichen Einschüben, da der Leser zu leicht den Faden verliert und den Satz mehrmals lesen muss. Auch komplizierte Satzgefüge sind häufig eine Fehlerquelle. Das bedeutet nicht, dass nur kurze Hauptsätze aneinandergereiht werden sollen. Vielmehr ist zu überlegen, ob nicht die Teilung eines Satzgefüges, den Inhalt deutlicher hervortreten lässt. Zudem können auch Hauptsätze durch Konjunktionen (z. B. „deshalb", „aber") oder Wortgruppen in Bezug gesetzt werden. Satzeinleitungen mit „dass" können durch Adjektive ersetzt werden (z. B. statt: es steht zu vermuten, dass – vermutlich). Dies reduziert die Komplexität des Satzes, ohne dass Inhalte verloren gehen.

Klare Sprache

Auch der Verbalstil verbessert die Verständlichkeit des Textes. Nominalisierungen und lange Komposita sollten vermieden werden. Häufig lassen sie sich in mehrere Wörter auflösen, wodurch der Sachverhalt klarer beschrieben wird (z. B. statt: das Inkrafttreten des Gesetzes – das Gesetz tritt in Kraft; statt: Programm zur Lebensmittelknappheitsbeseitigung – zur Beseitigung der Lebensmittelknappheit). Ebenso sind Tautologien zu vermeiden, da sie den Sinn nur verdoppeln (z. B. kritischer Einwand, neu renoviert). Ähnliches gilt für Abkürzungen. Gebräuchliche Abkürzungen (z. B. „ebd.", „ff.", „z. B.", „Abb.", „usw."; auch für Maße: „cm", „km", „t"), die den Lesefluss nicht hemmen, können verwendet werden, um die Schreibarbeit zu reduzieren. Für häufig verwendete, lange Begriffe können Abkürzungen eingeführt werden, diese müssen aber beim ersten Gebrauch erklärt werden. Treten zahlreiche (mehr als zehn) Abkürzungen auf, ist ein Abkürzungsverzeichnis angebracht (→ Übung E).

Abwechslung statt Wiederholung

Sachtexte müssen objektiv und präzise formuliert werden, das bedeutet jedoch nicht zwangsläufig, dass sie langweilig zu lesen sind. Neben einer anschaulichen und klaren Sprache trägt auch ein abwechslungsreicher Ausdruck dazu bei, der durch das **Vermeiden von Wiederholungen** erreicht wird. So sollte die Syntax nicht immer dem gleichen Muster (Subjekt – Prädikat – Objekt) folgen. Durch Umstellungen können auch andere Satzglieder und damit ihr Inhalt besonders betont werden, v. a. wenn sie an den Anfang rücken. Auch die Wiederholung von einzelnen Wörtern sollte verringert werden. Dies kann durch Synonyme geschehen. Eine Hilfe sind hierbei Wörterbücher oder die entsprechenden Funktionen der Textverarbeitungsprogramme (z. B. „Thesaurus"). Eine weitere Möglichkeit ist das Ersetzen durch Pronomen (→ Abb. 60), wenn gleichzeitig der eindeutige Bezug erhalten bleibt. Dabei kann ein Pronomen zurückverweisen (anaphorisch, Bsp. 1) oder vorausverweisen (kataphorisch, Bsp. 2). Gelegentlich kann eine Wiederholung auch durch das Zusammenfassen von zwei Sätzen vermieden werden (Bsp. 3). Allerdings ist es nicht notwendig, jede Wiederholung zu beseitigen, wenn der Inhalt dadurch weniger deutlich wird (→ Übung F).

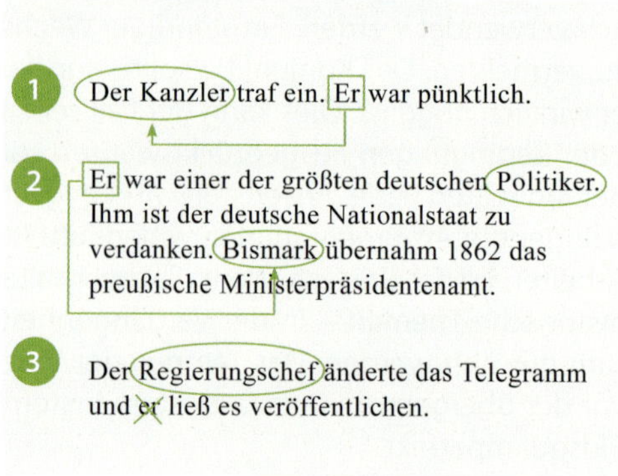

Abb. 60: Beispiele zur Vermeidung von Wiederholungen. Eigene Darstellung

Zusammenfassung zu Kapitel 6.2

In der Seminararbeit fällt der **sprachlichen Gestaltung** des Textes und der **Ausdrucksfähigkeit** eine hohe Bedeutung zu. Die Argumentation muss **nachvollziehbar und verständlich** formuliert sein. Dazu muss die Sprache **sachlich und begrifflich präzise** sowie **objektiv und anschaulich** sein. Erreicht wird dies durch den **bewussten Einsatz** sprachlicher Mittel. Als „Handwerkszeug" dienen Verknüpfungen, Überleitungen, ein übersichtlicher Satzbau, ein abwechslungsreicher Ausdruck und der Verbalstil. Auf Illustrationen und Zitate wird im Text Bezug genommen, um ihre Bedeutung für die Argumentation deutlich zu machen.

6.3 Überarbeitung

Nachdem alle Teile der Seminararbeit verfasst worden sind, steht eine letzte Überarbeitung an, um verbliebene inhaltliche Schwächen und andere Fehler zu verbessern. Gerade Fehler im formalen Bereich (z. B. Zitierweise), der Sprachrichtigkeit (z. B. Rechtschreibung) oder in der Argumentation (z. B. unklare sprachliche Bezüge in der Gedankenführung) können zu einer schlechteren Benotung führen. Gleichzeitig lassen sie sich recht leicht beheben.

Distanz zum eigenen Text

Ein Autor tendiert dazu, **Fehler** in seinem Text zu überlesen, da er sehr vertraut mit dem Inhalt ist. So fallen ihm Lücken in der Argumentationsführung nicht auf, da er sie automatisch selbst schließt. Formale Fehler entgehen ihm, da er den Text, den er quasi auswendig beherrscht, nur überfliegt. Daher sollte zwischen dem vorläufigen Ende der Arbeit und der letzten Korrektur eine gewisse Zeitspanne liegen, sodass dem Verfasser der eigene Text wieder etwas fremder wird und er sich zwangsläufig nochmals mit ihm auseinandersetzt. Die Zeitspanne sollte jedoch nicht so lange sein, dass der Verfasser sich komplett neu in das Thema einarbeiten muss. Eine Pause von circa zwei Wochen ist angemessen.

Bewertungskriterien

Während der Arbeitsphase waren einzelne Bestandteile der Seminararbeit und Betreuungsgespräche mit der Lehrkraft Gegenstand von Leistungserhebungen. Zur Orientierung, inwieweit die Seminararbeit den Anforderungen gerecht wird, dient bereits vor Beginn der Arbeit auch ein Blick auf die **Bewertungskriterien** (→ Abb. 61).

Inhaltliche Stringenz

Zwar lässt sich am Ende der Arbeitsphase an der inhaltlichen Qualität nichts Grundlegendes mehr ändern, doch kann die Argumentationsführung nochmals auf ihre Schlüssigkeit hin kontrolliert werden. Bei der inhaltlichen Überprüfung gilt es, sich in den Leser hineinzuversetzen und zu fragen, ob sich der **rote Faden** durch die Argumentation zieht und ob die Argumentationskette logisch und anschaulich aufgebaut ist, sodass der Leser sie lückenlos nachvollziehen kann. Dazu müssen auch die Überleitungen und Verknüpfungen die inneren Zusammenhänge und Bezüge klar herausstellen. Dazu sollten die in den vorangegangenen beiden Kapiteln dargestellten Punkte berücksichtigt worden sein (→ Übung G).

Leserbezug

Die Einleitung sollte dahingehend gelesen werden, ob der Leser ausreichend über das Thema der Arbeit, die Schwerpunktsetzung und die Vorgehensweise informiert wird. Die Überschriften werden hinsichtlich ihrer Prägnanz und des einheitlichen Stils kontrolliert sowie daraufhin, ob sie die wesentliche(n) Aussage(n) des Kapitels beinhalten. Auch das abschließende Ergebnis und die eigene Bewertung sollten noch einmal überprüft werden. Es werden zwar keine neuen wissenschaftlichen Erkenntnisse erwartet, doch sollte die Eigenständigkeit des Verfassers im Umgang mit der verwendeten Literatur, den Versuchsergebnissen und dem verwendeten Material (Methodik) und das darauf basierende eigenständige Urteil deutlich werden.

Umfang

Am Ende der Arbeitsphase muss auch der Umfang der Arbeit nochmals geprüft werden. Ist der Text zu lang geraten, ist zu überlegen, wo gekürzt werden kann. Besitzen alle Kapitel und Abschnitte einen ausreichend engen Bezug zum Thema? Sind längere Zitate zu kürzen oder zu streichen, ohne dass die Beweisführung leidet? Kann der Text sprachlich verdichtet werden, ohne dass die Syntax unüberschaubar wird?

Zitierweise und Einheitlichkeit

Bei der abschließenden Überarbeitung sollte der korrekten Zitierweise besonderes Augenmerk geschenkt werden, da sie eine **zentrale Methode** wissenschaftlichen Arbeitens ist (→ Kapitel 2.3). Im Text muss auf eine konsequente Trennung von eigenen und fremden Gedanken geachtet werden, gerade auch bei sinngemäß übernommenen Inhalten. Die Unterscheidung zwischen indirekten und direkten Zitaten muss eindeutig sein. Dieser Arbeitsschritt sollte nach eventuell vorgenommenen Kürzungen, bei denen unbeabsichtigt auch die Kennzeichnungen von Zitaten gelöscht worden sein können, vorgenommen werden. Daneben gilt es, den Wortlaut der direkten Zitate zu kontrollieren. In den Anmerkungen ist sicherzustellen, dass das gewählte Schema zur Angabe der Quellen ausnahmslos einheitlich eingehalten wird. Die Einheitlichkeit ist auch in allen anderen Verzeichnissen zu gewährleisten.

Unterschleif

Werden Quellen – gerade aus dem Internet – benutzt und nicht angegeben, so stellt dies **Betrug** dar, und die Arbeit muss mit null Punkten bewertet werden. Gerade in der vergangenen Zeit ist die Rate der aufgedeckten Betrugsversuche gestiegen, da sich an Schule und Universität ein Bewusstsein hierfür entwickelt hat. So erleichtert das Internet auch dem Korrektor in Verdachtsfällen die Recherche nach Quellen. Zudem haben sich Firmen darauf spezialisiert, Arbeiten hinsichtlich der angegebenen und nicht angegebenen Internetquellen zu überprüfen.

Sprachrichtigkeit

Um **Fehler** in der Grammatik und der Rechtschreibung zu beseitigen, können auch die entsprechenden Funktionen der Textverarbeitungsprogramme genutzt werden. Doch sollte man sich keinesfalls auf diese verlassen, sie erkennen nur einen Teil der Fehler. Dies gilt umso mehr, als diese Fehler dem Korrektor sofort auffallen und den ersten Eindruck belasten, schließlich wären sie leicht zu vermeiden gewesen und lassen Rückschlüsse auf die Arbeitshaltung des Verfassers zu.

Erscheinungsbild

Entspricht die Arbeit inhaltlich und sprachlich schließlich den eigenen Vorstellungen, so kann als letzter Arbeitsschritt die Optimierung des äußeren Erscheinungsbilds vorgenommen werden. Dies sollte unbedingt erst **ganz am Schluss** geschehen, wenn keine Umstellungen, Kürzungen oder Umfor-

Bewertungsbogen zur Seminararbeit

Seminarfach: ______________________ Lehrkraft: ______________

Schüler: ______________________________________

Rahmenthema des Seminars: ______________________

Thema der Seminararbeit: ________________________

Beuteilungskriterien	Bemerkungen	Bewertungseinheiten (BE) erreicht/erreichbar
Inhalt **Themenerfassung** (Vollständigkeit, Konzentration auf relevante Aspekte) **Sinnvolles Zitieren, angemessene Versuche, Auswahl der geeigneten Literatur, Argumentation...** (Logik, Stichhaltigkeit, Unterscheidung von Fakten und Meinungen, Werturteil, Eigenständigkeit der Argumentation, Klarheit der Verständlichkeit...)		(... / 15) x 3 = ... / 45
Darstellung **Aufbau** (Sinnvolle Proportionierung in Bezug auf Themenstellung, logischer Aufbau...) **Präzision und Anschaulichkeit der Darstellung** (Fachtermini, sprachliche Darstellung, Grammatik, angemessener Wortschatz, Graphiken, Bilder, Tabellen, ...)		(... / 15) x 2 = ... / 45
Formalia **Druckfertige Vorbereitung** (Seitenzählung, Formatierung, ...) **Äußere Gliederung** (Inhaltsverzeichnis, Klassifikationssystem, Herkunftsnachweise, korrektes Zitieren, ...)		... / 15
Summe		... / 90

Worturteil: ______________________________________

Notenpunkte: ______ Note: ______ Datum: ____________ Unterschrift der Lehrkraft: ____________

Abb. 61: Vorschlag für einen Bewertungsbogen zur Seminararbeit.
Aus: ISB: Die Seminare in der Gymnasialen Oberstufe. München, 2008, S. 85

mulierungen mehr stattfinden, damit sich der Textfluss und die Anordnung der einzelnen Gestaltungselemente nicht mehr verändern. Die Abbildungen müssen nun am richtigen Ort stehen, eine angemessene Qualität besitzen und betitelt sein. Die Überschriften sind mit denen im Inhaltsverzeichnis abzugleichen und entsprechend dem gewählten Schema einheitlich zu formatieren.

Leerzeichen und Absätze

Auch die Leerzeichen müssen überprüft werden. Besonders bei Verwendung des Blocksatzes sollte kontrolliert werden, ob zwischen den Wörtern jeweils wirklich nur ein Leerzeichen steht. Nach Satzzeichen steht ein Leerzeichen. Ausnahmen sind die öffnende Klammer und Anführungszeichen, auf die kein Leerschritt folgt. Um zu große Wortzwischenräume zu vermeiden, ist bei Bedarf das Wort am Zeilenende zu trennen. Dazu kann die automatische Silbentrennung des Textverarbeitungsprogramms verwendet werden. Wenn diese kein befriedigendes Ergebnis liefert, kann manuell mit dem bedingten Trennstrich („Strg" + Minus) getrennt werden. Dieser wird automatisch unterdrückt, wenn das getrennte Wort durch späteres Formatieren wieder in das Zeileninnere rutscht. Am Ende kann auch überprüft werden, ob die Abstände vor und nach den Überschriften stimmen und ob alle „Schusterjungen" und „Hurenkinder" (→ vgl. S. 137) getilgt sind (→ Übung H).

Die letzte Kontrolle sollte spätestens einige Tage vor dem Abgabetermin abgeschlossen sein, sodass die Arbeit in Ruhe ausgedruckt und eventuell gebunden werden kann. Mit einem Zeitpuffer lassen sich dann auch eventuell auftretende technische Probleme (z. B. fehlende Druckertinte) gelassen beheben.

Zusammenfassung zu Kapitel 6.3

Am Ende der schriftlichen Fixierung steht die **Überarbeitung**. Hier sollen **inhaltliche Schwächen und andere Fehler beseitigt** werden, um sich nicht unnötig um die Früchte der geleisteten Arbeit zu bringen. Gerade Fehler im **formalen Bereich** wie in der Sprachrichtigkeit, im äußeren Erscheinungsbild oder in der Einheitlichkeit können sich negativ auf die Note auswirken. Im schlimmsten Fall kann fehlerhaftes Zitieren sogar als Unterschleif gewertet werden. Dabei lassen sich gerade diese Mängel **nach einer gewissen zeitlichen Distanz** leicht beheben. Gegebenenfalls können nun auch noch Mängel in der Argumentation behoben werden, evtl. indem der rote Faden deutlicher herausgestellt wird. Um gegen technische Probleme oder unvorhersehbare Unglücksfälle gewappnet zu sein, sollte die **letzte Kontrolle spätestens einige Tage vor dem Abgabetermin** erfolgen.

Training zu Kapitel 6

A Fertigen Sie aus den Gliederungspunkten aus **M 1** ein schlüssiges **Inhaltsverzeichnis** zu dem Thema „David Goldstern – Das Schicksal eines Erlanger Juden zur NS-Zeit" an. Der Hauptteil beinhaltet drei Hauptkapitel. Die Gliederungspunkte befinden sich in der richtigen Reihenfolge. Entscheiden Sie sich für ein im Kapitel dargestelltes Nummerierungssystem.

Übung zu Kap. 6.1

M 1 Gliederungspunkte

Vorwort • Goldsterns Leben bis zur Machtübernahme durch die Nationalsozialisten • Kindheit und Jugend • An der Front des Ersten Weltkriegs • Erste Jahre als Lehrer • Umzug nach Erlangen • Goldsterns Leben in der Diktatur • Erste Diskriminierungen • Einsatz für Mitbürger in Haft • Anzeige wegen einer Beleidigung eines SA-Manns • Berufsverbot • Der angebliche Ritualmord von Uttenreuth • Verhaftung durch die Nazis • Verhöre • Haftbedingungen • Entlassung aus der Haft • Emigration in die USA • Schicksal der Familienangehörigen • Goldsterns Leben in den USA • Erste Eindrücke und Integration in das neue Land • Goldsterns Karriere in den USA • Kontakte mit der Heimat • Nachwort • Literaturverzeichnis • Abbildungsverzeichnis • Quellenverzeichnis • Schlusserklärung

B

1. Beschreiben Sie anhand der Textauszüge aus dem wissenschaftsjournalistischen Beitrag „Alle haben es gewollt" zur „Machtergreifung" in Northeim (**M 2**), wie hier **Einleitung** und **Schluss** gestaltet wurden. Beurteilen Sie, inwieweit diese Gestaltung für rein wissenschaftliche Arbeiten sinnvoll bzw. auf diese übertragbar ist.
2. Verfassen Sie eine Einleitung und einen Schluss zu einem der folgenden Themen. Achten Sie darauf, dass Ihr Schluss Bezug zur Einleitung nimmt.
   - Die Gestaltung des Sportunterrichts an bayerischen Gymnasien
   - Aktives Wahlrecht für Jugendliche ab 16 Jahren
   - Mittagsverpflegung am achtjährigen Gymnasium – Probleme und Chancen

Übung zu Kap. 6.1

M 2 Einleitung und Schluss

Einleitung:

An den 2. April 1933 erinnert sich Gertrude Schulze-Ballin, 93, noch genau. An jenen Tag, der wie viele andere begann. Mit einem Familienfrühstück in der ersten Etage des roten Backsteinhauses, bevor Vater und Mutter eine Treppe tiefer zur Arbeit in die Praxis gehen wollten. Und der mit einer schrecklichen Erkenntnis endete. Eine zweispaltige Anzeige, erschienen in der „Göttingen-Grubenhagenschen Zeitung", war es, die diesen Tag für sie zu einem traumatischen Erlebnis werden ließ. […] „Northeimer! Meidet diese Juden!", stand da. Darüber, wie ein Befehl: „Ausschneiden! Aufbewahren!" Dann eine Liste mit 34 Namen. An sechster Stelle […] Marta Ballin – ihre Mutter. Deutschland, die Jahre zwischen 1930 und 1935. Wie war das damals, in einer ganz normalen Kleinstadt? Wie kamen in der Provinz die Nationalsozialisten an die Macht? Wer waren sie? Wie sicherten sie ihre Herrschaft, wie veränderte sich der Alltag? Es gibt wenige regionale Studien dazu. […] Zeitzeugin Schulze-Ballin erlebte […] Typisches über die Grenzen ihrer Kleinstadt hinaus. Die meisten Northeimer seien zumindest anfangs begeisterte Nationalsozialisten gewesen, hätten es selbstverständlich gefunden, dass plötzlich Juden und Sozialdemokraten ausgegrenzt wurden: „Eigentlich haben es alle gewollt", sagt sie.

Schluss:

Von den Northeimer Juden lebten Anfang der vierziger Jahre nur noch drei in der Stadt […]. Sie wurden ins Konzentrationslager Theresienstadt deportiert. „Keiner kehrte von dort zurück", heißt es in einer Dokumentation. Gertrude Schulze-Ballin und ihre Familie überlebten die Nazi-Diktatur nur mit Glück. Gertrude kam bei den Eltern ihres christlichen Verlobten unter, Juniorchef einer kleinen Versicherungsagentur. Heiraten durfte sie Kurt Schulze wegen der Rassengesetze erst nach 1945.

Aus: Brandt, Andrea: Alle haben es gewollt. In: Spiegel Special Geschichte Nr. 1/29.1.2008

Übung zu Kap. 6.1

C **Formatieren** Sie folgenden Text (**M 3**), indem Sie Absätze einfügen und gegebenenfalls sinnvolle Hervorhebungen vornehmen. Ergänzen Sie notwendige Informationen in den Anmerkungen. Am besten gelingt dies, wenn man den Text einscannt und am PC bearbeitet.

M 3 Textformatierung

2013 steckten sich weltweit etwa 2,1 Millionen Menschen neu mit HIV an. 2001 betrug die Zahl der Neuansteckungen noch 3,4 Millionen; allein in den letzten drei Jahren hat sie sich um 13 Prozent verringert. 2013 lebten weltweit rund 35 Millionen Menschen mit dem Aidserreger HIV, etwas weniger als die Hälfte davon sind sich dessen bewusst, schätzt UNAIDS in seinem ebenfalls in diesem Jahr veröffentlichten Bericht „The Gap Report". Weil immer mehr HIV-positive Menschen mit Medikamenten behandelt werden, die die Ausbreitung des Virus verlangsamen (sogenannte antiretrovirale Therapien), nimmt die Zahl der an den Folgen von Aids gestorbenen Menschen ab. 2005 starben noch 2,3 Millionen Menschen an der Immunschwächekrankheit, im vergangenen Jahr waren es 1,5 Millionen. 1981 diagnostizierte ein Arzt erstmals die Immunschwächekrankheit Aids (Acquired Immune Deficiency

Syndrome). Hauptsächlich wird der Erreger durch ungeschützten Geschlechtsverkehr, verunreinigte Injektionsnadeln und verseuchte Blutkonserven übertragen. Zudem stecken häufig HIV-positive Schwangere ihre Kinder an. Eine Schutzimpfung gibt es nicht. Seit dem Ausbruch der Epidemie vor mehr als drei Jahrzehnten haben sich etwa 78 Millionen Menschen mit HIV infiziert; 39 Millionen Menschen sind gestorben, [...]. In Deutschland lebten nach Schätzungen des Robert Koch-Instituts Ende 2013 insgesamt 80.000 Menschen mit einer HIV-Infektion, davon 65.000 Männer. Dank der modernen Therapien steigt die Lebenserwartung der Betroffenen. 550 Menschen starben 2013 an Aids, seit Beginn der Epidemie sind 28.000 Todesfälle in Deutschland zu verzeichnen. [...] In den Ländern südlich der Sahara, wo fast 71 Prozent aller HIV-positiven Menschen leben, betrug die Zahl der Neuinfektionen im vergangenen Jahr 1,5 Millionen und ist damit seit 2005 um ein Drittel gesunken. In einigen Regionen ist eine steigende Zahl von Neuinfektionen zu beobachten, insbesondere in Osteuropa und Zentralasien. Die etwa in Russland und der Ukraine gängige Kriminalisierung von Drogennutzern, Homosexuellen und Sexarbeiterinnen wirke kontraproduktiv, warnt UNAIDS in ihrem Gap-Bericht – gerade diese HIV-Risikogruppen bräuchten Zugang zu Informationen und Unterstützungsleistungen.

Aus: www.bpb.de (Aufgerufen am: 1.12.2014) (gekürzt)

D Der Text **M 4** handelt von den Problemen in Megastädten. Notieren Sie alle **fachsprachlichen Wendungen** und beschreiben Sie ihre Wirkung. Suchen Sie anschließend Wörter/Ausdrücke heraus, die Textkohärenz (Verknüpfungen, die eine Texteinheit erzeugen) schaffen.

Übung zu Kap. 6.2

M 4 Stadt gegen Land

Viele Probleme der Megastädte resultieren aus dem Einkommensgefälle ihrer Bewohner und den begrenzten finanziellen Möglichkeiten zur Bewältigung der administrativen und infrastrukturellen Probleme. Die Vormachtstellung von Megastädten gegenüber den umgebenden Regionen bzw. Staaten resultiert oft aus der hohen Konzentration von politischen, wirtschaftlichen und kulturellen Funktionen in der Megastadt. Die Ansiedlung der bedeutsamsten Unternehmen ist oft Motor dieser Polarisierung. Den hochbezahlten, städtischen Berufsgruppen steht die Masse von Unbeteiligten gegenüber. Das Stadtwachstum hemmt oft die wirtschaftliche Entwicklung der übrigen Landesteile und fördert somit die weitere Migration in die Megastadt. Während die städtische Agglomeration sich wirtschaftlich entwickelt, profitieren weite Teile des Landes nicht. Die soziale Marginalisierung breiter Bevölkerungsschichten führt zu Problemen, die für die Stadtverwaltungen nicht lösbar sind: hohe Arbeitslosigkeit, fehlender Wohnraum, Gesundheits- und Ernährungsprobleme, ungenügende Wasserver- und Abwasserentsorgung, überfüllte Verkehrswege, Umweltverschmutzung sowie steigende Kriminalitätsraten.

Autorentext (nach Informationen von www.bpb.de)

Übung zu Kap. 6.2

E Die folgenden Texte (**M 5a** und **5b**) sind **Negativbeispiele wissenschaftlichen Schreibens**. Korrigieren Sie die Texte, indem Sie auf einen klaren Satzbau und eine sinnvolle Wortwahl achten. Dazu kann es nötig sein, den Text völlig umzugestalten, statt nur einzelne Stellen zu korrigieren. Ziehen Sie ggf. ein Wörterbuch heran, um unbekannte Begriffe zu klären.

M 5a

In seinem Gutachten hat Max Mustermann nicht nur auf erforderliche strafrechtliche Klarstellung zur Absicherung zulässiger Sterbebegleitung hingewiesen, sondern auch den weiterhin existierenden zivilrechtlichen Klarstellungsbedarf zivilrechtlicher Regelungen über die Bedeutung und die Reichweite des Selbstbestimmungsrechts in Folge der Irritationen durch den Beschluss des 12. Zivilsenats des Bundesgerichtshofs vom 11.11.2011 betont, welcher als Auslöser der vom Bundesministerium der Justiz aufgenommenen und intensivierten rechtspolitischen Debatte gelten kann.

M 5b

Das Modell beinhaltet in erkenntnistheoretischer Hinsicht eine Integration unterschiedlicher Beschreibungsebenen (physikalisch, chemisch, psychologisch etc.) unter dem Dach einer systematischen Sichtweise, in Fragen der Ursachenforschung eine ausgewogene und patientenbezogene Berücksichtigung somatischer und psychosozialer Faktoren sowie in therapeutischer Hinsicht eine überraschende Kombination psychotherapeutischer und somatischer Behandlungsverfahren.

Aus: www.uni-leipzig.de (Aufgerufen am: 20.5.2015)

Übung zu Kap. 6.2

F Bei genauem Lesen werden Ihnen im Text (**M 6**) einige vermeidbare **Wiederholungen** sowie manipulative und **umgangssprachliche Wendungen** auffallen. Formulieren Sie den Text so um, dass er den Anforderungen eines Sachtextes gerecht wird.

M 6 68er- und neue Frauenbewegung

Die neue Frauenbewegung machte ganz wenige Jahre nach der 68er-Bewegung endlich landesweit mit tollen Protesten auf die Anliegen von Frauen aufmerksam, die bekanntermaßen lange unterdrückt wurden. Die neue Frauenbewegung hat damit ihre Wurzeln selbstverständlich ebenso in der 68er-Bewegung wie in der historischen Frauenbewegung. Die historische Frauenbewegung war in Deutschland vor hundert Jahren oder so entstanden und hatte um die Wende zum 20. Jahrhundert ihren Höhepunkt erlebt. Ihre sozialistischen und jüdischen Führerinnen wurden in der Zeit des Nationalsozialismus leider verfolgt, vertrieben und ermordet. Und ihre bürgerlichen Vertreterinnen mussten sich eigentlich den neuen Herrschern anpassen oder aber, das muss man so sagen, auf jegliches Engagement verzichten. Krieg und Trümmerjahre bedeuteten das vorläufige Ende der alten Frauenorganisationen. […] Ende der 1960er Jahre trat eine neue Generation von Aktivistinnen auf den Plan, jünger, spritziger, fordernder und frecher als ihre älteren „Schwestern". Welches waren die Gründe für ihre Unzufriedenheit? […] Das Leben aller Frauen wurde durch mehrere Entwicklungen in Wirtschaft und Gesellschaft entscheidend geprägt: Zum einen führte der soziale Aufstieg der neuen Mittelschichten ja dazu, dass immer mehr Familien ihren Kindern eine super Bildung und Ausbildung ermöglichen konnten. Weiter entstanden endlich vermehrt Möglichkeiten zur Teilzeitarbeit, wie sie vorher nie anzutreffen waren, was besonders Frauen den Einstieg ins Erwerbsleben fantastisch erleichterte und den Frauen damit eigene Einkommen und finanzielle Unabhängigkeit ermöglichte.

Aus: Schulz, Kristina: Ohne Frauen keine Revolution. In: www.bpb.de (bearbeitet)

G In den folgenden drei Argumentationsblöcken ist die **Argumentationsstruktur** durcheinandergeraten. Verknüpfen Sie die Aussagen unter Verwendung geeigneter Konjunktionen und Wendungen so, dass drei plausible Argumentationsketten entstehen:

Übung zu Kap. 6.3

1. Aufklärung ist ein bewährtes Mittel in der Krankheitsprävention.
2. Der Tabakkonsum muss eingeschränkt werden.
3. Der Anteil von Frauen unter den Rauchern wächst.
4. Rauchen stellt ein erhebliches Gesundheitsrisiko dar.
5. Der Anteil Jugendlicher unter den Rauchern steigt stetig an.

1. In Südamerika werden Teile des tropischen Regenwalds gerodet.
2. Energiesparen ist der effektivste Beitrag zum Umweltschutz.
3. Biotreibstoffe stellen eine Alternative zu fossilen Brennstoffen dar.
4. Der Kohlendioxidausstoß muss verringert werden.

1. In einer zunehmend technisierten Welt ist Bildung die wichtigste Voraussetzung für den Wohlstand des Einzelnen und der Gesellschaft.
2. Menschen in allen Teilen der Welt benötigen einen Zugang zum Worldwideweb.
3. Das Internet ist heute eines der wichtigsten Kommunikationsmittel und Informationsmedien.

Übung zu Kap. 6.3

H Überprüfen Sie das **Layout** Ihrer Seminararbeit mithilfe der unten stehenden **Checkliste**. Berücksichtigen Sie dabei alle notwendigen Elemente.

Checkliste
Inhaltliche Struktur
• In der Einleitung wird das Thema der Arbeit deutlich dargestellt und eindeutig formuliert
• Klares Argumentationsziel
• Klare Schwerpunktsetzung
• Roter Faden im Inhaltsverzeichnis und Text erkennbar
• Prägnante Überschriften in einheitlichem Stil
• Gliederung im Text schlüssig und erkennbar
• Logische Zusammenhänge werden deutlich
• Zwischenzusammenfassungen vorhanden
• Schluss: klare Zusammenfassung und Bezug zur Themastellung
Sprachliche Gestaltung
• Einfacher Satzbau, verständlicher Ausdruck
• Angemessene Wortwahl – so wenig Fremdwörter wie möglich, so viele wie nötig – keine Umgangssprache – Zahlen bis zwölf ausgeschrieben
• Anschaulichkeit durch Beispiele, Vergleiche etc.
• Zusammenhänge werden durch Konjunktionen und Wendungen verdeutlicht
Formalia
• Umfang entspricht Vorgaben
• Alle Zitate überprüft
• Alle Verzeichnisse vollständig (Quellen-, Literatur-, Abbildungs-, Tabellenverzeichnis)
• Titelblatt korrekt
• Schlusserklärung vorhanden
• Sprachrichtigkeit
Layout
• Korrekte und einheitliche Seitennummerierung
• Passende Schriftart und -größe, Zeilenabstände, Seitenränder
• Absatzkontrolle (Schusterjunge, Hurenkind)
• Einheitliche Abstände vor und nach Überschriften
• Einheitliche, zurückhaltende Hervorhebungen
• Beschriftung der Abbildungen
• Sinnvolle Kopfzeile
• Fußnoten korrekt (Abkürzungen, Satz etc.)
• Angemessene Qualität der Abbildungen auch im Ausdruck

Abb. 62: Checkliste. *Eigene Darstellung*

7 Der Vortrag und die Präsentation

7.1 Die inhaltliche Gestaltung des Vortrags

Grundsätze der Kommunikation

„Hauptsätze, Hauptsätze, Hauptsätze." Diesen Ratschlag erteilte Kurt Tucholsky Rednern, die einen guten Vortrag halten wollen (→ Training zu Kapitel 7, M 1a). Diese Handlungsanweisung ist sicherlich übertrieben, doch macht sie deutlich, dass zwischen der gesprochenen und der geschriebenen Sprache wesentliche Unterschiede bestehen (→ Kapitel 6).

Kommunikationssituation

Anders als bei einer schriftlichen Arbeit kommuniziert der Vortragende/ Referent unmittelbar mit den Zuhörern. Die Kommunikationssituation, in der er sich befindet, wird durch drei Elemente geprägt, die voneinander abhängig sind: **Redner, Zuhörer und Thema**.

Sachwissen

Zunächst besteht eine Beziehung zwischen dem Redner und dem Thema des Vortrags: Der Redner muss **Fachkompetenz**, d. h. ein überzeugendes Sachwissen zu seinem Thema besitzen. Er muss in der Lage sein, Sachverhalte klar zu erläutern, Zusammenhänge herzustellen, Schwerpunkte zu setzen und zu urteilen.

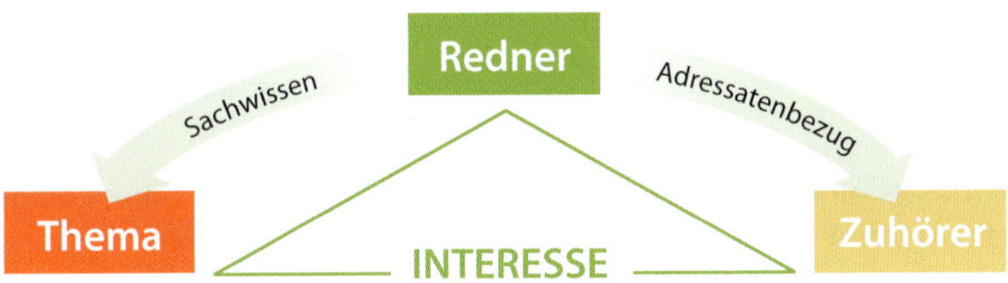

Abb. 63: Beziehung Redner-Thema-Zuhörer. *Eigene Darstellung*

Adressatenbezug

Daneben stehen Redner und Zuhörer in Interaktion: Ziel des Vortrags ist es, die Zuhörer zu informieren (Darstellung) und zu überzeugen (Appell). Je nach Thema sind die beiden Aspekte unterschiedlich stark gewichtet. Um diese Ziele möglichst gut zu erreichen, ist es sinnvoll, diese Beziehungsebene zu analysieren. Als wichtigste Fragen sind hierbei zu klären: Was sind die Interessen meines Publikums? Welches Vorwissen (Weltwissen, Sprachwissen) besitzen die Zuhörer? Darauf muss dann der Vortrag abgestimmt werden (→ Übung A).

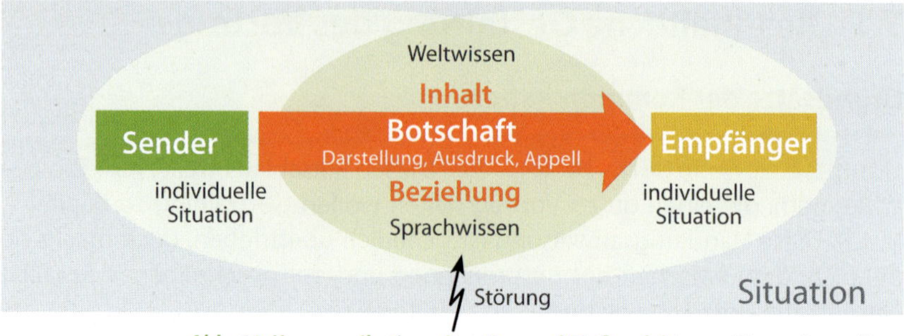

Abb. 64: Kommunikationssituation und Einflussfaktoren. Eigene Darstellung

Der Erfolg des Vortrags hängt aber nicht alleine von der Inhaltsebene ab, sondern auch von der nonverbalen Kommunikation (→ Kapitel 7.2).

Praktische Umsetzung

Soll nun die schriftliche Arbeit in Form eines Vortrags einem Publikum präsentiert werden, gilt es, sich den grundlegenden Unterschied zwischen dem Lesen einer wissenschaftlichen Arbeit und dem Hören eines Referats bewusst zu machen. Daher ist es notwendig, die schriftliche Arbeit für den Vortrag wesentlich zu bearbeiten.

Inhaltliche Aufbereitung

Reduktion

Der Verfasser einer Facharbeit hat sich tief in ein spezielles Thema eingearbeitet und kennt sich nun in diesem sehr gut aus. Er ist auf seinem Gebiet ein Experte. Auch komplexe Sachverhalte werden ihm in wenigen Sätzen deutlich. Hier besteht die Gefahr, die Zuhörer inhaltlich zu überfordern, indem ein zu großes Vorwissen vorausgesetzt wird oder zu viele Details dargestellt werden. Beides führt zu einem Absinken der Aufmerksamkeit der Zuhörer. Um dies zu vermeiden, müssen der Umfang und das Niveau der Arbeit den Zuhörern entsprechend ihren Kenntnissen und Interessen angepasst werden (**Adressatenbezug**). Dies bedeutet meist, konsequent auszuwählen und vor allem zu kürzen.

Schwerpunkte setzen

Daher ist es notwendig, den Vortrag auf das **Wesentliche** zu begrenzen sowie sinnvolle Schwerpunkte zu setzen. Man sollte sich also nicht in Details verlieren oder vom Thema abschweifen. Dazu gehört auch, dass wenige Fremdwörter verwendet und die notwendigen Fachbegriffe erklärt werden.

A-Inhalte	B-Inhalte	C-Inhalte
Inhalte, die unbedingt Bestandteil des Vortrags sein müssen	Inhalte, die Bestandteil des Vortrags sein sollten	Inhalte, die Bestandteil des Vortrags sein könnten

ABC-Analyse

Abb. 65: ABC-Analyse. Eigene Darstellung

Als hilfreich bei der Auswahl und Gewichtung der Inhalte für den Vortrag hat sich die ABC-Analyse erwiesen. Indem die Inhalte der schriftlichen Arbeit den drei Kategorien zugeordnet werden, werden sie einem bewusster; häufig entsteht so bereits eine erste Gliederung (→ Übung B).

Zahlen vermeiden

Da sich die meisten Zuhörer Zahlen schwer merken können, sollten sie soweit wie möglich vermieden werden (Ausnahmen bilden evtl. Präsentationen einer Arbeit aus der Physik oder Mathematik). Drei bis fünf Zahlen stellen ein bewährtes Maß dar. Statt Zahlen bieten sich **Relationen** oder **Vergleiche** an. Diese sind konkret und prägen sich eher ein als sterile Zahlen. (Nicht: „1815 wurde NAPOLEON verbannt", sondern: „Nach der Niederlage von Waterloo wurde NAPOLEON verbannt"; nicht: „Die Fläche der USA beträgt 9.158.453 km^2"; sondern: „Die Fläche der USA entspricht in etwa der Chinas oder ist ca. 27 mal so groß wie Deutschland".) Aus diesem Grund sind auch tabellarische Auflistungen zum Beispiel bei Biografien nicht sinnvoll (→ Übung C).

Der Aufbau des Vortrags

Im Großen und Ganzen wird der Vortrag wie die schriftliche Arbeit gegliedert, an den Beginn und an das Ende werden jedoch etwas andere Anforderungen gestellt.

Aufhänger

Zunächst gilt es, die **Aufmerksamkeit** des Publikums zu gewinnen. Dabei helfen originelle Aufhänger wie zum Beispiel eine Anekdote, ein persönlicher, lokaler oder aktueller Bezug, ein Zitat oder ein bildlicher Impuls. Vermieden werden sollten Floskeln wie „Ich halte heute eine Referat über..." oder steife Begrüßungen, da sie langweilig wirken und kein Interesse wecken.

Gliederung vorstellen

Anschließend muss das **Ziel des Vortrags** klar formuliert werden, damit die Zuhörer wissen, worum es geht, und dem Gesagten folgen können. Um ihnen eine Orientierung zu ermöglichen, sollte in der Einleitung auch die Gliederung vorgestellt werden, indem die einzelnen Gliederungspunkte kurz erläutert werden.

Klare Struktur – der rote Faden

Während des Referats kann dann auf die entsprechenden Gliederungspunkte hingewiesen werden. Sie bilden den **roten Faden** eines Vortrags, der sein Ziel stets im Auge behält und klar strukturiert ist. Dadurch wird der Vortrag nachvollziehbar und der Zuhörer kann die Inhalte gut aufnehmen. Dies wird ihm durch Zwischenzusammenfassungen am Ende jedes Kapitels weiter erleichtert. Indem Bezüge zum evtl. vorhandenen Vorwissen aus dem Unterricht hergestellt werden, bietet man den Zuhörern eine weitere Orientierungshilfe, die das Verständnis fördert. Dazu tragen konkrete Formulierungen ebenso bei wie praktische, anschauliche Beispiele.

Humor

Um das Publikum für das eigene Thema zu gewinnen, kann man den Vortrag an passender Stelle auch mit Anekdoten oder Karikaturen „auflockern". Schließlich gibt es keine langweiligen Themen, es gibt nur langweilige Referate.

Interaktion

Eine optimale Präsentation verläuft interaktiv, d. h. die Zuhörer haben einen **aktiven Part** (z. B. über Fragen oder eine Diskussion im Anschluss an die Präsentation).

Ein Ende finden

Um am Ende des Vortrags nicht in die unangenehme Situation zu geraten, dass die Zuhörer das Ende nicht bemerken, muss auch der **Redeabschluss** bewusst gestaltet werden. Meist ist es sinnvoll, das Wesentliche knapp zusammenzufassen, evtl. mithilfe einer Visualisierung. Einen Abschluss bilden auch ein Appell oder ein Hinweis auf den Nutzen des Vortrags. Auch kann ein Bogen zur Einleitung geschlagen werden. So kann die dort formulierte Fragestellung beantwortet oder ein Bezug zum Aufhänger hergestellt werden. Ganz am Ende sollte sich der Redner für die Aufmerksamkeit des Publikums bedanken.

Zusammenfassung zu Kapitel 7.1

Für die Präsentation der schriftlichen Seminararbeit muss diese angepasst werden an die Anforderungen, die eine **mündliche Kommunikationssituation** stellt. Inhaltlich müssen entsprechend der Interessen und des Wissensstandes der **Adressaten** inhaltliche Schwerpunkte gesetzt und gegebenenfalls auch Vereinfachungen vorgenommen werden. Der Aufbau des Vortrags kann sich an einem bewährten Schema orientieren: Mit einem **Aufhänger** wird das Interesse des Zuhörers geweckt, die Vorstellung der **Gliederung** verschafft dem Zuhörer einem Überblick über das Thema. Eine klare Struktur mit einem deutlich erkennbaren **roten Faden** und **Zwischenzusammenfassungen** erleichtern ihm, dem Vortrag zu folgen und sich das Wesentliche zu merken. Ein prägnanter Schluss rundet den Vortrag ab.

7.2 Die rhetorische Gestaltung des Vortrags

Hintergrund

Häufig beeindruckt die Zuhörer eines Vortrags weniger der Inhalt als die Art und Weise, wie der Redner etwas sagt. Doch woran liegt das?

Nonverbale Kommunikation

„Deine Miene spricht aus, was auch immer Du verheimlichst." (SENECA) Teil eines jeden Sprechaktes ist die Vermittlung von Informationen über die Beziehung des Sprechers (Ausdruck) zum Zuhörer (→ Abb. 64 in Kapitel 7.1). Häufig erfolgt die Kommunikation nonverbal. Das Publikum nimmt unter anderem die Körperhaltung, Gestik, Mimik und Sprechweise wahr, interpretiert sie und reagiert darauf. Sie lassen Rückschlüsse zum Beispiel auf Motivation, Einstellung zum Thema und Selbstsicherheit zu. Man kann folglich nicht nicht kommunizieren (PAUL WATZLAWICK). Unterbricht sich der Redner und schweigt, weil im Publikum Unruhe herrscht, so teilt er doch eine Botschaft mit. Ohne Worte fordert er das Publikum auf, ihm wieder die ungeteilte Aufmerksamkeit zu schenken. Abhängig von der Kommunikationssituation kann der Anteil der nonverbalen Kommunikation bis zu 80% der Reaktionen bewirken (SAMY MOLCHO). Insofern besitzt auch ein Vortrag dialogischen Charakter. Der Redner sollte die ebenfalls meist nonverbalen Signale der Zuhörer erkennen und deuten können. Die Unruhe im Publikum kann z. B. aus Erstaunen, inhaltlichen Unklarheiten oder aus Langeweile resultieren, worauf der Redner unterschiedlich reagieren muss. Der Erfolg eines Vortrags wird also wesentlich von der Art und Weise des Vortrags bzw. von der Kommunikationskompetenz des Redners bestimmt (→ Übung D).

Übung macht den Meister

Um einen überzeugenden Vortrag halten zu können, ist es sinnvoll, diesen einzuüben. So lässt sich der zeitliche Umfang der Rede feststellen. Besonders die eigene **Sprechweise** und der **freie Vortrag** (s. unten) sollten unbedingt trainiert werden. Dazu kann man den Vortrag aufnehmen oder vor Freunden oder Familienangehörigen halten. So erhält man auch ein Feedback über die inhaltliche Klarheit und kann gegebenenfalls noch Korrekturen vornehmen. Um sich seiner eigenen Körpersprache bewusst zu werden, kann man den Vortrag auch einmal vor einem Spiegel halten. So wächst die eigene Sicherheit im Umgang mit den Inhalten des Vortrags und den einzusetzenden Medien. Gleichzeitig werden die rhetorischen Kompetenzen geschult.

Sprechweise

Neben der inhaltlichen Anpassung der schriftlichen Arbeit an den mündlichen Vortrag gilt es, die **sprachliche Gestaltung** des Vortrags so gut vorzubereiten, dass der Inhalt den Zuhörern optimal vermittelt wird.

Freier Vortrag

Wesentlichen Einfluss übt darauf die Komplexität der Sprache aus. Geschriebene Sprache ist in ihrer Struktur komplexer als gesprochene. Der Autor kann seinen Text überarbeiten und einzelne Sätze so lange umformulieren, bis sie seinen Ansprüchen genügen. Der Leser hat den Text vor Augen und die Möglichkeit, ihn in seinem persönlichen Tempo zu lesen und schwierige Passagen noch einmal zu lesen. Diese Möglichkeit besitzt der Zuhörer nicht. Daher muss ein Vortrag eine einfachere **syntaktische Struktur** besitzen. Der Redner wird dem durch einen freien Vortrag gerecht. Indem er erst im Moment der Rede seine Gedanken formuliert, besitzen seine Aussagen die Komplexität der gesprochenen Sprache, die der Zuhörer gut verstehen kann.

Karteikärtchen

Folglich ist es ein großer Fehler, den Vortrag abzulesen oder ihn auswendig zu lernen, da dies die gleiche Wirkung wie das Vorlesen hat. Es hat sich bewährt, die wesentlichen **Inhalte in Stichpunkten** auf Karteikärtchen im Format DIN A6 oder A7 festzuhalten. Dazu gehören auch Zahlen (nicht zu viele → Kapitel 7.1), Fakten, Zitate und Definitionen, um dem fachlichen bzw. wissenschaftlichen Anspruch gerecht zu werden. Um sich die Orientierung in den Notizen zu erleichtern, empfiehlt es sich, auf den Karteikärtchen groß und deutlich zu schreiben und unterschiedliche Farben zu verwenden, zum Beispiel für den Einsatz der Veranschaulichungsmittel. Die Karteikarten werden nummeriert, und es bleiben auf ihnen Zwischenräume für nachträgliche Ergänzungen. Ein unter Umständen beruhigender Nebeneffekt der Karteikarten ist, dass man etwas in der Hand hält, woran man sich festhalten kann.

Einfache Sprache

Durch den freien Vortrag begibt sich der Redner fast zwangsläufig auf ein **angemessenes Sprachniveau**. Dieses äußert sich darin, dass er anschaulich und konkret in kurzen, einfachen Sätzen spricht (eher Satzreihen als komplexe Satzgefüge). Auf nominale Wendungen sollte zugunsten eines Verbalstils verzichtet werden (Bsp.: statt „unter Berücksichtigung der Fakten…" besser „wenn ich die Fakten berücksichtige"). Dennoch müssen die inneren Zusammenhänge des Themas deutlich werden. Auch Floskeln und Füllwörter („meiner Meinung nach", „nicht wirklich", „wenn man so will", „wie soll ich sagen") sollten vermieden werden (→ Übung E).

Einsatz der Stimme

Wichtigstes Werkzeug des Redners ist seine Stimme. Ihre Wirkung auf die Zuhörer wird durch die Lautstärke, das Sprechtempo und die Artikulation, sprich die Deutlichkeit bestimmt.

Lautstärke

Leises Sprechen kann Unsicherheit, aber auch Eindringlichkeit zeigen. Auf Dauer erschwert es das Zuhören, da es die Konzentration des Publikums zusätzlich in Anspruch nimmt. Eine **mittlere Lautstärke** wirkt verbindlich und sachlich. Der Zuhörer kann so der Rede am einfachsten folgen. Lautes Sprechen kann Wut oder Ärger ausdrücken, aber auch mitreißend und engagiert wirken. Ähnlich dem leisen Sprechen kann es auf Dauer jedoch quälend und belastend für Zuhörer und damit der Absicht des Vortrags abträglich sein.

Sprechtempo und Artikulation

Spricht der Redner zu schnell, kann dies Unsicherheit signalisieren. Häufig ist schnelles Sprechen aber auch eine Folge einer sehr guten Einübung des Vortrags, der dann fast wie auswendig gelernt abgespult wird. Dadurch geht die Wirkung eines freien Vortrags verloren. Ausgeprägt langsames Sprechen kann auf eine schlechte Vorbereitung hindeuten. Auf jeden Fall wirkt es ermüdend. Einen ähnlichen Einfluss auf die Wirkung des Vortrags hat die Artikulation.

Abwechslungsreiche Sprechweise

Deutliches und nicht zu schnelles Sprechen erleichtert es den Zuhörern, dem Vortrag zu folgen. Da sie sich nicht so gut mit dem Thema auskennen wie der Redner, benötigen sie mehr Zeit, um die Inhalte zu verstehen. Kombiniert mit einer lebendigen Sprechweise, die Lautstärke und Tempo entsprechend dem Inhalt der Rede variiert, gelingt es, die **Aufmerksamkeit des Publikums** zu behalten. Dazu trägt auch bei, wenn das Publikum direkt angesprochen wird. Durch den bewussten Einsatz kurzer Pausen, wird die Bedeutung der vorangegangenen Aussagen unterstrichen und dem Zuhörer Zeit gelassen, das Gehörte zu verarbeiten (→ Übung F).

Körpersprache

Bedeutung der Körpersprache

Ein Redner kommuniziert mit seinem Publikum nicht nur mit seiner Stimme, sondern auch mit seiner Körpersprache. Signale der Körpersprache sind Stand, Körperhaltung, Gestik und Mimik sowie Blickkontakt. Ein böses und verkniffenes Gesicht wirkt verbissen und wenig motivierend für das Publikum. Die Mimik sollte den Worten und inhaltlichen Schwerpunkten angemessen sein. Ein herumirrender Blick, vor der Brust verschränkte Arme, unsichere und nervöse Bewegungen, unruhiges Hin- und Herlaufen und nervöses Hochziehen der Augenbrauen machen nicht nur Unsicherheiten in der Körperbeherrschung deutlich, sondern suggerieren oft auch Schwächen im Sachverstand. **Freundlichkeit und Aufgeschlossenheit** bringen dagegen fachliche Kompetenz zum Ausdruck. Dadurch wird deutlich, dass man sein

Thema beherrscht. Die Körpersprache beeinflusst also wesentlich, wie ein Vortrag aufgenommen wird. Daher ist sinnvoll, den eigenen körperlichen Ausdruck zu reflektieren, um ihn bewusster einzusetzen.

Selbstbewusstes Auftreten

Der Vortrag beginnt mit einem natürlichen, aber nicht übertrieben dynamischen Gang vor das Publikum. Während des Vortrags ist es besser zu stehen. Wer sitzt, signalisiert unter Umständen eine gewisse Gleichgültigkeit. Zudem ist der Redner schlechter zu sehen und zu hören, was das Verständnis erschwert.

Stand und offene Körperhaltung

Ein **fester Stand** vermittelt sowohl dem Redner als auch dem Publikum Sicherheit. Die ideale Position der Hände liegt etwas oberhalb der Gürtellinie und sie sollten nicht in den Hosentaschen verschwinden. Die Arme sind leicht gebeugt und sollten weder vor noch hinter dem Körper verschränkt werden. Zwar sollte man auf einen sicheren Stand achten, gleichzeitig aber nicht während des gesamten Vortrags auf einer Stelle stehen bleiben. Dies wirkt statisch und steif. Hin und wieder kann man Stand- und Spielbein wechseln oder sich ein, zwei Schritte bewegen, ohne jedoch aufgeregt auf und ab zu laufen.

Der sichere Stand
- Die Beine stehen hüftbreit
- Die Knie sind nicht durchgestreckt
- Der Rücken ist gerade, nicht im Hohlkreuz
- Die Hände sind locker neben dem Körper
- Die Schultern sind entspannt, nicht nach oben gezogen

Stand- und Spielbein
- Das Körpergewicht ruht auf einem Bein
- Das Spiel- und Standbein wechseln sich ab, natürlich nicht in einer Pendelbewegung!
- Die Hände sind locker neben dem Körper
- Die Schultern sind entspannt

Abb. 66: Der gute Stand. *Eigene Darstellung*

Mimik und Gestik

Die **Mimik** verrät vor allem Emotionen und Einstellungen. So lassen sich Freude (lächeln), Skepsis (Augenbrauen heben) oder Tadel (Stirn runzeln) aus den Gesichtszügen ablesen. Gelegentlich ermöglicht erst die Mimik, dass die Zuhörer eine ironische oder humorvolle Aussage richtig verstehen. Mit der Bewegung der Hände und Arme (**Gestik**) kann der Redner seine Rede unterstützen, indem sie z. B. das Gesagte betonen, Gegensätze verdeutlichen oder eine Richtung anzeigen.

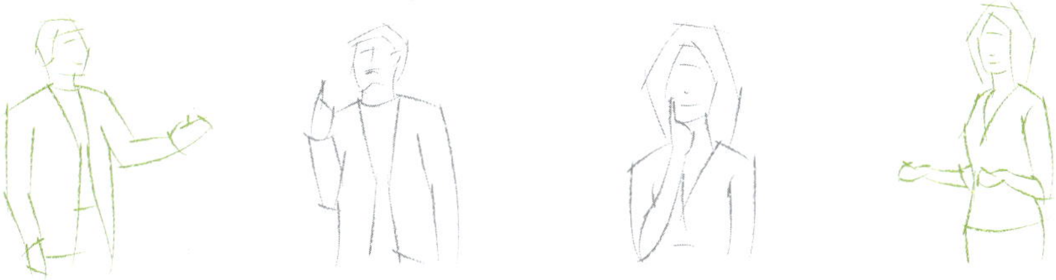

• positiv	• dozierend	• geschlossen	• offen
• auffordernd	• ermahnend	• abwartend	• positiv
• anbietend	• negativ	• nachdenklich	• zupackend
• überzeugend	• abweisend	• ironisch	• dynamisch

Abb. 67: Mimik und Gestik. Eigene Darstellung

Blickkontakt

Als Redner ist es wichtig, Blickkontakt mit den Zuhörern zu halten. Wer sein Publikum beim Sprechen nicht anschaut, dem wird es kaum gelingen, es von seinem Thema zu überzeugen. Stattdessen wirkt der Redner wenig glaubwürdig, eher verschüchtert und nur daran interessiert, so schnell wie möglich seinen Vortrag zu halten und in der Anonymität zu verschwinden. Wer anderen ins Auge schaut, wirkt sicher, ehrlich und fachlich kompetent und drückt seine Wertschätzung dem Publikum gegenüber aus. Dies erzeugt eine positive Atmosphäre und trägt dazu bei, die **Aufmerksamkeit der Zuhörer** zu gewinnen und zu behalten. Zu intensiver Blickkontakt sollte jedoch auch nicht sein: Ein Fixieren des Gesprächspartners kann dieser als unangenehm und aufdringlich empfinden. Anschauen heißt nicht allein, nur in die Augen seines Gegenübers zu sehen. Besser ist es in jedem Fall, sich mehrere Punkte im Gesicht des Gesprächspartners auszusuchen und abwechselnd anzuschauen. Wenn Belanglosigkeiten mit ausdrucksvollem Gesicht und intensivem Blickkontakt verkauft werden sollen, nimmt das Publikum den Redner kaum ernst. Er wirkt eher lächerlich. Es gilt, Körpersprache und Sprechweise zu kontrollieren, man sollte sich aber nicht verstellen (→ Übung G).

Unterspannte Körperhaltung
- gleichgültig
- bequem
- initiativlos
- schlaff

Überspannte Körperhaltung
- angespannt
- feindlich
- nervös
- ängstlich

Offene Körperhaltung
- freundlich
- aufmerksam
- souverän
- neugierig

Geschlossene Körperhaltung
- gebeugt
- misstrauisch
- zurückgezogen
- alleine

Abb. 68: Körperhaltung. *Eigene Darstellung*

Interaktion

Dialogischer Charakter des Vortrags

Der Blick zum Publikum vermittelt dem Referenten zugleich, wie es den Vortrag aufnimmt und versteht. Die **Reaktion des Publikums** sollte bei der weiteren Gestaltung des Vortrags berücksichtigt werden. Scheint zum Beispiel den Zuhörern der Inhalt unklar, so kann er noch einmal paraphrasiert werden, scheint sich das Publikum zu langweilen, kann der Vortrag gestrafft werden. Hier wird der dialogische Charakter eines gelungenen Vortrags deutlich.

Zuhörerfragen

In diesem Zusammenhang ist auch der Umgang mit Zuhörerfragen zu überlegen. Häufig klären sie sich im Verlauf des Vortrags. Daher kann es sinnvoll sein, Fragen nur am Ende des Vortrags zuzulassen, auch um die Struktur des Referats nicht zu sehr zu stören. Manchem ist es jedoch lieber, Fragen bereits während des Vortrags zu beantworten. Manchmal kann es auch sinnvoll sein, Fragen an das Publikum zu richten. Dies lockert die Atmosphäre auf und bindet die Zuhörer stärker ein. Gleichzeitig können die Antworten hilfreich für die Schwerpunktsetzung des Vortrags oder Anlass für eine Diskussion sein.

Diskussion

So kann auch eine abschließende Diskussion initiiert werden, die einen gelungenen, interaktiven Vortrag noch bereichern kann. Gerade wenn es sich bei den Zuhörern um den Seminarkurs handelt, können in einem anschließenden Gespräch andere Sichtweisen einzelner Sachverhalte diskutiert oder ergänzende Aspekte erläutert werden. Dadurch wird die inhaltliche Tiefe der Präsentation noch gesteigert. An der Qualität der Diskussion lässt sich auch ablesen, wie überzeugend der Vortrag gelungen ist. Sie liefert dem Vortragenden ein **Feedback**, das er für weitere Präsentationen nutzen kann.

Zusammenfassung zu Kapitel 7.2

Der Inhalt eines Vortrags wird vom Publikum umso besser aufgenommen, je konsequenter Grundsätze der **mündlichen Kommunikation** umgesetzt werden. Durch einen **freien Vortrag** wird die Komplexität der Sprache reduziert. Dadurch kann der Zuhörer den Ausführungen leichter folgen, sich länger auf den Redner konzentrieren und den Inhalt besser verstehen. Dazu trägt auch der bewusste und geschickte **Einsatz der (Körper-)Sprache** wesentlich bei. Für den Erfolg einer Präsentation ist die Art des Vortrags genauso wichtig wie ihr Inhalt.

7.3 Der Medieneinsatz im Vortrag

Bedeutung der Visualisierung

„Ein Bild sagt mehr als tausend Worte" – angeblich soll dieses Sprichwort aus dem chinesischen Kulturraum stammen, der erste schriftliche Nachweis findet sich jedoch im Jahr 1921 in einer englischsprachigen Fachzeitschrift der Werbebranche. Dort wird der Gebrauch von Bildern für Werbeaufdrucke auf Autos empfohlen. Heute ist auch wissenschaftlich nachgewiesen, dass **visuelle Reize** die Menschen am stärksten von allen Sinnesreizen ansprechen. Bis zu 80% der Informationen nehmen wir über das Auge wahr und merken uns diese häufig auch länger (→ Abb. 69).

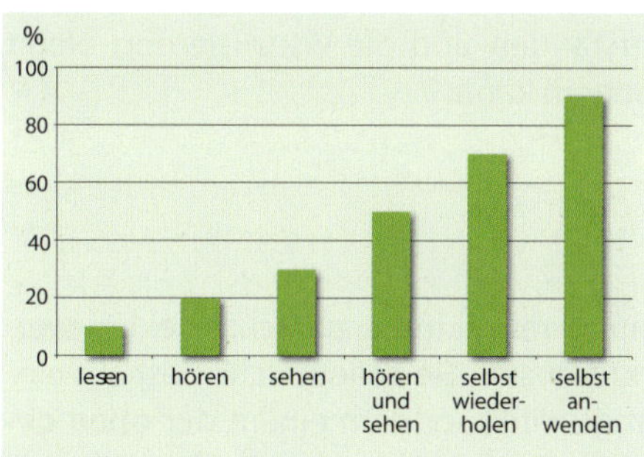

Abb. 69: Erinnerungskurve. Eigene Darstellung

Visualisierung im Vortrag

Natürlich gilt es bei einer Präsentation nicht, das Publikum mit Bildern zu manipulieren; Bilder und Grafiken sind jedoch eine sinnvolle und notwendige Unterstützung und Ergänzung eines gelungenen Vortrags. Die Visualisierung trägt neben der verbalen Rhetorik entscheidend dazu bei, dass der Zuhörer die Vielzahl der Informationen eines Vortrags aufnehmen kann. Die Visualisierung kann deshalb als **optische Rhetorik** bezeichnet werden und in Form von Bildern, Grafiken, Diagrammen, Schaubildern u. a. erfolgen.

Zweck

Mit der Visualisierung können unterschiedliche Ziele verfolgt werden. Mit Bildern oder Ähnlichem kann die **Aufmerksamkeit der Zuhörer** geweckt werden. Durch die Abwechslung, die optische Elemente in einem Vortrag darstellen, kann die Aufmerksamkeit des Publikums auch erhalten werden.

Dadurch wird dem Zuhörer die Informationsaufnahme erleichtert. Visuelle Elemente dienen der Veranschaulichung. Dabei können zum einen **konkrete Sachverhalte** bildhaft dargestellt werden. So ist es beispielsweise sinnvoll, bei einem Vortrag zu „Aquatischen Ökosystemen im Umfeld der Schule" auch ein Foto des Schulteichs zu zeigen, selbst wenn er den Zuhörern eigentlich bekannt ist, weil dadurch die Aufmerksamkeit steigt und die gesprochenen Informationen besser aufgenommen werden. Begriffserklärungen, Definitionen und Zitate müssen präzise vorgetragen werden und werden deshalb meist vorgelesen. Um dem Zuhörer das Verständnis zu erleichtern, sollten diese Texte entweder mit einer Folie visualisiert oder auf dem Handout abgedruckt werden (→ S. 171).
Ein weiterer Aspekt ist die Veranschaulichung **abstrakter Sachverhalte** wie zum Beispiel von Entwicklungen, Zusammenhängen oder Gedanken. Die visuelle Darstellung erleichtert das Verständnis, da mehrere Lernkanäle angesprochen werden. Der Zuhörer hört nicht nur, wie zum Beispiel die Fotosynthese funktioniert, sondern kann anhand eines Schemas als Zuschauer die einzelnen Reaktionsschritte auch sehen. So kann die Veranschaulichung die verbale Information unterstützen. Daneben ermöglicht es die Visualisierung auch, **zusätzliche Informationen** zu liefern und so den gesprochenen Text zu ergänzen (→ Übung H). Zum Beispiel kann die exponierte Lage des Harzes als nördlichstes Mittelgebirge mit einer Karte oder einem Satellitenbild wesentlich besser dargestellt werden, als es eine noch so ausführliche verbale Beschreibung je könnte. Auch das Klima wird durch die Lage geprägt, es ist recht rau. Dies lässt sich gut anhand eines Diagramms zeigen. Nicht zuletzt erleichtert die Veranschaulichung dem Vortragenden seine Rede. Sein Vortrag wird leichter verstanden und die Visualisierung bietet ihm ein Gerüst, an dem er sich orientieren kann.

Praktische Umsetzung

Vorüberlegungen zum Einsatz

Bei der Auswahl der Veranschaulichungsmittel muss zunächst geklärt werden, welches **Ziel** damit erreicht werden soll. Sie sollen nicht deshalb eingesetzt werden, weil „es eben verlangt wird", sondern einem der oben genannten Zwecke dienen. Weiter ist zu berücksichtigen, wer die Zuhörer sind, es ist also auf den **Adressatenbezug** (Vorwissen, Interessen etc.) zu achten. Damit hängt auch zusammen, was konkret veranschaulicht werden soll, was das Wesentliche des Gedankens ist und welche Informationen die Zuhörer unbedingt behalten sollen. Schließlich ist zu überlegen, in welcher **Form** die Veranschaulichung gestaltet werden soll.

Tondokumente, Filme und Gegenstände

Zur Veranschaulichung können neben bildlichen Elementen auch Tondokumente (z. B. Interviews, Ausschnitte aus Hörbüchern, Musikbeispiele, Aufnahmen von Tierstimmen), Filme oder Gegenstände bzw. Demonstrationsmodelle (z. B. DNA-Helix) herangezogen werden. Auch diese können Inhalte des Vortrags **veranschaulichen oder ergänzen** und die Aufmerksamkeit des Publikums erhöhen. Bei Tondokumenten und Filmausschnitten sollte die Abspieldauer zwei bis drei Minuten nicht übersteigen, schließlich sollen sie den Vortrag ergänzen und nicht ersetzen. Auch auf eine ordentliche Qualität der Beschallung muss geachtet werden. Da die Leistung der Lautsprecher von Beamern und Laptops meist nicht ausreichend ist, müssen externe Lautsprecher angeschlossen werden. Gegenstände sollten nicht während des Vortrags herumgegeben werden, da dies nur Unruhe erzeugt und die Aufmerksamkeit der Zuhörer senkt.

Präsentationsmedien

Wenn feststeht, welche Medien eingesetzt werden sollen, müssen die geeigneten Präsentationsmedien gewählt werden (→ Übung I). Jedes Präsentationsmedium besitzt **Vor- und Nachteile**. Abgesehen davon sollte nicht vergessen werden, dass bei längeren Vorträgen (ab 10 Minuten) der Einsatz nur eines einzigen Präsentationsmediums leicht ermüdend wirken kann. Die Abwechslung verschiedener Präsentationsmedien wirkt dagegen auflockernd und sichert die Aufmerksamkeit der Zuhörer. Gleichwohl gilt auch hier der Grundsatz, Medien nicht ihrer selbst wegen einzusetzen.

Tafel/Whiteboard

In der Schule stellen Wandtafeln oder die modernere Form des Whiteboards ein gebräuchliches Medium dar. Sie sind gut geeignet, wenn ein **Sachverhalt entwickelt** werden soll. Handelt es sich um Klapptafeln, können vorbereitete Veranschaulichungen überraschend präsentiert werden. Auch können Plakate oder Moderationskärtchen angebracht werden. Allerdings muss die Visualisierung unmittelbar vor dem Vortrag angeschrieben und kann nicht zu Hause angefertigt werden, was zu Zeitdruck führen kann. Den gestalterischen Möglichkeiten sind recht enge Grenzen gesetzt. Auf eine ordentliche Handschrift ist zu achten.

Flipchart

Ein Flipchart ist ein transportabler Metallständer mit einem Block in DIN-A0-Format. Gegenüber der Wandtafel bietet er den Vorteil, dass die einzelnen Blätter im Voraus angefertigt werden können; noch besser sind hier **spontane Aufzeichnungen, Notizen und Skizzen** möglich, ähnlich einer Tafel. Gut können Gliederungen oder Schemata dargestellt werden. Während der Präsentation werden die Blätter der Reihe nach gezeigt, auch kann man zurückblättern, um noch einmal auf einen Sachverhalt hinzuweisen. Außerdem lassen sich Ergänzungen einfügen. Nachteile des Flipcharts sind, dass die Darstellungsfläche begrenzt ist, dass auf eine ordentliche Schrift geachtet werden muss, dass sich Bilder oder Grafiken nur bedingt einfügen lassen und dass sich Flipcharts nur für relativ kleine Gruppen eignen, da der Abstand zum Publikum wegen der Lesbarkeit nicht zu groß sein darf.

Moderations- bzw. Stellwand

An einer Moderations- bzw. Stellwand werden Kärtchen und Symbole angeheftet. So lassen sich Sinnzusammenhänge und Grafiken visualisieren und entwickeln. Die Kärtchen werden bereits **vor dem Vortrag** angefertigt. Dabei können Symbole und Farben genutzt werden, um die Aussage zu unterstützen. Man sollte sich auf drei bis fünf Wörter pro Karte und maximal 25 bis 30 Kärtchen beschränken. Im Vortrag können noch Ergänzungen vorgenommen werden. Die Nachteile sind die des Flipcharts. Bei beiden muss der Einsatz gut eingeübt sein, damit das Medium überzeugt.

Tageslichtprojektor

Der Tageslicht-/Overheadprojektor lässt sich in fast allen Räumen einsetzen. Es ist lediglich darauf zu achten, dass die Sonne nicht auf die Projektionsfläche scheinen kann. Auch eignet er sich für ein **großes Publikum**. Die Folien lassen sich gut vorbereiten. Es können auch Grafiken und Bilder – zumindest in schwarz-weiß – ohne großen Aufwand aufgedruckt werden. Mit einem Folienstift sind Ergänzungen während des Vortrags möglich. Mit diesem – nicht mit dem Finger – kann auch auf bestimmte Stellen gedeutet werden. Wird die Folie nicht mehr gebraucht, schaltet man den Projektor aus, damit sich das Publikum wieder auf den Redner konzentrieren kann.

Dokumentenkamera

Ein etwas bequemer einzusetzendes Medium stellt die Dokumentenkamera dar. Dabei handelt es sich letztlich um eine **Videokamera**, die auf einem Stativ montiert und auf die Tischfläche gerichtet ist und die eine Verbindung zu einem Computer besitzt. So können nun alle Dokumente (auch Bücher) und flachen Gegenstände (z. B. Münzen) qualitativ hochwertig mittels eines Beamers auf eine Projektionsfläche projiziert werden. Wie beim Tageslichtprojektor kann auch hier das Dokument während der Projektion noch beschriftet werden.

Beamer und Präsentationsprogramme

Mit einem Beamer in Verbindung mit einem Präsentationsprogramm und einem Computer werden Folien projiziert. Mit einer Multimedia-Präsentation wird die höchste Anschaulichkeit erreicht, da **verschiedene Gestaltungselemente** einfach integriert werden können (Bilder, Tondokumente, Videosequenzen, Tabellen usw.). Gerade bei Bildern reichen geringere Auflösungen als bei ihrem Abdruck auf Papier, und es genügt ein Gerät, um verschiedene Medien zu präsentieren. Um dem Präsentationsmedium gerecht zu werden, sollten daher nicht nur Text, sondern unbedingt auch andere Gestaltungselemente genutzt werden. Nutzt man Animationen, können Sinnzusammenhänge vor den Augen der Zuhörer nach und nach entwickelt und sichtbar gemacht werden. Verwendet man ein Präsentationsprogramm, darf man nicht der Versuchung erliegen, die Präsentation mit technischen Spielereien und zu vielen, mit Text überladenen Folien aufzublähen. So erreicht man statt der beabsichtigten Aufmerksamkeit das Abschalten der Zuhörer. Auch hier gilt: Weniger ist mehr! Wird die Multimediapräsentation sinnvoll gestaltet und ist der Redner in der Lage, das Medium gewandt einzusetzen, bietet sie in den meisten Fällen eine optimale Möglichkeit, den Vortrag zu unterstützen.

Plakat und Mindmap

Andere Möglichkeiten der Veranschaulichung sind das Plakat und die Mindmap (→ Kapitel 3.2). Auf diesen werden die wesentlichen Inhalte des Themas oder eines Teiles davon strukturiert festgehalten. Während des Vortrags verweist der Redner darauf. Für die Gestaltung der beiden Medien gelten die gleichen Prinzipien wie für das Anfertigen von Folien. Ein Vorteil beider ist, dass sie nach der Präsentation ausgestellt werden können, sodass sich die Zuhörer noch einmal informieren können. Während auf Plakaten gut auch bildliche und grafische Elemente eingefügt werden können, unterstützt die Mindmap die Verbindung von begrifflichem und bildlichem Denken. Dies entspricht der Funktionsweise des Gehirns und regt die **Kreativität** an. Allerdings können auf ihnen nur eine recht begrenzte Menge an Informationen dargestellt werden, damit sie vom Publikum noch zu erkennen sind.

Tablet-Computer/ Interaktives Whiteboard

Die Vorteile der analogen Präsentationsmedien werden mit denen der Präsentationsprogramme in interaktiven Whiteboards und Tablet-Computern vereint, sofern die entsprechende Software bzw. Apps installiert sind. Bei einem Whiteboard handelt es sich um eine mit einem Computer verbundene digitale Tafel, auf die ein Beamer die Bildschirminhalte projiziert. Der Tablet-Computer mit entsprechenden Präsentations-Apps benötigt lediglich eine – wenn möglich – drahtlose Verbindung zu einem Beamer. Dann hat der Vortragende zusätzlich die Möglichkeit, sich frei im Raum bewegen zu können. Dabei können alle digitalen Inhalte wie Tondokumente, Videos, Animationen, Tabellen, Grafiken, Fotos, Bilder und vorbereitete Präsentationen gezeigt werden. Der Mehrwert besteht darin, dass auf das Whiteboard/ Tablet-Computer mit einem digitalen Stift geschrieben werden kann, um z. B. Gedanken zu notieren und Zusammenhänge zu markieren oder dass mit digitalen Kärtchen und Symbolen gearbeitet werden kann. Auf diese Weise können z. B. Prozesse vor den Augen der Zuhörer entwickelt werden. Auch ist meist eine Verbindung zum Internet vorhanden, was dann nützlich ist, wenn man auf aktuelle Informationen zugreifen will, wie z. B. Nachrichtenmeldungen oder Livecams im Rahmen eines Themas aus der Geografie. Eine weitere Möglichkeit ist, den gesamten Vortrag mit den Ergänzungen und, wenn dies gewünscht ist, mit dem Ton abzuspeichern, um den Vortrag weiterzuverarbeiten oder um ihn Interessenten zur Verfügung zu stellen. Noch mehr als bei anderen Medien gilt jedoch, den Umgang mit dieser relativ neuen und teilweise noch recht anspruchsvollen Technik sowie das Schreiben auf dem Whiteboard oder dem Tablet-Computer gut zu beherrschen und den Vortrag gut vorzubereiten und einzuüben.

Übersicht: Vor- und Nachteile verschiedener Präsentationsmedien

+ VORTEILE +

Tageslichtprojektor / Dokumentenkamera	Flipchart	Moderationswand	Tafel	Computer/Beamer /interaktives Whiteboard/ Tablet-Computer
• Einfache Herstellung und Handhabung von Folien • Relativ einfache Technik, Einsatz auch vor großem Publikum möglich • Blickkontakt möglich • Folien können vorbereitet werden • Verwendbarkeit von Folien • Integration von Bildern, Grafiken etc. • Transportabel • Wiederverwendung von vorbereiteten Folien • Überraschungseffekt	• Einfache Handhabung • Kein Strom notwendig • Möglichkeiten zur Entwicklung von Sinnzusammenhängen • Blätter können vorbereitet werden • Ergänzungen (fast) jederzeit und ohne Aufwand möglich • Flexibler Einsatz möglich • Bereits präsentierte Blätter können für alle sichtbar an die Wand geheftet werden • Transportabel • Wiederverwendung von bereits vorbereiteten Folien	• Einfache Handhabung • Kein Strom notwendig • Möglichkeit zur Entwicklung von Sinnzusammenhängen • Kärtchen, Plakate etc. können vorbereitet werden • Ergänzungen jederzeit und ohne Aufwand möglich • Transportabel • Wiederverwendung von vorbereiteten Folien • Überraschungseffekt	• Einfache Handhabung • Kein Strom notwendig • Möglichkeiten zur Entwicklung von Sinnzusammenhängen • Veränderbarkeit des Tafelanschriebs	• Hoher Grad an Anschaulichkeit • Viele Effekte möglich • Möglichkeit zur Entwicklung von Sinnzusammenhängen • Ergänzungen jederzeit und ohne Aufwand möglich • Wiederverwendung von vorbereiteten Dateien möglich • Überraschungseffekte • Integration von Bildern, Grafiken, Filmausschnitten, Hörbeispielen etc. • Vorbereitung problemlos möglich

VISUALISIERUNGSMEDIEN

– NACHTEILE –

Tageslichtprojektor / Dokumentenkamera	Flipchart	Moderationswand	Tafel	Computer/Beamer /interaktives Whiteboard/ Tablet-Computer
• Ergänzungen nur bedingt möglich • Stromanschluss notwendig • Projektionsfläche notwendig • Nur eine Folie und nur für die Dauer der Projektion sichtbar • Tücken der Technik	• Verlust des Blickkontakts beim Schreiben • Übung notwendig (Schrift) • Begrenzte Teilnehmerzahl (20-30 Personen), da Lesbarkeit begrenzt • Bilder und Grafiken nur bedingt darstellbar (Größe) • Keine Überraschungseffekte möglich	• Verlust des Blickkontakts beim Anheften • Übung notwendig (Schrift) • Begrenzte Teilnehmerzahl (20-30 Personen), da Lesbarkeit begrenzt • Relativ hoher Materialaufwand (Kärtchen, Nadeln…)	• Verlust des Blickkontakts beim Anschreiben • Übung notwendig (Schrift) • Begrenzte Teilnehmerzahl (20-30 Personen), da Lesbarkeit begrenzt • Keine Vorbereitung möglich • Wenig Flexibilität • Bilder und Grafiken nur bedingt darstellbar (Größe) • Nicht transportabel • Keine Überraschungseffekte möglich • Keine Wiederverwendung	• Tücken der Technik • Technisches Wissen notwendig • Gefahr von Effekthascherei • Hohe Anschaffungskosten

Abb. 70: Präsentationsmedien. *Aus: Erfolgreich lernen – kompetent handeln, Lehrerband, Bamberg 2006, S. 40*

Handout und Thesenpapier

Ein Handout, das vor dem Vortrag ausgeteilt wird, kann die Informationsaufnahme der Zuhörer unterstützen, da sie wesentliche Inhalte visuell vor sich haben und gegebenenfalls noch einmal überfliegen können. Es sollte die Gliederung festhalten. So hat der Zuhörer den roten Faden des Vortrags vor Augen. Daneben können wichtige Begriffe, Zitate, Definitionen, unbekannte Vokabeln und die benutzten Quellen aufgeführt werden. Darüber hinaus lassen sich auch Tabellen, Grafiken und Schemata abbilden, wenn es nötig ist, auf Details einzugehen. Schließlich können die Ergebnisse des Vortrags festgehalten werden. Werden in einem Handout neben den wesentlichen Fakten vor allem die eigene Problemsicht und Meinung dargestellt, so handelt es sich um ein Thesenpapier. Hier können die Ergebnisse einer kritischen Auseinandersetzung mit dem Thema (z. B. mit der dazugehörenden Forschungsliteratur) und die persönliche Bewertung eines Sachverhalts formuliert werden. Bei naturwissenschaftlichen Themen sollte hier die Beurteilung der Untersuchungsergebnisse erfolgen. Wie die anderen Veranschaulichungsmittel darf ein Handout nicht überladen und muss übersichtlich gestaltet werden. Es sollte zwei Seiten nicht übersteigen, links Platz für die Lochung aufweisen und den Namen des Referenten, Kurs und Jahrgangsstufe, Datum und das Thema des Referats beinhalten. Auf keinen Fall darf das Handout mehr oder weniger den gesamten Vortragstext abdrucken.

Karl-Valentin-Gymnasium Ottobrunn
Kursleiter: Frau Huber

24.02.2017
Kurs W 3

Vollständiger Kopf mit Name der Schule, des Kurses, des Kursleiters und Datum

Onlinemarketing für den Internethandel

von Linus Haberlein

Titel des Referats und Name des Referenten

Gliederung

1. Geschichte und Definition von „Onlinemarketing"
2. Verschiedene Kanäle des Onlinemarketing
3. Optimierung der Marketingstrategien – der Web-Analytics-Regelkreis
4. Branding am Beispiel der Firma „lexx-traa.com"
5. Kostenstruktur
6. Chancen und Risiken

Gliederung ermöglicht Zuhörern Orientierung, präziser Nominalstil

Glossar

- *Onlinemarketing*: Unter Marketing versteht man die Maßnahmen eines Unternehmens, seine Aktivitäten – insbesondere die Vermarktung von Produkten und Dienstleitungen – den Anforderungen des Marktes möglichst optimal anzupassen. Onlinemarketing konzentriert sich auf Vermarktung im Internet.
- *Affiliate-Marketing*: Ein Unternehmen schließt mit Partnern (Affiliate) eine Vermarktungskooperation. Gegen Erfolgsprovisionen vertreiben diese Partner das Produkt oder die Dienstleitung des Unternehmens über ihre Webseiten.
- *Branding*: Etablierung einer Marke auf dem Markt und Aufbau einer Markenidentität
- *SEM*: SearchEngineMarketing (Marketingmaßnahmen mit Hilfe von Suchmaschinen)

Hilfreiche Informationen erleichtern das Verständnis

Klares, übersichtliches Layout

Abb. 1: Kanäle des Online-Marketing. Quelle: maklertool.de

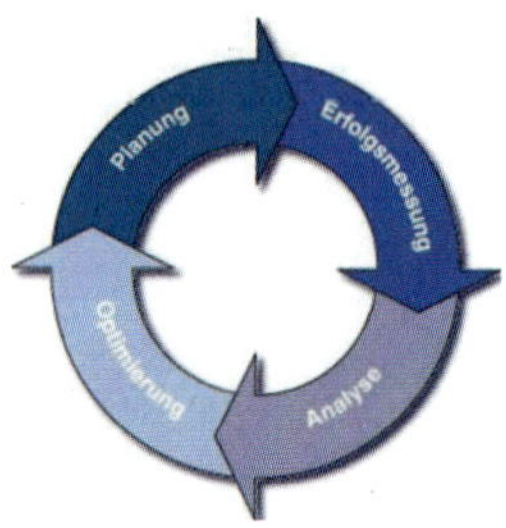

Abb. 2: Web-Analytics-Regelkreis. Quelle: iwiki.de

Abbildungen zur Veranschaulichung mit Bildunterschrift und Quellenangabe

Zusammenfassung

Die im Vergleich zum konventionellen Marketing geringen Kosten des Onlinemarketing ermöglichen Marktneulingen einen leichteren Markteinstieg und etablierten Unternehmen eine größere Präsenz und ein individuelleres und differenzierteres Ansprechen seiner (potentiellen) Kunden.
Gleichzeitig ermöglicht der Handel im Internet eine zunehmende Transparenz der Angebote, die der Kunde nutzen kann. Damit verschärft sich die Konkurrenz zwischen den Unternehmen. Auch wird die Nutzung persönlicher Daten, die teilweise unbemerkt im Internet gesammelt werden, zu Marketingzwecken aus datenschutzrechtlichen Gründen kritisiert.

Zusammenfassung, evtl. als Diskussionsgrundlage, Ergebnis der Untersuchung

Quellen

Kolbrück, Olaf: Erflogsfaktor Online-Marketing. Frankfurt/M. 2013.
Kollmann, Tobias: Online-Marketing. Grundlagen der Absatzpolitik in der Net Economy. Stuttgart 2013².
Voeth, Markus; Herbst, Jutta: Marketing-Management. Grundlagen, Konzeption und Umsetzung. Stuttgart 2013.
Weinberg, Tamar: Social Media Marketing. Strategien für Twitter, Facebook Co. Köln 2012.

Alphabetische Nennung der wichtigsten fachwissenschaftlichen Quellen

Abb. 71: Gestaltung eines Handouts. Eigene Darstellung

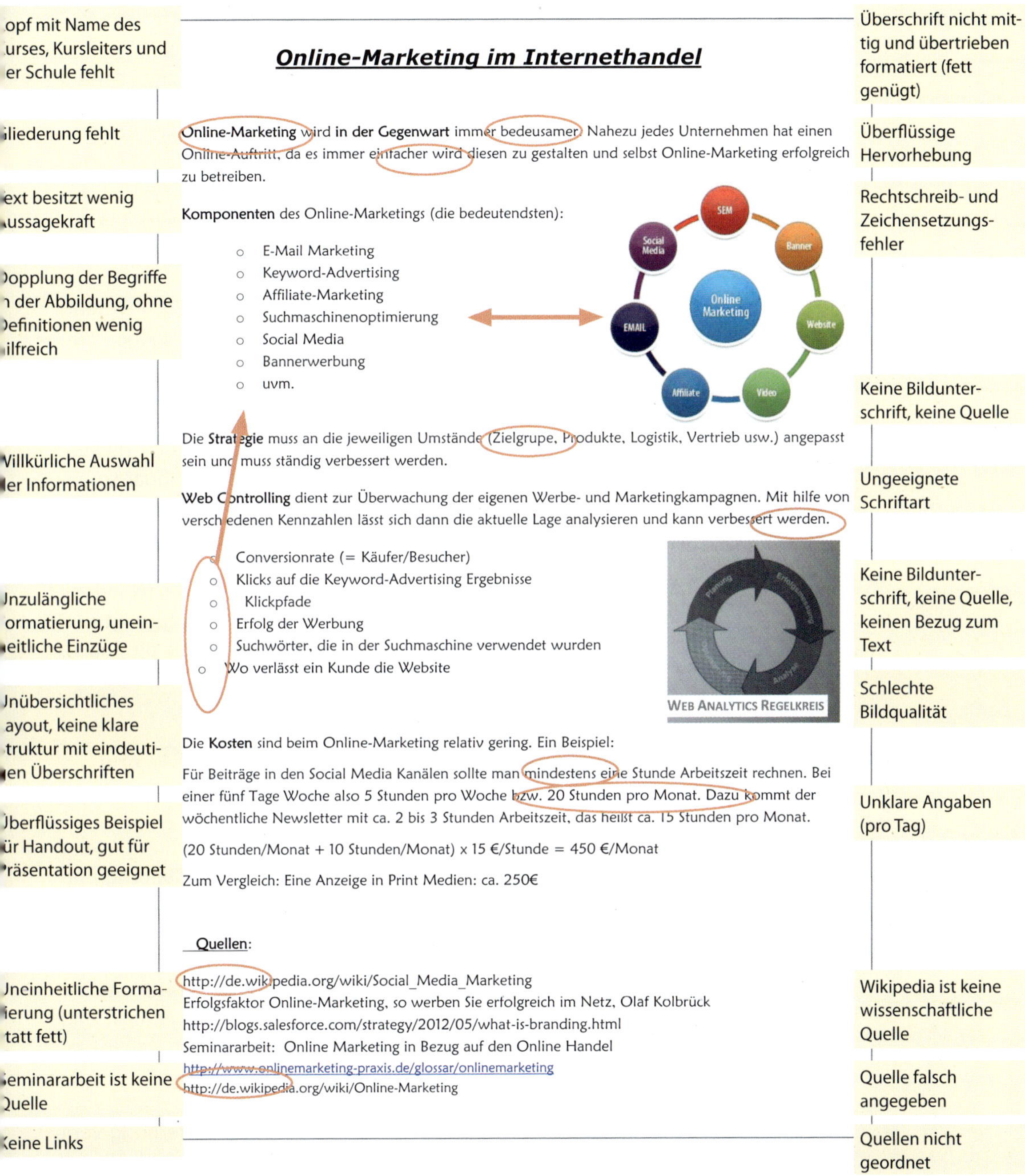

Online-Marketing im Internethandel

Online-Marketing wird **in der Gegenwart** immer bedeusamer. Nahezu jedes Unternehmen hat einen Online-Auftritt, da es immer einfacher wird diesen zu gestalten und selbst Online-Marketing erfolgreich zu betreiben.

Komponenten des Online-Marketings (die bedeutendsten):

- E-Mail Marketing
- Keyword-Advertising
- Affiliate-Marketing
- Suchmaschinenoptimierung
- Social Media
- Bannerwerbung
- uvm.

Die **Strategie** muss an die jeweiligen Umstände (Zielgrupe, Produkte, Logistik, Vertrieb usw.) angepasst sein und muss ständig verbessert werden.

Web Controlling dient zur Überwachung der eigenen Werbe- und Marketingkampagnen. Mit hilfe von verschiedenen Kennzahlen lässt sich dann die aktuelle Lage analysieren und kann verbessert werden.

- Conversionrate (= Käufer/Besucher)
- Klicks auf die Keyword-Advertising Ergebnisse
- Klickpfade
- Erfolg der Werbung
- Suchwörter, die in der Suchmaschine verwendet wurden
- Wo verlässt ein Kunde die Website

Die **Kosten** sind beim Online-Marketing relativ gering. Ein Beispiel:

Für Beiträge in den Social Media Kanälen sollte man mindestens eine Stunde Arbeitszeit rechnen. Bei einer fünf Tage Woche also 5 Stunden pro Woche bzw. 20 Stunden pro Monat. Dazu kommt der wöchentliche Newsletter mit ca. 2 bis 3 Stunden Arbeitszeit, das heißt ca. 15 Stunden pro Monat.

(20 Stunden/Monat + 10 Stunden/Monat) x 15 €/Stunde = 450 €/Monat

Zum Vergleich: Eine Anzeige in Print Medien: ca. 250€

Quellen:

http://de.wikipedia.org/wiki/Social_Media_Marketing
Erfolgsfaktor Online-Marketing, so werben Sie erfolgreich im Netz, Olaf Kolbrück
http://blogs.salesforce.com/strategy/2012/05/what-is-branding.html
Seminararbeit: Online Marketing in Bezug auf den Online Handel
http://www.onlinemarketing-praxis.de/glossar/onlinemarketing
http://de.wikipedia.org/wiki/Online-Marketing

Abb. 72: Negatives Beispiel für ein Handout. *Eigene Darstellung*

Gestaltung von Visualierungen

Bei der Auswahl der Medienform und ihrer Gestaltung sind folgende Grundregeln zu beachten (→ Übung J):

KISS

KISS meint **k**eep **i**t **s**mall and **s**imple, das heißt, die Visualisierung sollte knapp gehalten werden und sich auf die wesentlichen Punkte des Vortrags beschränken. Ziel ist keine „Multimedia- Show". Diese lenkt vom eigentlichen Inhalt ab und kann ermüdend wirken.

Ich

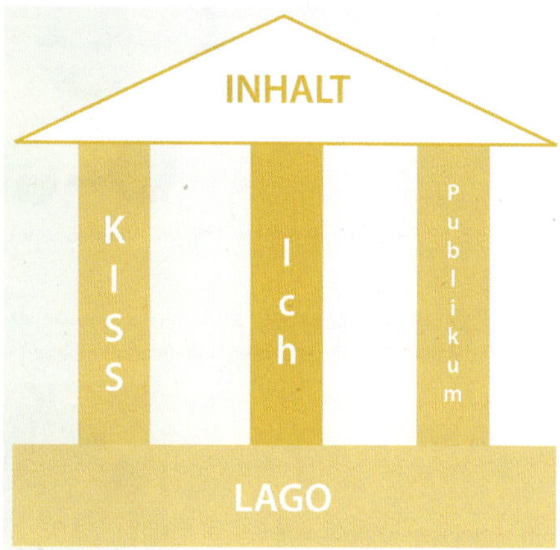

Abb. 73: Grundsätze der Veranschaulichung.
Aus: Barsch-Gollnau u. a., a. a. O., S. 86

Der Präsentierende ist wesentlich für die gelungene Vermittlung einer Präsentation. In manchen Fällen funktioniert die Visualisierung jedoch auch ohne jeden Kommentar des Referenten bzw. kann sogar so beabsichtigt sein. Beispiel: In einer Präsentation in Kunst werden nach einer allgemeinen Erläuterung zur Farblehre verschiedene Farbkombinationen gezeigt und die Zuschauer sollen die individuelle Wirkung auf den Betrachter erleben.

Publikum

Alle Elemente der Veranschaulichung müssen von **jedem gesehen** bzw. **gehört** werden können.

LAGO

Eine stabile Grundlage für die Gestaltung der Veranschaulichung bietet die LAGO-Formel. **LAGO** steht für: **L**esbarkeit, **A**nordnung, **G**estaltung und **O**rganisation. Die folgenden Hinweise beziehen sich besonders auf die Erarbeitung von **Folien mittels eines Präsentationsprogramms**, gelten aber entsprechend auch für andere Darstellungsformen wie Overheadfolien, Plakate usw. Allerdings empfiehlt sich die Verwendung eines Präsentationsprogramms, da die Folien bei Berücksichtigung einiger Regeln einfach und überzeugend zu gestalten sind und sich grafische Elemente problemlos integrieren lassen.

Lesbarkeit

Das Lesen von Projektionen ist für den Leser aufgrund der Entfernung vom Text wesentlich anstrengender als das von gedruckten Texten, die direkt vor ihm liegen. Daher müssen Präsentationsfolien besonders **übersichtlich und klar** gestaltet werden.

Der Text sollte immer in Druckbuchstaben in Groß- und Kleinschreibung geschrieben werden. Die Overheadfolien sollten am PC verfasst und nicht mit der Hand geschrieben werden. Die Schriftgröße muss mindestens 18 Punkt betragen, um auf eine Entfernung von fünf Metern noch wie eine 12-Punkt-Schrift zu wirken. Ist der Raum größer oder soll die Schrift größer wirken, ist entsprechend eine größere Schrift zu wählen. Zum Beispiel wirken 27 Punkt auf 7,5 Meter nur wie 12 Punkt. Die Größe der sichtbaren Schrift ist jedoch auch von der Entfernung des Projektors von der Projektionswand (und damit Projektionsgröße) abhängig, die wiederum je nach Lichtstärke des Geräts, Helligkeit des Raums und verfügbarer Projektionsfläche zu wählen ist.

Abstand von der Projektionsfläche	5 m	7,5 m	10 m	12,5 m
Wirkung auf den Zuhörer wie 10 pt	15 pt	22 pt	30 pt	37 pt
Wirkung auf den Zuhörer wie 12 pt	18 pt	27 pt	36 pt	45 pt
	zu verwendende Schriftgröße in der Präsentation			

Abb. 74: Lesbarkeit von Schriftgrößen. *Nach: Böhringer, Joachim u. a.: Präsentieren in Schule, Studium und Beruf. Heidelberg, 2007, S. 67*

Für den Text sollten **klare Schriftarten** verwendet werden wie zum Beispiel „Arial", „Verdana" oder „Trebuchet". Dies sind serifenlose Schriften (→ Kapitel 6.1), die sich am Bildschirm und bei Präsentationen wesentlich besser lesen lassen als Serifenschriften wie Times. Serifenschriften können lediglich für Überschriften verwendet werden. Verspielte Schriften wie z. B. „Comic Sans" sollten gar nicht zum Einsatz kommen. In ausgewählten Fällen (z. B. bei Titeln oder Überschriften) kann jedoch mit einer ausgefallenen Schriftart auch ein Inhalt transportiert werden, da verschiedene Schriftarten auf Leser bestimmte Wirkungen haben. „Times" wirkt eher klassisch, vornehm, altmodisch, „Arial" schlicht, funktional, kalt und modern.

Misslungene Übereinstimmung von Schriftart und Inhalt	Gelungene Übereinstimmung von Schriftart und Inhalt
Der Wilde Westen in der US-Literatur	Der Wilde Westen in der US-Literatur
GENFORSCHUNG IN DEN USA	Genforschung in den USA
Der römische Limes	**Der römische Limes**

Abb. 75: Wirkung von Schriftarten. *Eigene Darstellung*

Um eine optimale Lesbarkeit zu erreichen, ist auch auf einen ausreichenden **Zeilenabstand** zu achten. In der Regel empfiehlt sich ein 1,5-zeiliger Abstand. Nach Überschriften kann eine Leerzeile gelassen werden. Weiterhin sollte der Text linksbündig (Flattersatz) gesetzt werden und nicht im Blocksatz, da bei diesem die häufigen Trennungen und die unterschiedlich großen Wortzwischenräume das Lesen erschweren. Ein zentrierter Satz (Mittelachsensatz) erschwert das Lesen durch die ständig wechselnden Zeilenanfänge und eignet sich nur für kurze Texte wie z. B. kurze Zitate oder kurze Gedichte. Pro Zeile sollten bei einer 18 – 20-Punkt-Schrift nicht mehr als ca. 35 Buchstaben verwendet werden, damit die Zeilenfixierung beim Lesen nicht verloren geht. Da dies häufig die Breite der Folie nicht ausfüllt, können entweder zwei Spalten verwendet werden oder der Freiraum wird für ein (sinnvolles) grafisches Element benutzt. Dem Leser wird das Verständnis auch dadurch erleichtert, indem einzelne Gedankenschritte auch optisch als Blöcke bzw. Absätze erkennbar gemacht werden. Die Folien sollen auf keinen Fall den (gesamten) Vortragstext enthalten, in der Regel auch keine ganzen Sätze. Das Wesentliche muss auf Stichworte reduziert werden (→ Abb. 78).

Anordnung

Bei der Gestaltung von Folien ist auf eine **logische Struktur** (z. B. vergleichend/kontrastierend – chronologisch-reihend – hierarchisierend) zu achten sowie auf Übersichtlichkeit und eine möglichst einfache Darstellung. Da der Lesefluss von oben links nach unten rechts stattfindet, sollen wichtige Informationen oben links, Bilder, Logos etc. unten rechts platziert werden.

Gestaltung

Die Folien sollen über ein einheitliches, klares und nicht überladenes Layout verfügen. Dies erreicht man durch eine Beschränkung der Schrifttypen und -farben, der Hervorhebungen (→ Kapitel 6.1.2) und Animationen sowie durch den sinnvollen Farbeinsatz. So ist auf einen **ausreichenden Kontrast** zwischen der Hintergrund- und der Schriftfarbe zu achten (→ Abb. 76). Dunkle Töne für die Schrift auf einem hellen Hintergrund haben sich dabei bewährt, wobei auch auf den Symbolcharakter der Farben zu achten ist. Rot steht u. a. für Energie, Vitalität, erregt Aufmerksamkeit, kann aber auch aggressiv wirken. Gelb vermittelt Licht, Heiterkeit und Freude, steht auch für Wissen, Weisheit, Vernunft und Logik. Grün vermittelt Großzügigkeit, Sicherheit, Harmonie und gilt als beruhigende Farbe. Sie kann aber auch Gefühle wie Neid und Gleichgültigkeit vermitteln. Violett ist eine würdevolle Farbe; es ist die Farbe der Inspiration, der Mystik und der Kunst. Blau ist eine kühle Farbe und steht u. a. für Ruhe und Vertrauen. Die **Gestaltungselemente** (Pfeile, Symbole, Diagramme, Karten, Grafiken, Bilder...) sind sinnvoll einzusetzen, sodass ein ausgewogenes Verhältnis zwischen Schrift und Bild entsteht. Dazu tragen auch **klar formulierte Überschriften** bei. In Kopf- und Fußzeile, die durch eine Linie, die Schriftgröße oder farblich abgesetzt werden, können Titel der Präsentation, Verfasser und Organisation genannt werden. Sie sollten so gestaltet sein, dass sie den eigentlichen Folieninhalt nicht dominieren. Die Gestaltung der Folien erleichtern die zahllosen Vorlagen, die das Programm selbst bereitstellt oder die im Internet zu finden sind (→ Übungen J und K).

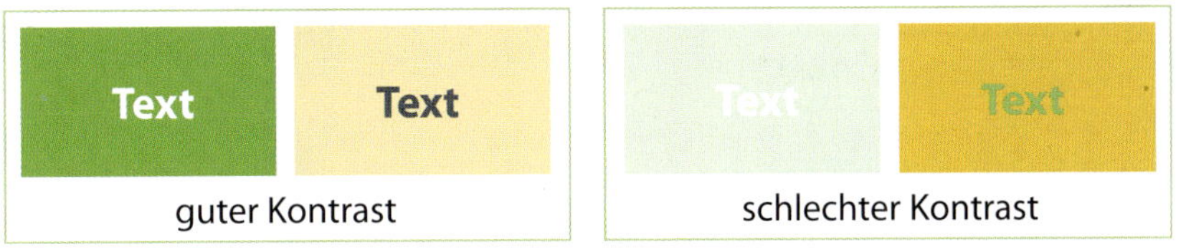

Abb. 76: Starker/schwacher Kontrast. Eigene Darstellung

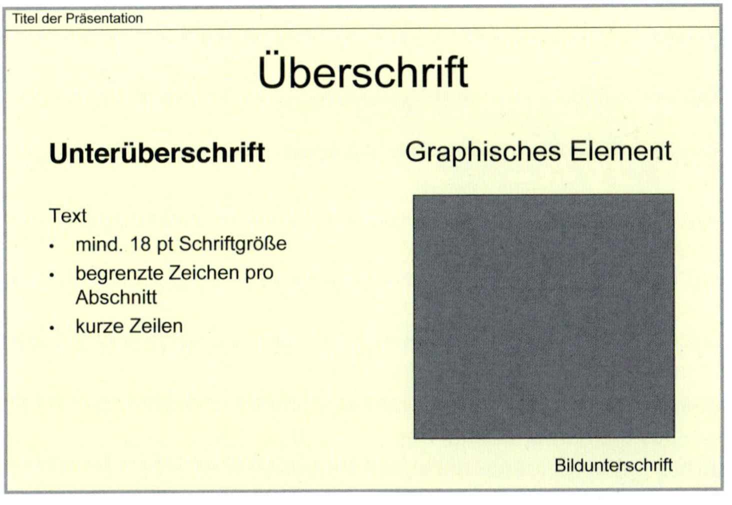

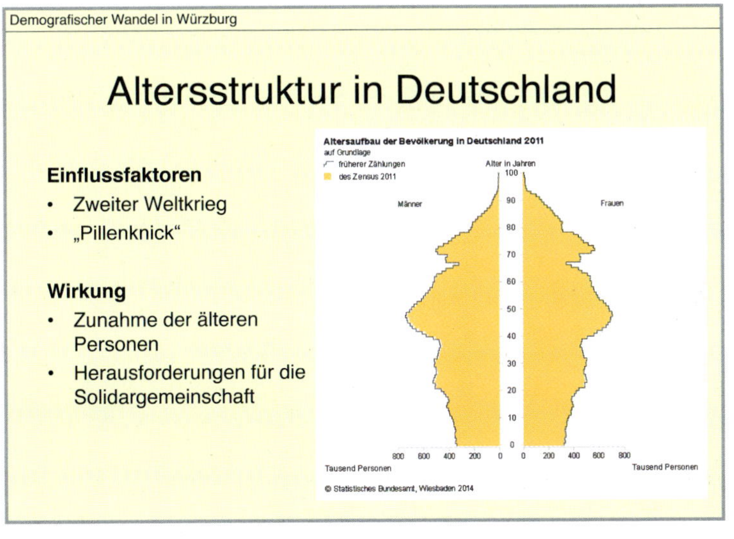

Abb. 77: Beispiel einer gelungenen Folie. Eigene Darstellung

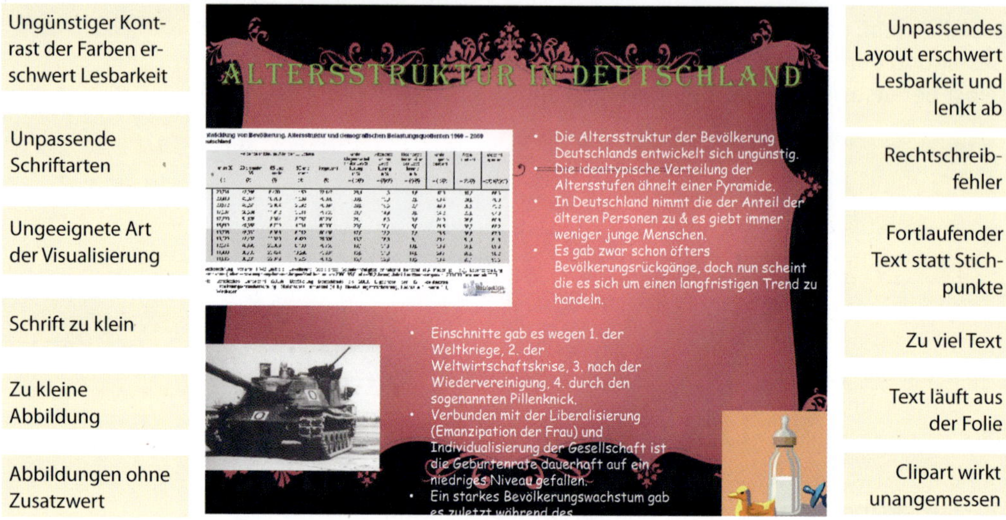

Abb. 78: Beispiel einer misslungenen Folie. Eigene Darstellung

Organisation

Es ist wichtig, sich zu überlegen, wie lange der Einsatz der einzelnen Gestaltungselemente dauert, damit am Ende nicht der zeitliche Rahmen der Präsentation gesprengt wird. Der **Umgang mit der Technik** muss vertraut sein. Dem Vortragenden sollte zum Beispiel bekannt sein, wie sich der Overheadprojektor einschalten lässt, die Schärfe sollte vor dem Vortrag eingestellt werden. Verwendet man ein Präsentationsprogramm nicht auf dem eigenen PC, ist im Voraus die Kompatibilität der Soft- und Hardware zu prüfen, auch, ob die Schriftarten am anderen Rechner vorhanden sind und ob alle eingebetteten Dateien funktionieren. Auch die **Lichtverhältnisse** sind zu bedenken. So ist darauf zu achten, ob die Projektion ausreichend kontrastreich und lesbar ist oder ob verdunkelt werden muss und ob dies möglich ist.

Ferner ist ein **Standort** zu wählen, der den Zuhörern nicht die Sicht auf die Darstellung nimmt. Gleichzeitig sollte man nicht vor einem Fenster stehen, um nicht als Schattenriss zu erscheinen. Die Sitzordnung richtet sich nach der Anzahl der Zuhörer und dem Grad ihrer Beteiligung an der Präsentation, ob etwa eine Diskussion stattfinden soll. Sollen sie mitschreiben, empfiehlt sich eine Sitzordnung mit Tischen. Nachfolgend sind einige Beispiele abgebildet. Flipchart und Pinnwand sind austauschbar und durch andere Präsentationsmedien ersetzbar. Die dritte Sitzordnung wird kommunikativer, wenn die Tische etwas einander zugedreht werden (→ Abb. 79).

PC und Deckenbeamer
- Busbestuhlung
- Viele Teilnehmer möglich
- Teilnehmer haben einen eingeschränkten Kontakt zum Vortragenden bei sehr großen Gruppen
- Kontakt der Teilnehmer untereinander bei sehr großen Gruppen schlecht
- Keine Bewegung und Veränderung möglich
- Schreiben ist erschwert, wenn keine Tische im Vortragssaal vorhanden sind

Flipchart
- Stühle im Halbkreis
- Teilnehmer haben alle Blickkontakt untereinander und zum Vortragenden
- Sehr kommunikative Sitz- und Präsentationsform
- Bewegung und Veränderung sehr schnell möglich
- Schreiben ist erschwert
- Bis 15 Personen

OH-Projektion
- Typische Klassenraumsituation
- OH-Projektion lenkt den Blick auf die Projektion und den Vortragenden
- Ungünstige Kommunikationsform, da sich die Teilnehmer untereinander nur bedingt sehen
- Schreiben ist sehr gut möglich
- Bis 28 Personen

Mehrere Pinnwände für Großgruppen
- Zentrierte Ausrichtung auf die Pinnwände
- Teilnehmerkonzentration auf ein oder mehrere Vortragende und die Präsentationsdarstellung
- Schreiben ist sehr gut möglich
- Bewegung und Veränderung ist bei günstiger Personenanzahl und Raumsituation unproblematisch
- Kommunikation in größeren Gruppen bedarf der Moderation
- 20 bis 28 Personen

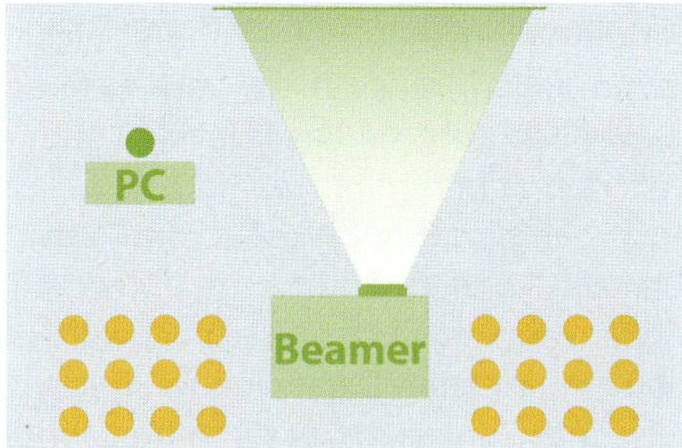

PC und Deckenbeamer

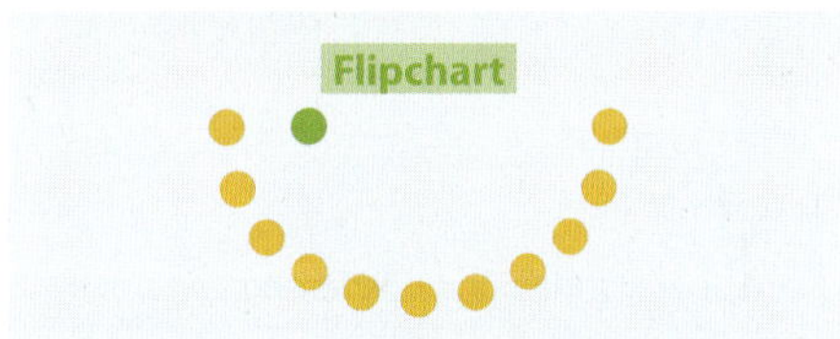

Flipchart

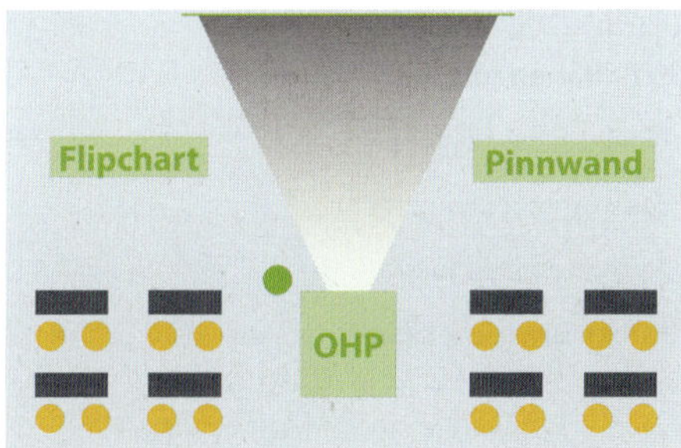

OH-Projektion

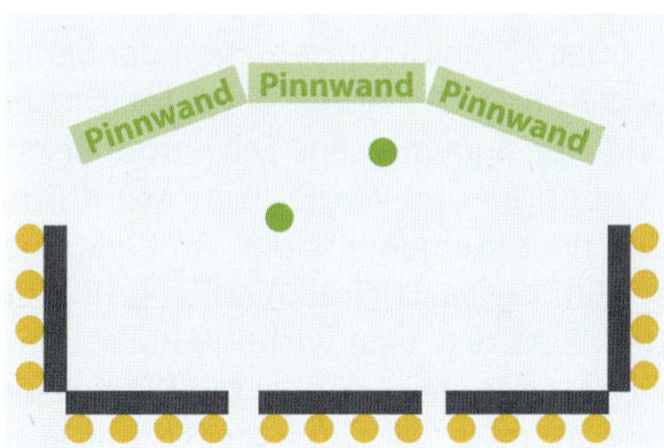

Mehrere Pinnwände für Großgruppen

Abb. 79: Vor- und Nachteile verschiedener Sitzordnungen. *Aus: Böhringer, a. a. O., S. 352 f.*

Da die Veranschaulichungsmittel nicht nur schmückenden Charakter besitzen sollen, müssen sie vom Referenten ausführlich erläutert werden, schließlich sieht sie das Publikum zum ersten Mal. Daher ist es auch sinnvoll, den Zuhörern ein wenig Zeit zu lassen, um den Inhalt der Darstellung aufzunehmen. Komplexe Sachverhalte in Form von Schemata, Tabellen oder Grafiken können schrittweise entwickelt werden. So kann der Zuhörer den Gedankengang auch visuell nachvollziehen. Dazu ist es notwendig, sich mit den eingesetzten Darstellungen gut auszukennen. So kann man auch mittels eines Zeigestabs, Laserpointers oder mit der Maus präzise auf einzelne Stellen hinweisen.

Checkliste zur Veranschaulichung im Vortrag			
Gestaltung:	j/n	**Visualisierung:**	j/n
Texte fehlerfrei		Abbildung notwendig	
Klare Überschriften und Gliederung		Abbildungen aussagekräftig	
Einheitliche Satzarten (Nominalstil)		Abbildungen gut erkennbar	
Schriften lesbar (Größe, Art, Kontrast)			
Schriftarten zum Inhalt passend			
Einheitliches Layout		**Medien:**	j/n
Farbwahl mediengerecht		Veranschaulichungselemente eingeübt	
Farbschema schlüssig			
Farben unterscheidbar		Medien getestet	

Abb. 80: Checkliste. *Eigene Darstellung*

Bewertungskriterien für die Präsentation

Bei der Abschlusspräsentation der Seminararbeit werden zum einen **Inhalt** und **Aufbau** der Arbeit bewertet. Dazu gehören die Erfassung des Themas und eine angemessene Schwerpunktsetzung und Strukturierung. Hier kann es nötig sein, im Vergleich zur schriftlichen Arbeit stark zu kürzen, erklärende Erläuterungen aus den Anmerkungen aber zu berücksichtigen. Weiter spielen die **sachliche Richtigkeit** und die Ergebnissicherung in Form eines Handouts o. ä. eine wichtige Rolle. Zum anderen wird die **Darbietung** bewertet, also der Einstieg, die Klarheit der Darstellung und die sprachliche Gewandtheit, die Lebendigkeit des Vortrags und die Reaktion auf Fragen sowie die Auswahl, Gestaltung und Beherrschung der Präsentationsmedien. Bei Themen mit einem praktischen Schwerpunkt kann auch ein Experiment Teil der Präsentation sein. Dann werden die Auswahl der Geräte und Teilexperimente, die Beherrschung der Geräte, die Durchführung sowie die Auswertung und Interpretation des Experiments und die Flexibilität des Vortragenden bewertet (→ Abb. 81: Beispiel für einen Bewertungsbogen).

INHALT (Gewichtung z.B. 40%)	Punkte		
Einstieg	weckt Interesse, gewinnt die Hörer, zum Hauptteil hinführend, kurz	++ + - - -	fehlt bzw. erzeugt Ablehnung; funktionslos, zu weit ausholend
Hauptteil			
Aufbau	sachgerecht, folgerichtig, roter Faden erkennbar	++ + - - -	völlig unklar, keine Ordnung
Prägnanz	Wichtiges hervorgehoben	++ + - - -	Wichtiges geht unter
Argumentation (doppelte Wertung)	jeder Gliederungspunkt eine wesentliche Aussage zum Thema; Begründung, Beispiele Skizzen, Grafiken, Versuche	++ + - - -	unpassende bzw. unwichtige Aussagen, unvollständige Argumentation, zielloses Gerede
Sachliche Richtigkeit	korrekte Information	++ + - - -	grobe Fehler
Fachbegriffe	werden erklärt, souveräner Umgang	++ + - - -	unreflektiert verwendet, kommen nicht vor
Schluss	Zusammenfassung, weiterführende Gedanken	++ + - - -	fehlt, funktionslos
DARBIETUNG (Gewichtung z.B. 40%)	**Punkte**		
Aufteten	natürlich, sicher	++ + - - -	verkrampft, hilflos
Sprechweise	deutlich, akzentuiert, mit Sprechpausen, sprachlich korrekt	++ + - - -	kaum verständlich, monoton, hastig, sprachlich fehlerhaft
Vortrag	weitgehend frei	++ + - - -	abgelesen
Kontakt zum Hörer	passende Wortwahl, Augenkontakt	++ + - - -	keinerlei Adressatenbezug und -kontakt
Anregungswert	Zuhörer werden anschaulich, spannend, humorvoll unterrichtet, zeigen Interesse, stellen Zusatzfragen	++ + - - -	Vortrag trocken, abstrakt, einschläfernd, Hörer desinteressiert, keine Reaktion
HILFSMITTEL (Gewichtung z.B. 20%)	**Punkte**		
Folie, Tafelbild	sehr gut lesbar und sichtbar, übersichtlich, anschaulich	++ + - - -	unlesbar oder uneinsehbar, überladen
Folie, Experiment, Foto, Simulation...	interessant, informativ, unterstützt das Verständnis	++ + - - -	langweilig, belanglos
Handout	wenige, aber wichtige Informationen; übersichtlich strukturierte Darstellung	++ + - - -	zu wenige/zu viele Informationen; unübersichtliche Darstellung

Abb. 81: Vorschlag eines Bewertungsbogens. Aus: ISB, a. a. O. (bearbeitet)

Zusammenfassung zu Kapitel 7.3

Mit **Visualisierungen** können **konkrete** sowie **abstrakte Inhalte eines Vortrags veranschaulicht** oder **zusätzliche Informationen** vermittelt werden. Dadurch wird dem Zuhörer das Verständnis erleichtert. Die **Wahl des Präsentationsmediums richtet sich nach der Art des Vortrags**. Tafel, Flipchart und Moderationswand eignen sich gut, wenn Sachverhalte entwickelt oder spontane Aufzeichnungen gemacht werden sollen. Präsentationsprogramme in Verbindung mit einem Beamer ermöglichen auf einfache Weise eine effektvolle, abwechslungsreiche und anschauliche Visualisierung, wenn die beiden Kardinalfehler vermieden werden: **nicht zu viel Text oder lange Stichwortlisten** und **keine technische Überfrachtung** mit Animationen, Tönen, Schriftarten etc. Die Präsentation hat nicht die Funktion, den gesamten Inhalt für eine Nachbereitung z. B. zu Hause festzuhalten. **Im Vordergrund eines Referats steht der Redner** mit seinem Vortrag! Visualisierungen unterstützen ihn lediglich! Bei der Auswahl der Medienform und ihrer Gestaltung helfen Grundsätze von KISS und LAGO.

Training zu Kapitel 7

A Sie sollen zu einem der folgenden Themen ein Konzept für ein **Kurzreferat für verschiedene Zielgruppen** erarbeiten. Ihre Adressaten sind jeweils z. B. Eltern bei einem Präsentationsabend für Seminararbeiten, eine 6. Klasse und der dazugehörige Seminarkurs. Das erste Thema soll auch dem Gemeinderat vorgestellt werden.

Übung zu Kap. 7.1

- „Die Windkraft – Lösung des Energieproblems?" (Seminar Physik)
- „Immigration – Cubans in Florida" (Seminar Englisch)
- „Das Bild vom Menschen im kulturellen Kontext – Schönheitsvorstellungen in außereuropäischen Kulturen" (Seminar Kunst)

1. Informieren Sie sich knapp über das Thema.
2. Analysieren Sie das Vorwissen und die Interessen Ihrer Zuhörer.
3. Fertigen Sie einzeln oder in Gruppen jeweils einen Gliederungsentwurf an, in dem die Schwerpunktsetzung deutlich wird, und arbeiten Sie jeweils die Einleitung des Referats aus.
4. Tragen Sie Ihre Ergebnisse vor und besprechen Sie mit Ihren Mitschülern die Angemessenheit und die unterschiedliche Wirkung der Vorträge anhand der beschriebenen Kriterien.

B

1. Leiten Sie aus den folgenden Texten (→ **M 1a und M 1b**) Handlungsanweisungen für eine **gute Rede** ab.
2. Obwohl Kurt Tucholsky vor der Erforschung der Kommunikation durch die Wissenschaft gelebt hat, finden sich zahlreiche Elemente der vorgestellten Kommunikationstheorie wieder. Weisen Sie diese am Text nach.

Übung zu Kap. 7.2

M 1a Kurt Tucholsky: Ratschläge für einen schlechten Redner

Fang nie mit dem Anfang an, sondern immer drei Meilen vor dem Anfang! Etwa so: „Meine Damen und Herren! Bevor ich zum Thema des heutigen Abends komme, lassen Sie mich Ihnen kurz ..." Hier hast Du schon so ziemlich alles, was einen schönen Anfang ausmacht: eine steife Anrede; der Anfang vor dem Anfang [...]. So gewinnst Du im Nu die Herzen und die Ohren der Zuhörer. Denn das hat der Zuhörer gern: dass er Deine Rede wie ein schweres Schulpensum aufbekommt; dass Du mit dem drohst, was Du sagen wirst, sagst und schon gesagt hast. Immer schön umständlich. Sprich nicht frei – das macht einen so unruhigen Eindruck. Am besten ist es: Du liest Deine Rede ab. Das ist sicher, zuverlässig, auch freut es jedermann, wenn der lesende Redner nach jedem viertel Satz hochblickt, ob auch noch alle da sind. [...] Sprich mit langen, langen Sätzen – solchen, bei denen Du, der Du Dich zu Hause, wo Du ja die Ruhe, deren Du so sehr benötigst, Deiner Kinder ungeachtet, hast, vorbereitest, genau weißt, wie das Ende ist, die Nebensätze schön ineinandergeschachtelt, so dass der Hörer, ungeduldig auf seinem Sitz hin und her träumend, sich in einem Kolleg wähnend, in dem er früher so gern geschlummert hat, auf das Ende solcher Periode wartet … nun, ich habe Dir eben ein Beispiel gegeben. So musst Du sprechen. Fang immer bei den alten Römern an und gib stets, wovon Du auch sprichst, die geschichtlichen Hintergründe der Sache. Das ist nicht nur deutsch – das tun alle Brillenmenschen. […] So musst Du das […] machen. Du hast ganz recht: Man versteht es ja sonst nicht, wer kann denn das alles verstehen, ohne die geschichtlichen Hintergründe … sehr richtig! Die Leute sind doch nicht in Deinen Vortrag gekommen, um lebendiges Leben zu hören, sondern das, was sie auch in den Büchern nachschlagen können … sehr richtig! Immer gib ihm Historie, immer gib ihm. Du musst alles in die Nebensätze legen. Sag nie: „Die Steuern sind zu hoch." Das ist zu einfach. Sag: „Ich möchte zu dem, was ich soeben gesagt habe, noch kurz bemerken, dass mir die Steuern bei weitem …" So heißt das! Trink den Leuten ab und zu ein Glas Wasser vor – man sieht das gern. Wenn Du einen Witz machst, lach vorher, damit man weiß, wo die Pointe ist. Eine Rede ist, wie könnte es anders sein, ein Monolog. Weil doch nur einer spricht. Du brauchst auch nach vierzehn Tagen öffentlicher Rednerei noch nicht zu wissen, dass eine Rede nicht nur ein Dialog, sondern ein Orchesterstück ist: Eine stumme Masse spricht nämlich ununterbrochen mit. Und das musst Du hören. Nein, das brauchst Du nicht zu hören. Sprich nur, lies nur, donnere nur, geschichtele nur. Zu dem, was ich soeben über die Technik der Rede gesagt habe, möchte ich noch kurz bemerken, dass viel Statistik eine Rede immer sehr hebt. Das beruhigt ungemein, und da jeder imstande ist, zehn verschiedene Zahlen mühelos zu behalten, so macht das viel Spaß. Kündige den Schluss Deiner Rede lange vorher an, damit die Hörer vor Freude nicht einen Schlaganfall bekommen. […] Kündige den Schluss an, und dann beginne Deine Rede von vorne und rede noch eine halbe Stunde. Dies kann man mehrere Male wiederholen. Du musst Dir nicht nur eine Disposition machen, Du musst sie den Leuten auch vortragen, das würzt die Rede. Sprich nie unter anderthalb Stunden, sonst lohnt es gar nicht erst anzufangen. Wenn einer spricht, müssen die andern zuhören – das ist Deine Gelegenheit. Missbrauche sie.

M 1b Kurt Tucholsky: Ratschläge für einen guten Redner

Hauptsätze, Hauptsätze, Hauptsätze. Klare Disposition im Kopf – möglichst wenig auf dem Papier. Tatsachen, oder Appell an das Gefühl. Schleuder oder Harfe. Ein Redner sei kein Lexikon. Das haben die Leute zu Hause. Der Ton einer einzelnen Sprechstimme ermüdet; sprich nie länger als vierzig Minuten. Suche keine Effekte zu erzielen, die nicht in deinem Wesen liegen. Ein Podium ist eine unbarmherzige Sache – da steht der Mensch nackter als im Sonnenbad. Merk Otto Brahms Spruch: Wat jestrichen is, kann nich durchfalln.

Aus: Tucholsky, Kurt: Gesammelte Werke Bd. III. Hamburg, 1960, S. 600

C Erarbeiten Sie auf Grundlage des Lexikonartikels eine kurze **mündliche Information** über die geografische Lage Dänemarks. Wenden Sie dabei die im Kapitel angesprochenen Gestaltungshinweise an. Damit Ihre Kurzinformation konkret und anschaulich wird, sollten Sie Vergleichsgrößen suchen.

Übung zu Kap. 7.1

M 2 Geografie Dänemarks

Das Königreich Dänemark (norwegisch: Kongeriget Danmark) liegt in Nordeuropa und ist das südlichste der skandinavischen Länder mit einer Fläche von 43.098 km^2. Es besteht aus der Halbinsel Jütland und 474 Inseln, von denen 1998 ungefähr 80 bewohnt waren. Die größten Inseln sind (in der Reihenfolge ihrer Größe) Seeland mit der Hauptstadt Kopenhagen, Fünen, Lolland, etwas abseits in der westlichen Ostsee Bornholm, Falster, Alsen, Langeland und Møn. Eine einzige Festlandgrenze verbindet Dänemark mit einem anderen Land - dem deutschen Bundesland Schleswig-Holstein. Der übrige Teil des Landes - mit rund 7.000 km Küstenlinie - ist von Wasser umgeben. Im Westen schützen Dünen, Sandbänke und Haffs vor winterlichen Nordseestürmen, im Nordwesten befindet sich als Verbindung zu Norwegen und Schweden der Skagerrak. Im Nordosten verbindet die Meeresenge des Kattegat Nord- und Ostsee, vor der Ostküste Dänemarks liegt die Ostsee. Vier Küstenformen lassen sich unterscheiden: Ausgleichsküsten mit Dünen an der Watten- und Marschküste im Westen, Kreidekalkküsten etwa auf Møn, Fördenküste an der Ostküste Jütlands und als Besonderheit Gneis- und Granitküsten auf Bornholm. Dänemark ist ein ausgesprochen flaches Land, die durchschnittliche Landeshöhe beträgt 30 m über dem Meeresspiegel. Die höchste Erhebung Dänemarks ist der 173 m hohe Yding Skovhoy, der im östlichen Mitteljütland liegt. Der längste Fluss hat eine Länge von 158 km und heißt Gudenå, größter Binnensee ist der Arresee auf Seeland mit einer Fläche von 42 km^2. Typisch für die Landschaft Dänemarks sind die so genannten Haffs, Meeresbuchten, die durch eine Nehrung vom offenen Meer weitgehend abgetrennt sind und meist Süßwasserzufuhr haben. Das größte Haff, Limfjorden, durchzieht Jütland auf einer Länge von rund 180 km.

Aus: http://www.laender-lexikon.de/Dänemark_(Geografie) (Aufgerufen am: 7.1.2015)

Übung zu Kap. 7.2

D Interpretieren Sie mithilfe der im Kapitel dargestellten Ausführungen die **Körpersignale** der beiden Personen auf dem Foto und deren Wirkung auf das Gegenüber.

Abb. 82: Körpersprache. *Foto privat*

Übung zu Kap. 7.2

E Folgender Text (**M 3**) ist für ein Referat nicht geeignet. Verändern Sie den Text so, dass er gut vorgetragen werden kann. Berücksichtigen Sie dabei die Hinweise im Kapitel.

M 3 Besteht der Mensch aus mehr Bakterien als Körperzellen?

Wir beherbergen, so ein oft kolportiertes Gerücht, in uns etwa zehnmal mehr Bakterien und einzellige Mikroben als unser Körper Zellen hat. Diese Weisheit sollten allerdings alle schnell vergessen, die überhaupt schon einmal davon gehört haben – meinen zumindest Forscher aus Israel und Kanada, die besonders genau nachgerechnet haben. Dabei kamen sie auf ein Körperzellen-zu-Mikroben-Verhältnis von rund 1 zu 1. Grundlage für diese Anzahl war dabei ein 70 Kilo schwerer, 1,70 m großer und rund 20 bis 30 Jahre alter „Referenz-Mann“: Er würde im Durchschnitt aus um 30 Billionen menschlicher Zellen bestehen und 39 Billionen Bakterien beheimaten, rechnen Ron Milo und Ron Sender vom Weizmann Institut im israelischen Rehovot sowie ihr Kollege Shai Fuchs vom Hospital for Sick Children in Toronto vor. Diese Zahlen sind zwar Schätzwerte; und ein anderer Mensch könnte durchaus von nur der Hälfte oder aber doppelt so viel Bakterien besiedelt sein – in keinem Fall aber von rund zehnmal mehr, also von der unter interessierten Laien besonders häufig verbreiteten Anzahl. Die Menge von Keimen und Körperzellen dürfte wohl derart ähnlich sein, dass schon ein Gang aufs Klo ändern könnte, ob man mehr vom einen oder anderen hat – so die ins Detail gehende Feststellung der Forscher in ihrer Vorab-Veröffentlichung auf dem bioRxiv-Dokumentenserver. Das viel zitierte 10:1-Verhältnis geht wohl auf eine 1972 publizierte Veröffentlichung des Mikrobiologen Thomas Luckey zurück. [...]

Milo, Sender und Fuchs beschlossen, die Datenlage zu präzisieren und trugen eine umfassende Übersicht von älteren experimentellen Daten zusammen, die aus allerlei Veröffentlichungen stammen – etwa DNA-Analysen zur Abschätzung der Zellzahl oder aber bildgebenden Magnetresonanz-Studien, bei denen Organgrößen vermessen wurden. [...]
Die weitaus größte Fraktion aller Körperzellen bilden die Roten Blutkörperchen. Am gröbsten verschätzt hatte sich Luckey einst wohl bei der Bakterienzahl im Verdauungstrakt, so Milo und Kollegen. [...]
Alle Berechnungen und Schätzwerte zusammengeworfen deuten jedenfalls auf ein Verhältnis von rund 1,3 Mikroorganismen auf eine Körperzelle – mit erheblicher Streuung im Einzelnen und allerlei Unwägbarkeiten. Auf Anfrage wollte Milo die Vorveröffentlichung übrigens zunächst nicht kommentieren – eine Publikation steht an und das Peer-Review zum Paper läuft noch.

Aus: Alison Abbot, Spektrum.de, 11.1.2016 (Aufgerufen am: 9.3.2016)

F Mit der folgenden Übung können Sie den Zusammenhang zwischen **Sprechweise und Situation** erproben. — Übung zu Kap. 7.2

1. Nehmen Sie ein Telefonbuch und reden Sie den Text wie bei einer Wahlkampfrede, Grabrede, Festrede bei einer Hochzeit, Ihrer Abiturverabschiedung, beim Wort zum Sonntag usw. Gebrauchen Sie dabei bewusst die dargestellten Möglichkeiten, Ihre Sprache zu gestalten. Diskutieren Sie anschließend die Wirkung Ihrer Rede auf die Zuhörer.
2. Veranstalten Sie zu viert oder zu fünft eine Podiumsdiskussion. Verwenden Sie jeweils für Ihren Redeteil einen Text, dessen Inhalt mit dem Thema der Diskussion in keinem Zusammenhang steht (z. B. Zeitungsbericht, Märchen, Telefonbuch etc.). Versuchen Sie, möglichst überzeugend zu wirken.

G Wählen Sie zwei bis drei unterschiedliche **Rollen** (Mauerblümchen, Macho, Träumer/in, Besserwisser/in, Außenseiter/in, Nörgler/in, Ausweichende/r usw.) und tragen Sie einen kurzen, selbst gewählten Text **pantomimisch** dem Kurs vor, ohne die Rollen zu verraten. Achten Sie daher besonders auf Ihre **Körpersprache**. Lassen Sie anschließend die Zuhörer raten und diskutieren Sie die Umsetzung der Rollen und deren Wirkung. — Übung zu Kap. 7.2

H Entwerfen Sie in Gruppen zum Thema „Ursachen des Scheiterns der Weimarer Republik" (→ **M 4**) unterschiedliche **grafische oder schematische Darstellungen** und diskutieren Sie anschließend, ob damit die wesentlichen Inhalte anschaulich werden. — Übung zu Kap. 7.3

M 4 Das Scheitern der Weimarer Republik

Woran ist also Weimar gescheitert? Die Antwort ist nicht mit letzter wissenschaftlicher Präzision zu geben, aber einiges lässt sich doch ausmachen: die wichtigsten Gründe liegen auf dem Feld der Mentalitäten, der Einstellungen und des Denkens. In der Mitte des Ursachenbündels finden sich eine Bevölkerungsmehrheit, die das politische System von Weimar auf die Dauer nicht zu akzeptieren bereit war, sowie Parteien und Verbände, die sich den Anforderungen des Parlamentarismus nicht gewachsen zeigten. Die Ursachen für diese Defekte dürften überwiegend in langfristigen, aus den besonderen Bedingungen der preußisch-deutschen Geschichte zu erklärenden Zusammenhängen zu suchen sein, verstärkt durch die Entstehungsbedingungen des Weimarer Staatswesens und seiner außenpolitischen Belastungen. Die Übertragung dieser ungünstigen Gruppenmentalitäten auf das Weimarer Regierungssystem wurde durch den Wahlrechtsmodus erheblich begünstigt. [...] Die antirepublikanischen Tendenzen in Armee, Bürokratie und Justiz waren grundsätzlich beherrschbar, eine Frage des Machtbewusstseins von Parteien und Regierung. Die gesellschaftlichen und wirtschaftlichen Rahmenbedingungen waren hauptsächlich langfristig wirksam, indem sie auf die Mentalitäten von Bevölkerung und einzelnen Gruppen einwirkten; aktuelle ökonomische Krisen verstärkten die destabilisierenden Momente, verursachten sie aber nicht. Lapidar lässt sich also schließen: Bevölkerung, Gruppen, Parteien und einzelne Verantwortliche haben das Experiment Weimar scheitern lassen, weil sie falsch dachten und deshalb falsch handelten.

Aus: Schulze, Hagen: Weimar. Deutschland 1917 - 1933. Siedler Verlag /Random House, Berlin, 1994, S. 425

Übung zu Kap. 7.3 | Soll ein Publikum über das Wetterphänomen des Föhns informiert werden, so empfiehlt es sich, die sprachliche Information (→ **M 5**) mit einer Visualisierung (→ **M 6/7**) zu unterstützen. Erproben Sie die Wirkung einzelner Präsentationsmedien, indem Sie Gruppen bilden, die das Thema jeweils mittels OH-Folie, Mindmap, Präsentationsprogramm, Moderationswand, Flipchart und Plakat darstellen. Beachten Sie dabei die Regeln zur Gestaltung von Veranschaulichungen. Erörtern Sie anschließend im Plenum Stärken und Schwächen der einzelnen Präsentationen.

M 5 Regionale Windsysteme – der Föhn

Der Föhn entsteht, wenn Luft vorm Gebirge (Luv) zum Aufsteigen gezwungen wird. Dabei kühlt sich die Luft trockenadiabatisch, d. h. um 1°C je 100 m ab. Bei der Abkühlung von Luft sinkt die maximale Luftfeuchte. Da die absolute Luftfeuchte aber konstant bleibt, kondensiert das Wasser – es bilden sich Wolken. Die Temperatur, bei der das Wasser kondensiert, wird als Taupunkt bezeichnet und die entsprechende Höhe als Kondensationsniveau. Beim weiteren Aufstieg kühlt sich die Luft aber nur noch um ½°C je 100 m ab. Diese Abkühlung wird als feuchtadiabatisch bezeichnet. Wird die Wolke zu „schwer", dann gibt es Niederschläge. Da diese durch das Aufsteigen von Luft entstehen, werden sie Steigungsregen genannt. Am höchsten Punkt des Gebirges überströmt die Luft dieses. Die Luftmassen sinken wieder ab, dabei erwärmen sie sich zunächst feucht- adiabatisch. Jedoch lösen sich die Wolken schnell auf, da sich die Luft erwärmt und somit die relative Luftfeuchtigkeit unter 100% sinkt. Das flüssige Wasser der Wolken verdunstet also in den gasförmigen Aggregatzustand zurück. Die Luft sinkt weiter ab, dabei erwärmt sie sich weiter – diesmal aber trockenadiabatisch, d. h. um 1°C pro 100 m. Diese vom Gebirge in das Lee abströmende Luft wird als Föhn bezeichnet. Durch die Erwärmung ist der Föhn ein warmer trockener Wind.

Aus: www.m-forkel.de/klima/foehn.html (Aufgerufen am: 1.8.2015)

M 6 Wolken (1)

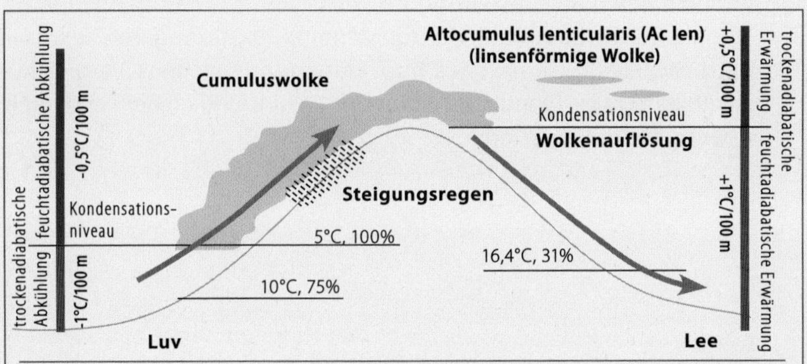

Der Föhn

Aus: www.m-forkel.de/klima/foehn.html (Aufgerufen am: 21.8.2015)

M 7 Wolken (2)

Foto privat

Foto privat

Übung zu Kap. 7.3 **J** Erarbeiten Sie sich nun selbst zu einem Thema Ihrer Wahl (historische Entwicklung, naturwissenschaftlicher Vorgang, gesellschaftspolitischer Zusammenhang etc.) eine grafische Umsetzung und eine geeignete Darstellung mit einem bestimmten **Präsentationsmedium**. Stellen Sie das Ergebnis dem Kurs vor und diskutieren Sie anhand der im Kapitel dargestellten Kriterien die Qualität der Visualisierung.

Übung zu Kap. 7.3 **K** Entwickeln Sie in Gruppen eine **Musterfolie** für ein gemeinsames Thema (z. B. ein Wetterphänomen oder eine Dichterbiografie). Achten Sie auf eine bewusste Gestaltung z. B. des Hintergrunds, der Schriftart und -größe, der Farbauswahl, der (geplanten) Platzierung von Text und Bildern sowie evtl. eines Logos bzw. Erkennungszeichens. Vergleichen Sie anschließend im Plenum Ihre Ergebnisse hinsichtlich der Lesbarkeit und ihrer optischen Wirkung.

Methodenverzeichnis: Arbeitstechniken und Arbeitsformen

Methode Seite

a., Selbständig Arbeiten – überzeugend präsentieren. Bamberg, 2007, S. 27, 61,
Olaf Böge, Institut für Troposphärenforschung, Leipzig – S. 49; Thorsten Brönner,
iiger Buggenthien, Lübeck – S. 59; Steffen Fritsche, Köditz – S. 53, 56; Claudia Hinz,
0; iStockphoto – Cover; Stefanie Witt, Bamberg – S. 186; www.im.rwth-aachen.de –
kel.de/klima/foehn.html – S. 189.